JN295517

神奈川大学経済貿易研究叢書第25号

利用と搾取の経済倫理

エクスプロイテーション概念の研究

山口拓美［著］

東京　白桃書房　神田

はしがき

　本書は、ある種の経済的行為あるいは経済的社会関係を捉えた概念としてのEXPLOITATIONを研究したものである。

　この語は、フランス語と英語でexploitation、ドイツ語でExploitationと表記され、全く同一の綴り字を持ち、意味についても本書が取り上げる範囲においては同一である。

　はじめに、本書におけるこの語の表記法について記しておきたい。本書の序章および第1章と第2章では、この語をexploitation（名詞）、exploiter（仏語動詞）、exploitieren（独語動詞）等とアルファベット表記のまま用いている。フランス語と英語のexploitationおよびドイツ語のExploitationを同時に示す場合は、ドイツ語の名詞が大文字ではじまること等を勘案し、EXPLOITATIONとすべて大文字で表記している。本書の第3章以降では、後に本文で述べる理由により、エクスプロイテーション、エクスプロイト、エクスプロイター、エクスプロイテッド等と、英語式の発音に即したカタカナ表記を用いている。

　この語を一個同一の既成の日本語に直すのは、ほぼ不可能といってよい。この語は、これまで「搾取」「開発」「利用」等と文脈に応じて様々な日本語に訳し分けられてきた。本書では、このような訳し分けをやめ、エクスプロイテーションと表記することで、この語が持つ意味の広がりの全体を把握しようと試みた。

　本書の研究対象の一つは、このように翻訳に関わる事柄であり、欧文を和文に翻訳する際に失われる原語の意味の広がりである。それゆえ、外国語文献からの引用に際しては、邦訳版が存在するかぎり、すべてそれらを使用した。ただし、引用文を掲げる際にも、上で述べたように「搾取」「開発」「利

用」等をExploitationやエクスプロイテーション等に置き換えた。

　エクスプロイテーションの意味は、「搾取」と「利用」の両語に跨がりつつ、両語の間に存在している。本書のタイトルが「利用と搾取の経済倫理」であるのはこのことによる。また、本書が経済理論ではなく経済倫理であるのは、研究対象がエクスプロイテーションの概念であることによる。『資本論』のエクスプロイテーションの概念も、純経済学的な領域に収まりきるものではない。

　本書の後半部分では、この概念に導かれる現代の経済倫理学的な諸問題を取り上げた。

目　次

はしがき　i

序章 …… 1

第1章 EXPLOITATION 概念の基本的性格 …… 9

第1節　非専門用語としての性格　9
第2節　フランス語としての性格　12
第3節　フランス社会主義的性格　16
第4節　功利主義批判のための語としての性格　24
小括　28

第2章 EXPLOITATION と搾取 …… 33

本章の課題　33
第1節　日本語版『資本論』における「搾取」と
　　　　EXPLOITATION　34
第2節　EXPLOITATION と「搾取」の語源学的考察　37
第3節　「剰余価値の搾取」は何を意味しているか　39
第4節　EXPLOITATION と「搾取」の現象把握における力点の
　　　　相違　43
第5節　日本の代表的な搾取論書における「搾取」と
　　　　EXPLOITATION　47

第6節　自然のEXPLOITATIONと自然の搾取　50
第7節　EXPLOITATIONの適切な邦訳語はどれか　53

第3章 エクスプロイテーションと剰余価値率 ……… 61

問題の所在　61
第1節　労働力の再生産と剰余価値率　62
第2節　エクスプロイテーション度と「被エクスプロイテーション度」　65
第3節　エクスプロイテーションと「エクスプロイテーション度」　69

第4章 エクスプロイテーションと人間的諸機能 ……… 79

問題の所在　79
第1節　労働者の側から見たエクスプロイテーション　80
第2節　ヌスバウムのケイパビリティ・アプローチ　84
第3節　経済学と倫理学　90

第5章 自然のエクスプロイテーション ……… 95

問題の所在　95
第1節　地力のエクスプロイテーションと労働力のエクスプロイテーション　96
第2節　自然のエクスプロイテーションと日本の農業　102
第3節　自然のエクスプロイテーションとエコロジー　106
第4節　自然のエクスプロイテーションから自然との共生へ　110

第6章 産業動物のエクスプロイテーション……119

本章の課題　119

第1節　家畜の資本主義的エクスプロイテーションとそれへの
　　　　反作用　120

第2節　政治経済学における動物の位置　128

第3節　動物倫理と動物資本の蓄積　134

第7章 動物利用の経済倫理……145

問題の所在　145

第1節　動物倫理における功利主義とカント的倫理　147

　(1)　ピーター・シンガー　147

　(2)　トム・レーガン　151

第2節　正常行動発現の自由とアリストテレス的倫理　155

第3節　アニマルウェルフェア倫理と日本社会　159

第8章 労働時間の経済倫理……171

問題の所在　171

第1節　長時間労働の経済倫理　172

第2節　自由時間の倫理思想　176

第3節　自由時間の倫理と奴隷制　183

第4節　奴隷制と労働時間の倫理　192

小括　198

終章 205

第1節 用語とその意味の探究をめぐる方法論議　205
第2節 ヒストリシズムとテレオロジー　216
第3節 テレオロジーに基づく現状批判とエクスプロイテーション
　　　概念　223

あとがき　235
人名索引

序章

　19世紀以来、ある種の経済的行為や人間同士の経済的諸関係を批判的に論述する際に、EXPLOITATIONという語が用いられてきた。

　「人間による人間のexploitation、これが過去における人間関係の状態であった。人間と手を結んだ人間による自然のexploitationこそ未来が示す姿である。」
　「所有は強者による弱者のexploitationである。」
　「労働力の平等なExploitationは、資本の第一の人権なのである。」

　これらは、サン・シモニアン、プルードン、マルクスによって記された文である[1]。それぞれが思想史上重要な意義を持つ階級社会または資本主義社会の性格規定となっており、批判の意図がEXPLOITATIONという語によって示されている。この語は、彼らの著作において中核的な概念として繰り返し用いられているが、このことは特にサン・シモニアンとマルクスについて言えることである。言うまでもなく彼らの後世への影響は極めて大きなものであったから、それ以来この語は、現在に至るまで多くの論者によって用いられ続けている。
　また、20世紀後半になると、この語は社会主義関連の文献の中だけでな

く、資本主義的生産の拡大によって引き起こされた生態学的危機や動物利用を批判する文脈でも頻繁に用いられるようになった。

「以前には人間から自然を守っていた、自然的事物の〈中の〉守護神は蒸発してしまった。この世界における人間の精霊にたいする独占が確認され、そして自然の exploitation にたいする古い抑制は外されてしまったのである[2]。」

「畜産動物は、人間が特にたべものとして飼っている以上、いつもある程度は人間に exploit されてきた。しかし最近まで、彼らはかけがえのない個体として扱われており、緑なす牧草地で、陽を浴びて、新鮮な空気を吸う、彼ら自身の生来の権利を持っていた。……ところが今日の動物 exploitation の程度はといえば、あらゆるよろこびを排除し、ほとんどすべての自然の本能を抑圧している[3]」

このように、EXPLOITATION という語は、人間の利用だけでなく、自然や動物の利用の在り方についても、これを批判的に論じる際に広く用いられる用語となっている。しかし、主にこれは英語をはじめとしたヨーロッパ語の世界での事情である。日本語には、この語に対応する一個同一の訳語がないため、この語が示す概念を用いて日本語で同様の議論をすることが困難な場合が多い。また、この語の代表的な訳語である「搾取」は、マルクス経済学の剰余価値論に密着した用語となっているため、この語を用いて人間と自然・動物との関係を論じることが誤謬と見なされることも少なくない。

まず、一個同一の訳語がないという問題を見ておこう。上に掲げた最初の引用文の原文はフランス語であるが、ここでは、exploitation が二回用いられている。同じ原語には同じ訳語を用いるのが理想である。しかし、邦訳では一つ目の exploitation が「搾取」と訳されている一方で、二つ目の exploitation は「開発」と訳されている。この文はサン・シモニアンが自分たちの主張を効果的に表現した標語であり、exploitation はその核となる語

であるから、本来この語を異なる二つの日本語に訳し分けるのは適切ではない。ドイツ語訳を見ると、これらの exploitation は両方とも Ausbeutung と訳されている[4]。しかし、日本語ではこのような処理が困難なのである。

　この問題について、もう一つの例を見ておこう。次に引用するのは、『共産党宣言』からの一文であるが、これはこの書の本文の中で Exploitation が最初に現われる箇所である[5]。

　「ブルジョア階級は、世界市場の Exploitation を通して、あらゆる国々の生産と消費とを世界主義的なものに作りあげた[6]。」

　この文の中の Exploitation を適切な一語の日本語に直すのは至難の業である。この Exploitation の訳語として、①岩波文庫訳では「搾取」、②大月全集訳では「開発」、③都留大治郎訳では「利用」、④的場昭弘訳では「制覇」という日本語が用いられている[7]。しかし、「搾取」と「開発」と「利用」と「制覇」は、通常、それぞれ著しく異なった文脈で使用される日本語である。同一の原語に対してこれほど異なった訳語が用いられているのは、驚くべき事実であると言わなければならない。われわれは、サン・シモニアンやマルクスの著作を日本語訳だけで読んでいるかぎり、「搾取」や「開発」や「利用」や「制覇」という様々な語の原語が、実は EXPLOITATION という同一の語であるということに気付くことはないのである。

　このように、EXPLOITATION は訳者の判断により、様々な日本語に訳し分けられてきた。EXPLOITATION は、様々な日本語に分割され、互いの本来的同一性が見えなくなった形で日本語世界の中に導入されている。このことは、われわれが日本語世界の中にとどまるかぎり、サン・シモニアンやマルクスがしたような議論を展開することができないということ、すなわち EXPLOITATION という語によって与えられている意味の広がりを活用して論を展開することができないということを示している。EXPLOITATION が 19 世紀以来社会批判の鍵となる概念として使用されて

きたことに鑑みれば、このような事態は決して望ましいものとは言えない。そこで本書ではまず、邦訳語によって分割されている EXPLOITATION の概念を、その全体像において把握することを課題とした。この課題は、本書の全体を通じて取り組まれるものであるが、特に第 1 章と第 2 章がこれにあてられる。

　次に、「搾取」という訳語の問題を取り上げる。この日本語は、戦前から EXPLOITATION の主な訳語として用いられてきた。特に、『資本論』の剰余価値論で展開される「労働力の Exploitation 度」については専ら「搾取」という語が使われてきた。マルクスはここで、労働価値説に基づいて「労働力の Exploitation 度」を計測する指標を提出したのであるが、その際、Exploitation の度合いは剰余価値率で表現されると述べた。剰余価値率は労働者から「搾り取る」剰余価値の量が増えれば増えるほど上昇するから、「搾取」という日本語は剰余価値論に親和的であるように見える。日本語世界では、「搾取とは労働者から剰余価値を搾取することである」という文がマルクス経済学的に正しい文として成立する。これにより、「搾取」という語は「労働者からの剰余価値の搾取」という問題領域に限定されることとなり、この語を「自然の EXPLOITATION」の領域で使用することを困難にする。しかし、マルクス自身は、Exploitation の概念を剰余価値率の領域に限定しているわけではなく、この語の意味の広がりを活用しつつ、もっと広い領域で使用している。この問題は、本書の第 2 章と第 3 章で集中的に取り上げられる。

　ところで、マルクスの Exploitation の概念を剰余価値率の問題領域に限定して捉える傾向は、日本でのみ見られる現象ではない。翻訳の問題が存在しない欧米でも、同様の傾向があることが指摘されている。これは、剰余価値論がマルクス経済学の中で極めて大きな位置を占め続けてきたことに由来するものと思われる。剰余価値論の影響力が強く、経済学者の関心がここに集中してきたため、この領域を離れたところでの Exploitation へのマルクスの言及が多くの論者によって見過ごされてきたのである。それゆえ、本書の第

3章以降の研究は、日本語世界の中にとどまらない普遍的な問題を取り扱っていると言える。

第4章では、労働力のExploitationを剰余価値率とは異なった見地から考察する。この見地は、『資本論』第1巻第8章で提出されていたものであるが、未展開のまま残されている。本章では、マーサ・ヌスバウムのケイパビリティ・アプローチに依拠することによって、この見地を経済倫理学的方向へと展開することを試みる。この見地は、人間以外の存在者のExploitationを考察する際、その理論的基礎となりうるものである。

第5章では、自然のEXPLOITATIONを考察する。サン・シモニアンは、人間のexploitationから自然のexploitationへ、という歴史観を示したが、自然破壊が進み、生態学的な危機が認識された20世紀後半には、この歴史観は批判や非難の対象とされるようになった。マルクスも、自然のexploitationの拡大を肯定する生産力主義者と見なされることが少なくない。しかし、『資本論』第3巻の地代論でのExploitation概念の使用法は、マルクスが19世紀のサン・シモニアンに属するというよりはむしろ、20世紀以降のエコロジストの方に属していたことを示している。本章では、資本主義的農業における地力のExploitationを批判的に捉えたマルクスの見地に基づいて、現代の日本農業、および現代における人間と自然との共生の問題を考察する。

現代資本主義における自然のexploitationの負の側面は、農業における産業動物のexploitationに集約的な形で現われている。産業動物のexploitationは、日本の政治経済学（または社会経済学）では、ほとんど取り上げられてこなかった問題である。しかし、現代の畜産業における動物exploitationは、生命に対する資本主義的exploitationの性格を端的に示しており、exploitation問題全般に対して有益な示唆を与えるものとなっている。第6章でわれわれは、動物exploitationの強化とそれへの社会的反作用の歴史を振り返るとともに、動物の資本としての政治経済学的な位置づけ、動物保護が自然共生型経済の実現において持つ意義について考察する。

産業動物の exploitation を緩和する目的で、欧州連合ではアニマルウェルフェア法が導入され、様々な家畜保護規制が実施されている。このような措置は、農業の持続可能性を高めることに帰結し、結果として人間社会全体に利益をもたらすことになる。しかし、これは長期的な見地から見て言えることである。直接的には、このような措置がしばしば畜産物の生産費用と販売価格の上昇を惹起するから、それは多くの生産者と消費者にとって不利益となる。それは、短期的な利益を追求する資本主義的生産の原理に反する措置であるとも言える。しかし、それにもかかわらず、欧州ではこのような措置がとられている。その背景には、欧州の人々が共有する倫理、しかも資本主義的な exploitation の力に抗して強力に作動する倫理があると考えられる。第7章では、この倫理が何であるのかを探求し、この倫理と日本の伝統的な動物倫理とを比較研究する。

　第7章で析出した欧州の伝統的倫理思想は、労働者保護や労働慣行の領域においても、それを方向付ける力として機能してきたと言える。すなわちそれは、資本主義的 EXPLOITATION の強化に対して反対に作用する力として機能してきたと考えられる。宗教を批判したマルクスも、自由時間論の領域ではキリスト教とともに受け継がれてきた欧州のこの伝統的倫理思想に依拠しつつ自らの論を立てている。労働力市場は倫理的な要素に拘束される特殊な市場である。日本社会にはこの西欧的倫理に対応しうるような伝統的倫理思想があるのであろうか。第8章では、森嶋道夫の日本的労働市場についての議論に依拠しつつ、資本主義的 EXPLOITATION に対抗する力としての倫理思想を研究する。

　ところで、本書の以上の論述は、カール・ポパーがいうところの方法論的本質主義と深く関係している。科学哲学者のポパーは、方法論的本質主義を批判し、これを社会科学の世界から一掃しようとした。しかし、社会についての諸学から現状批判の要素を除去することは適切とは言えない。そして、方法論的本質主義は社会の現状批判の領域で大きな力を発揮してきたのである。終章では、ポパーの本質主義批判に導かれつつ、本書が取り上げた諸論

点を方法論的観点から再検討する。

注

1) バザールほか『サン・シモン主義宣言――「サン・シモンの学説・解義」第一年度、1828-1829』野地洋行訳、木鐸社、1982年、83ページ。*Doctrine de Saint-Simon. Exposition. Première année. 1828.–1829.*, Troisième édition, Paris: Au bureau de l'Organisateur, 1831, p. 162. 『プルードンⅢ』長谷川進訳、三一書房、1971年、276ページ。*Œuvres complètes de P. -J. Proudhon*, tome I, nouvelle édition, Paris: Librairie Internationale, 1873, p. 204. マルクス『資本論』第一巻a（全5冊）、資本論翻訳委員会訳、新日本出版社、1997年、505ページ。*Marx-Engels Werke*, Bd. 23, Berlin: Dietz Verlag, 1962, S. 309.
2) リン・ホワイト『機械と神――生態学的危機の歴史的根源』青木靖三訳、みすず書房、1999年、88-89ページ。Lynn White, Jr., *MACHINA EX DEO: Essays in the Dynamism of Western Culture*, Cambridge, Massachusetts: The MIT Press, 1968, p. 87.
3) ルース・ハリソン『アニマル・マシーン――近代畜産にみる悲劇の主役たち』橋本明子・山本貞夫・三浦和彦訳、講談社、1979年、24-25ページ。Ruth Harrison, *Animal Machines: The New Factory Farming Industry*, London: Vincent Stuart Ltd, 1964. p. 3.
4) *Die Lehre Saint-Simons*, Eingeleitet und herausgegeben von Gottfried Salomon-Delatour, Neuwied: Hermann Luchterhand Verlag, 1962, S. 96.
5) 邦訳書には、これ以前に「搾取」という語が二度現われるが、これらの「搾取」の原語はAusbeutungである。AusbeutungとExploitationの関係については本書第2章参照。
6) マルクス　エンゲルス『共産党宣言』大内兵衛・向坂逸郎訳、岩波文庫、1971年、44ページ。
7) ①同上。②『マルクス＝エンゲルス全集』第4巻、大月書店、1960年、479ページ。③『マルクス経済学・哲学論集』世界の大思想Ⅱ－4、河出書房、1967年、282ページ。④カール・マルクス『新訳共産党宣言初版ブルクハルト版（1848年）』的場昭弘訳・著、作品社、2010年、46ページ。*Marx-Engels Werke*, Bd. 4, Berlin: Dietz Verlag, 1959, S. 466.

第1章

EXPLOITATION 概念の基本的性格

■第1節　非専門用語としての性格

　序章で見たように、Exploitation には一個同一の訳語が存在せず、訳者の相違に応じて多様な訳語が用いられてきた。このような訳語の不統一は、Exploitation という語が持つ性格の一つを示している。それは、この語が学術的な専門用語とは異なるということである。『資本論』の翻訳者として著名な長谷部文雄は、「『資本論』の原典と翻訳」と題した解説文の中で、次の部分を含むエンゲルスの文を3ページにわたって引用している。

　　「もっと悪いことだが、彼は、同じ言葉がくりかえして出てくるばあいに、それを、種々さまざまな違った言葉で翻訳するのであって、そのさい、専門用語はつねに一個同一の適当な言葉で再現されねばならぬことを忘れている[1]。」

　ここで批判されている「彼」とは、『資本論』を英訳したブロードハウス（ハインドマン）のことである。長谷部は、エンゲルスによる批評がハインドマンの政治的立場のせいで過度に厳しいものとなったことを指摘した上で、次のように記している。

「ブロードハウスにたいする批評は酷にすぎるけれども、『資本論』の翻訳にたいする一般的教訓としては、最初に引用したエンゲルスの文章は一言一句そのとおりであって、私は、30 年にわたる『資本論』翻訳の仕事において、エンゲルスのこの文章を忘れたことはない[2]。」

それでは、長谷部は Exploitation をどのような日本語に直していたのであろうか。長谷部が翻訳した『資本論』を繙いてみると、Exploitation は「搾取」だけでなく「利用」とも訳されているのが分かる。例えば、次のようである。

"kapitalistischen und industriellen Exploitation der natürlichen nationalen Produktivkraft[3]"
「自然的な国民的生産力の資本制的で産業的な利用[4]」
"die Exploitation und Vergeudung der Bodenkräfte[5]"
「土地諸力の搾取と浪費[6]」

この事実は、長谷部が Exploitation を専門用語とは見なさなかったことを示している。このような長谷部の判断は妥当であろうか。もちろん、妥当であるとわれわれは考える。『資本論』においても、Exploitation は専門用語としては用いられていない。このことは、『資本論』における Exploitation の導入手続きを見れば明らかである。

いうまでもなく『資本論』は、抽象から具体へと進展する上向法に則って論述されており、専門用語の導入には細心の注意が払われている。マルクスはまず、現行版『資本論』第 1 巻の第 4 章第 1 節で、剰余価値を定義する。次いで、第 6 章で不変資本と可変資本を定義する。そして第 7 章第 1 節で、「可変資本に対する剰余価値の割合」として剰余価値率を定義し、さらに必要労働と剰余労働を定義する。これらの定義づけに際しては、マルクスは必ず「私は、…を…と名づける」という表現を用いている。その上で、彼は

Exploitationという語を次のように導入している。

　「剰余価値の可変資本にたいする比は剰余労働の必要労働にたいする比と等しい。すなわち、剰余価値率$\frac{m}{v}=\frac{剰余労働}{必要労働}$である。両方の比率は、同じ関係を相異なる形態で表現するのであって、一方は対象化された労働の形態で、他方は流動的な労働の形態で、表現する。それゆえ、剰余価値率は、資本による労働力の、または資本家による労働者の、Exploitation度の正確な表現である[7]。」

　Exploitationという語は、このように、『資本論』の精密な論理展開の中でかなり特異な出現の仕方をしている。マルクスは、「剰余価値率」を導入する前に「剰余価値」を予め定義していたのに対し、「Exploitation度」を導入する際には、「Exploitation」という語を定義していない。彼はこの語を唐突に書き記し、これを定義なしに使用しているのである。このことは、マルクスがExploitationという語を学術的専門用語としてではなく、言論界に普及している一般的な語として使用していることを示していると考えられる。言い換えれば、マルクスは読者がこの語の意味をすでに了解していることを前提に、この語を使用していると考えられるのである。
　Exploitationという語は、剰余労働や可変資本のようなマルクスによって新しく導入された専門用語とは異なり、マルクスがブルジョア社会の批判を始める前から他の社会思想家たちによって使用されていた語である。彼は、これらの社会思想家たちを自分の著作物の中で取り上げており、自分自身も学問的生産活動の初期の頃からこの語を使用している。それでは、『資本論』以前の段階でExploitationという語は、どのような文脈で、どのような意味を付与されて使用されていたのであろうか。次にこの点を見ていこう[8]。

■第2節　フランス語としての性格

　『資本論』第1巻が出版される2年前の1865年に、マルクスは「価値・価格・利潤」（ドイツ語版では『賃金・価格・利潤』）と題した講演を行った。これは、英国において英語で行われた講演であるが、そこでは exploitation という語が次のような印象的な仕方で導入されている。

　　「利潤率の一方のいい表わし方は、支払労働と不払労働との現実の比率を、労働の exploitation（このフランス語を使うことを許されたい）の現実の度合を、諸君にしめす唯一のものである[9]。」

　おそらくここでマルクスは exploitation をフランス語式にエクスプルワタシオンと発音していたと思われる。それはともかく、この一節からわれわれは、マルクスが exploitation という語を、フランス語と明確に意識して使用していたことがわかる。

　ドイツ語には Ausbeutung という類似の意味を持つ語があり、マルクスはこれを『資本論』でも『共産党宣言』でも使用している。それにもかかわらず彼は、支払労働と不払労働の比率、すなわち必要労働と剰余労働の比率を『資本論』において用語化する際には、Exploitation というフランス語を用いている。なぜマルクスは、この理論的に重要な部分であえてフランス語を用いたのであろうか。マルクスとその周辺では、当時このフランス語についてどのような了解が成立していたのであろうか。このことを理解する一つの手掛かりは、『ドイツ・イデオロギー』の中の「聖マックス」と「カール・グリュン『フランスおよびベルギーにおける社会運動』（ダルムシュタット、1845年）あるいは真正社会主義の歴史的記述」にある。

　マルクスとエンゲルスの共作とされる『ドイツ・イデオロギー』の中でも、「聖マックス」は、その長大さと批判の執拗さで一際異彩を放つ作品である。そこではマックス・シュティルナーの『唯一者とその所有』が全体にわたっ

て詳細に論難されているが、その際マルクスとエンゲルスは、Exploitation という語を頻繁に用いてシュティルナーを攻撃している。批判される側のシュティルナーは当該書の中で Exploitation の動詞形を2回使用しているだけであるが、批判者のマルクスはこの語を様々な形で50回以上も使用している。例えば次のようである。

「ここで彼は、私的所有を所有の概念に転化し、『所　有(アイゲントゥム)』と『固有の(アイゲン)』とのあいだの語源的つながりを exploitieren して、『固有の』ということばは一つの永遠な真理であると言明し……これを理由にして私的所有の廃止の不可能を根拠づけている[10]。」

「わが聖者は、これらのいろいろ違った方法を雑然と適用するのであって、否定を、あるときは一つの意義、あるときは別の意義において exploitieren する。そこからどんな混乱が生じるかは、……[11]」

ここでは、シュティルナーの立論を論駁するために「exploitieren する」という言い回しが用いられているが、ここでのこの語の意味は、対象を不誠実に利用する、というようなものであろう。ここでの「exploitieren する」には、明らかに否定的な意味合いが付与されている。

「聖マックス」の中で Exploitation という語が最も高い頻度で出現するのは、「道徳、交通、Exploitation 理論」と題された節である。ここでマルクスは、シュティルナーの見解を功利主義思想史の中に位置づけて批判している。マルクスによれば、功利主義は相互 Exploitation の理論であり、「功利説および Exploitation 説の前進、そのさまざまな段階は、ブルジョアジーのさまざまな発展の時期とぴったりくっついている[12]」ということになる。その上で彼は、エルヴェシウスやドルバックの理論が「闘争しているまだ未発展なブルジョアジーに対応して[13]」いるのに対し、ベンサムやミルの理論は「支配している発展したブルジョアジーに対応している[14]」のであるが、シュティルナーの理論は「ブルジョアになろうと志している今日のドイ

ツ小市民の表現[15]」であり、「エルヴェシウスやドルバックがおこなったと同じことをしたのであったにしても、時代錯誤は相変わらずお笑いぐさであろう[16]」と批評する。そして、このような論述の中でマルクスは、Exploitation という語の意味と性格を考える上で重要な、次のような文章を記している。

「いまの場合、この功利関係は一つのまったく明確な意味、すなわち、私は他人に損害を与えることによって自分を利する（人間による人間の exploitation〔exploitation de l'homme par l'homme〕）という意味をもっている[17]。」

この文は、次の二つの点で注目に値する。

第一に、ここには対象が人間である場合の exploitation の一般的意味が記されている。「他人に損害を与えることによって自分を利する」がそれである。この一文は、マルクス、エンゲルスによって記された exploitation の意味説明と見なしうるものであることから、本書のテーマにとって極めて重要である。この点に関連する諸論点については、第4節や後の諸章で取り上げる。

第二に、ここには Exploitation という語のフランス語としての性格が表われているだけでなく、フランス社会主義的性格も表われている。まず、この点をより立ち入って検討してみたい。

「聖マックス」は、ドイツで出版する目論見で、ドイツ語で書かれた作品である。しかし、ここではそのドイツ語文の中に、exploitation de l'homme par l'homme というフランス語が挿入されている。ここからわれわれは、Exploitation という語のフランス語としての性格を改めて知ることができるとともに、このフランス語が持つ思想的背景をも知ることができる。英訳版『ドイツ・イデオロギー』は、この箇所に注を付し、*Doctrine de Saint-Simon. Exposition. Première année.*（『サン‐シモンの学説・解義・第一年

度』)を見るよう求めている[18]。すなわち、ここに挿入されている「人間による人間の exploitation」というフレーズが、サン-シモン主義に由来するものであることを英訳版は示唆している。このような認識は、われわれの立場から見ても十分に自然なものであるといえる。というのは、『ドイツ・イデオロギー』のページをさらにめくって「カール・グリュン」のところまで読み進めれば、そこでわれわれが目にするのはサン-シモン主義をめぐる論述であり、シュタインの『現代フランスの社会主義と共産主義』からの引用文だからである。

「カール・グリュン『フランスおよびベルギーにおける社会運動』(ダルムシュタット、1845年)あるいは真正社会主義の歴史的記述」は、『ドイツ・イデオロギー』を構成する諸章の中で、マルクス、エンゲルスの生前に公表された唯一の章である。この章でマルクスが批判しているのは、カール・グリュンによるフランスの社会主義および共産主義についての論評である。すなわち、サン-シモン、サン-シモン主義、フーリエ主義、カベー、プルードン等についてのカール・グリュンによる論評がそれである。その際マルクスは、サン-シモンとサン-シモン主義に関する部分については特に念入りにグリュンを批判している。彼は、グリュンの作品からの引用文の横にローレンツ・シュタインの『現代フランスの社会主義と共産主義』からの引用文を置き、さらにその横に、シュタインが依拠したルイ・レボーの文をフランス語のまま並べることで、グリュンがいかにシュタインとレボーの章句を書き写したり改竄したりしているかを執拗に暴露している[19]。

ところで、ここに現われる『現代フランスの社会主義と共産主義』(1842年)は、この種の内容をドイツに紹介し普及させたものとして思想史上重要な位置を占める文献である。exploitation という語は、この書の中でも、次のようにフランス語のまま導入されている。

「こうして現代の特徴をなす、人間による人間の exploitation〔エクスプロワタシオン・ド・ロム・パル・ロム〕、すなわち同じ人間同士による人

間の使用が現れる。ここでは敗者は奴隷になる[20]。」

　この文は、サン‐シモン主義の思想内容を紹介する節に現われるものである。そこでは、exploitation という語は、サン‐シモン主義を特徴付ける語としてフランス語のまま紹介されている。
　こうしたことから見て、当時のマルクスとその周辺では、exploitation という語は、少なくともその対象が人間である場合、サン‐シモン主義をはじめとしたフランス社会主義を思想的背景として用いられていたところのフランス語であったと考えられる。
　それでは、「人間による人間の exploitation」というフレーズは、マルクス以前のフランス社会主義において、どのような文脈で、どのような意味を付与されて用いられていたのであろうか。次にこの点を見ていこう。

■第3節　フランス社会主義的性格

　マルクスは、『資本論』第3巻第5篇「利子生み資本」の最終節で、『サン‐シモンの学説・解義』から二つの文章を引用し、サン‐シモニアンの信用論を批判している。その際彼は、サン‐シモン自身の思想にも言及し、それについて次のように述べている。

　「およそ忘れてならないのは、サン‐シモンがその最後の著作『新キリスト教』のなかでようやく、直接に労働者階級の代弁者として登場し、この階級の解放を彼の努力の究極目的であると宣言している、ということである。彼のそれ以前の諸著作はみな、実際上、封建社会に比べての近代ブルジョア社会の賛美、または、ナポレオン時代の将師たちと法律製造屋たちに比べての産業家たちと銀行家たちとの賛美にすぎない。オウエンの同時代の諸著作と比べてなんという違いであろう！[21]」

『資本論』第三巻の編集者エンゲルスは、この個所に注を付け、次のようなコメントを記している。

「マルクスが、もし草稿に手を加えたとすれば、きっとこの個所をいちじるしく修正したことであろう。この個所は、フランスにおける第二帝政下の元サン‐シモン派の人たちの役割に示唆を受けた個所であり、マルクスが右の個所を書いていたちょうどそのとき、同派の救世的な信用幻想が、歴史の皮肉によって、前代未聞の規模のいかさまという形で実現したのである。のちには、マルクスはもっぱら感嘆を込めて、サン‐シモンの天才と百科全書的頭脳について語った[22]。」

この文は、マルクスと面談する機会を数多く持ったエンゲルスの特権的地位を示しているとともに、マルクスのサン‐シモン評価を知るために必要な興味深い情報を提供してもいる。ここでエンゲルスが述べているように、オウエンと単純に比較することでサン‐シモンを貶めている最後の文は、マルクスによる本来のサン‐シモン評価とは異なるものであると考えられる。ただし、サン‐シモンの思想的発展過程における『新キリスト教』の意義については、ここでのマルクスの見解は、特に修正を必要とするものではない。

サン‐シモンは、1819年から1820年にかけて刊行された『組織者』の中で、人類の過去と将来社会の展望を次のように述べている。

「人類は現在まで不平等な二つの部分に分割されてき[23]」た。一方は他方を支配するために全力を用い、他方は支配を押しのけるために力の大部分を用いてきた。このような「人間に対する人間の行為は、それ自体、精力の二重の消耗をもたらすので、人類にとって常に有害である[24]。」そこで、「もし人類が互いに押えつけ合うことをやめて、自然に働きかけるために合同した力を結集させたならば[25]、」人類は大きな繁栄を享受することができるであろう。実際、これまでにも「人を支配しようとする欲望は、自然をわれわれの意のままにつくり上げ、つくり変えようとする欲望にと次第に

変[26]」わってきた。「新しい政治秩序においては、社会組織は人間の欲求を満たすために科学、美術、工芸の分野で獲得された知識を最大限に利用すること[27]、」すなわち自然に働きかけることを「唯一・恒久的な目的としなければならない[28]」。

　サン・シモンのこのような主張の中には、「人間による人間のexploitation」というフレーズに代表されるところの後のサン・シモン主義思想の原型が現われている。すなわち、「人間に対する人間の行為」をやめ、「自然に働きかけるために合同した力を結集させる」べきである、という見解がそれである。しかし、ここで力点が置かれているのは、自然への働きかけであって、労働者階級の解放ではない。ところが、最晩年に刊行された『新キリスト教』で、サン・シモンは次のような思想を前面に掲げる。

　「人間は最大多数者に最も有益でありうるように社会を組織しなければならない。人間はそのすべての仕事、そのすべての行為において、最も多人数の階級の精神的および物質的生活を、できるだけ速やかに、できるだけ完全に改善することを目的としなければならない[29]。」

　「宗教は最も貧しい階級の境遇をできるだけ速やかに改善するという大目的めざして社会を導いていかなければならない[30]」

　マルクスが述べたように、ここでサン・シモンは、はっきりとした労働者階級の代弁者になっている。労働者階級の解放を目的とするフランスの社会主義思想は、サン・シモンによって新キリスト教として提出されたのである。しかし、サン・シモンはこの書が刊行されてから程無くしてこの世を去った。新キリスト教の原理による社会主義思想の体系化は、彼の弟子たちに委ねられた。

　フランスにおける最初期の社会主義者の一団は、サン・シモンが掲げた「大目的」に共鳴した宗教的な人たちから構成されることになった。サン・シモン主義者たち、すなわちサン・シモニアンは、師が生涯の最終段階で獲

得した理念に基づいて師の思想全体を再構成した。彼らは、「サン‐シモンの学説」を連続講演会という形で宣教し、さらにそれを書物にして刊行した。そこでは、上で見たようなサン‐シモンの歴史哲学と解放思想が、exploitation という言葉によって次のように定式化されている。

「人間による人間の exploitation、これが過去における人間関係の状態であった。人間と手を結んだ人間による自然の exploitation こそ未来が示す姿である[31]。」

exploitation という語は元来、森林や鉱山や農地のような生産手段に対して用いられていたものである。すなわち、森林の exploitation とは木々を伐採して材木を生産することであり、鉱山の exploitation とは鉱山から鉱物を採掘することである。つまり exploitation の対象は本来、人間以外の「自然」なのである。サン‐シモニアンは、ここでこの語を人間に対しても用いることで、人間の exploitation から自然の exploitation へ、という鮮やかな対比を持つ標語をつくり上げている。では、その際、サン‐シモニアンは「人間による人間の exploitation」というフレーズによって、どのような事態を示そうとしたのであろうか。

彼らによれば、人類の歴史において、戦争の勝者が敗者を根刮ぎ殺戮することを止め、敗者を奴隷として使うことを始めた時に、人間による人間のexploitation が始まった。つまり、人間による人間の exploitation とは、何よりもまず奴隷制のことである。奴隷は、生活全体がまるごと exploiter（エクスプルワテ）されていた。「奴隷は人類の外におかれる[32]」存在であった。exploitation 関係が、主人と奴隷から、貴族－平民、領主－農奴、徒食者－勤労者と変化するにつれて、exploitation の度合いは弱まってきた。とはいえ、現代の勤労者の大多数を占める労働者階級は、「ゆるく婉曲な形態[33]」においてではあるが、相変わらず高度に exploiter されている。主人と労働者との間の取引は労働者の側の自由になるものではなく、労働者が生

命を維持するために受け入れざるを得ないものである。「労働することが労働者の意志によるものではないことは明らかである。[34]」労働者は「知的能力や道徳的愛を発展させる時間[35]」を持つことができず、「禽獣状態[36]」に置かれている。

> 「かつて奴隷が exploiter されていたのと同じように労働者が物質的、知的そして『道徳的』にも exploiter されていることを認めるためには、われわれのまわりで起っていることを一目見れば十分である[37]。」

サン‐シモニアンの以上のような見解の中には、階級社会論および資本主義社会論における exploitation という語の批判的機能が明確に現われている。サン‐シモン主義において、exploitation という語は、現代の労働者を古代の奴隷と結び付ける役割を担っている。古代の奴隷は軍事力によって支配されていたが、現代の労働者は経済力によって支配されている。この支配隷属関係に基づいて、奴隷と労働者は強制労働に従事させられ、物質的、知的、道徳的に禽獣状態に置かれる。奴隷制は「直接的な人間による人間の exploitation[38]」であり、近代の賃労働は「直接的ではない人間による人間の exploitation[39]」なのである。

このようなサン‐シモニアンの見解と類似した経済社会認識は、マルクスの『資本論』にも見られるものである。マルクスは資本家による労働者の exploitation を分析した後で、蓄積論においてこの exploitation 関係それ自体が再生産されることを示し、次のように述べている。

> 「ローマの奴隷は鎖によって、賃労働者は見えない糸によって、その所有者につながれている[40]。」

こうした認識はサン‐シモニアンの見解に連なるものであるといえる[41]。また、サン‐シモニアンの見解には、後の社会主義諸思想に引き継がれて

いくところの社会主義的理念の原型も現われている。彼らは、社会の現状を上記のように把握した上で、この人間による人間のexploitationが所有権の構造に由来するものであることを明らかにし、そして、この所有権の構造を変革すべきこと、その変革の目的は「能力と働きに応じた分類と分配の原理[42]」に基づく普遍的アソシエーションの実現であることを主張している。『資本論』第３巻のマルクスは、彼らのアソシエーション論の中の銀行論を批判したが、普遍的アソシエーションの分配原理は、共産主義の第一段階の分配原理としてマルクスにも受け継がれているものである。

　後の社会主義思想に及ぼしたサン‐シモン主義の影響については、多くの論者によって指摘されてきたところである。例えば、ハイエクは『サン‐シモンの学説・解義』について、これを「社会主義の旧約聖書と目されるだけの値はある[43]」と述べるとともに、「ヨーロッパのあらゆる言語がかれらの語彙をかなり広範に採り入れていることを指摘[44]」している。また彼は、「マルクスの教理の多くの部分、とりわけ階級闘争の理論とか、マルクスの歴史解釈の幾つかの側面は、ヘーゲルよりむしろサン‐シモンのそれに非常に類似している[45]」ことに触れ、その理由として彼は、ヘーゲルを学ぶ以前の少年マルクスが、後に義父となるヴェストファーレン男爵を通じて「最初の時期のサン‐シモン主義の熱狂の波をかぶったこと[46]」を挙げている。この最後の点については、より立ち入った検証が必要であると思われるが[47]、いずれにしても、マルクスがExploitationという語を用いるとき、その思想的背景の一つにサン‐シモン主義があったことを否定することはできないであろう。

　しかし、マルクスがパリでの生活を始めた時、サン‐シモン主義の熱狂はすでに過去のものとなっていた。パリでマルクスが直接交際した最大のフランス人思想家は、プルードンである。そこで、exploitationという語の性格と意味を把握するためには、プルードンの使用例をも取り上げておく必要がある。

　マルクスによれば、プルードンの『所有とは何か』は、「無条件に彼の最

良の著作」であり、サン‐シモンやフーリエ以後の社会主義文献の中では「画期的な」作品である[48]。この著書においてプルードンは、exploitation という語を様々な文脈で使用している。例えば、次のような文がある。

　「人は（12）高利で盗む。福音書の公刊以来かくも憎まれ、かくも厳しく罰せられているこの種の盗みは、禁止された盗みと公認された盗みとの間の過渡的形態をなすものである。したがってそれは、その曖昧な性質からして、法律上および道徳上の多くの矛盾、法律家、財政家、商業者によってきわめて巧妙に exploiter される矛盾を引起している[49]。」

　この場合、exploitation の対象は「矛盾」であるが、これは先に「聖マックス」のところで見た、「語源」を exploitieren したり「否定」を exploitieren したりするのと同様の言葉の使い方であるといえる。これらの場合、exploiter という動詞は、ある事柄を不誠実に利用する、といったような意味合いで用いられていると考えられる。
　exploitation の対象が、生産手段のような物であるケースについては、次のような文がある。

　「労働については二つの事柄、結合（association）と exploitable な材料とを区別しなければならない[50]。」
　「労働者が彼の勤労の事実の故に exploiter する材料を自分のものとすることができるならば、すべての exploiteur は同じ資格で所有者となる[51]」

　これらの文においては、先に見た事例とは異なり、対象を exploiter することにネガティブな意味は付与されていない。ここからは、労働対象を exploiter することがすなわち生産活動の内容である、といったニュアンスを読み取ることができる。しかし、exploiter される対象に人間が置かれると、その文にはネガティブな響きが生じることになる。

「社会の外では人間は exploitable な材料であり、資本化された用具であり、しばしば不便で無益な動産である[52]。」

『所有とは何か』の中で、サン‐シモニアンが多用した「人間による人間の exploitation」というフレーズが現われるのは、次の三個所である。

「労働者の賃銀は彼の日常の消費をほとんど超過するものでなく、また明日の賃金を彼に保証していないのに対し、資本家は、労働者の生産する生産用具のうちに、将来の独立と安全との保証を見出している。ところで、この再生産の酵素、生命のこの永遠の胚種、生産の基礎と用具とのこの準備こそは、資本家が生産者に負い、決して返すことのないものであり、またこれこそは、労働者の赤貧、無為に暮す者の贅沢、条件の不平等を作り出す詐欺的な拒否なのだ。とりわけこの点に、人間による人間の exploitation と適切に名づけられるものが存するのである[53]。」

「力の法から人間に対する人間の exploitation、別に言えば奴隷制、高利の金貸、ないし征服者が征服した敵に課する貢税およびこのかくも多くの税金、塩税、国王の特権、賦役、人頭税、小作料、家賃等々の全家族、要するに所有が生じた[54]。」

「献身は強制されるとき、抑圧、隷従、人間による人間の exploitation とよばれるものとなる[55]。」

これらの文では、exploitation という語はネガティブな意味を持つ他の語とともに用いられており、文全体に著者による批判の意図が明確に表われている。「人間による人間の exploitation」というフレーズは、プルードンにおいても、生産関係を批判する目的で使用されているといえる。exploitation の前提としての「力」による支配、exploitation の内容としての奴隷制、強制、および徒食者のぜい沢と労働者の赤貧、これらはサン‐シモニアンと共通する階級社会認識である。

exploitationの対象は本来、土地や森林や鉱山や原材料のような労働対象すなわち生産手段であり、「物」である。それゆえ、人間がexploitationの対象にされるということは、人間を生産手段として、物として取り扱うことを含意することになる。人間を物として取り扱うことは、人間を奴隷にすることである。人間による人間のexploitationとは、上で見たように端的には奴隷制のことである。サン・シモニアンは現代社会の生産関係も、その程度は緩和されたとはいえ、人間による人間のexploitationであることには変わりないと主張した。こうした主張は、exploitationという語を通じてプルードンにも引き継がれているといえる。プルードンは、生産手段の生産とその取得に関して、資本家は生産用具を労働者に作らせるが、決してそれを労働者に返すことはないと述べ、特にこの点に人間による人間のexploitationが存すると述べている。マルクスは、『資本論』でこの点のメカニズムをより念入りに分析した、ということもできるであろう。

■第4節　功利主義批判のための語としての性格

　マルクスの初期の著作の中で、Exploitationという語が最も多く現われるのは、『ドイツ・イデオロギー』の中の「聖マックス」である[56]。また、本章第2節で見たように「聖マックス」の中でこの語が最も高い頻度で出現するのは、「道徳、交通、Exploitation理論」と題された節である。ここでマルクスは、功利主義的な思想をブルジョアジーの思想として位置づけ、その思想内容を相互Exploitationの理論と規定している。ここからは、マルクスが功利主義的思想を批判する目的でもExploitationという語を使用していたということが分かる。本節では、マルクスの功利主義批判においてこの語がどのような役割を果たしているのかを立ち入って見ておきたい。

　マルクスは、まず、功利主義思想史とブルジョアジーとの関係について次のように述べている。

「エルヴェシウスやドルバックにおいて現われているような実証的内容を奪われた普遍性は、ベンサムやミルのもとではじめて見いだされるような、内容にみちた全体性とは本質的に異なっている。前者は、闘争しているまだ未発展なブルジョアジーに対応しており、後者は、支配している発展したブルジョアジーに対応している[57]。」

次に、ブルジョアジーと Exploitation との関係について、マルクスは次のように述べている。

「ブルジョアにとってはただ一つの関係、すなわち Exploitation 関係だけがそれ自身のゆえに重要性をもつ[58]。」

マルクスによれば、功利主義的思想家においては、「ブルジョア的実践に照応する意識、すなわち、互いに相手を Exploitation しあうのがすべての個人相互の普遍的関係だという意識を理論的に布告すること[59]」がその任務となる。

ところで、第2節で見たように、マルクスは功利関係を「私は他人に損害を与えることによって自分を利する（人間による人間の exploitation）」と言い換えていたが、われわれはここで、次の点に留意する必要がある。すなわち、サン・シモン主義においては、この「人間による人間の exploitation」というフレーズが主人と奴隷の関係を示すものとして使われていたのに対し、ここでは商品貨幣関係を論じる文脈で使われている、という点がそれである。主人 - 奴隷関係においては、主人が奴隷を一方的に exploitieren する関係となるが、商品貨幣関係においては、市場参加者同士の Exploitation は一方的なものではなくて相互的となる。この相互性の故に Exploitation は予定調和的に公益をもたらすように見える。

個々人による私益の追求が結果として公益をもたらすという認識、ここに功利主義的思想のポイントがあるとマルクスは見ていると考えられる。こ

の点に関して彼は次のように記している。

　「分業においては個々人の私的活動は公益的となる。ベンサムの公益性は、ひっきょう、一般に競争において実現される公益性と同じものに帰着する[60]。」
　「この相互 Exploitation の理論は、ベンサムがうんざりするほど詳論したものだ[61]」

マルクスにとって、ベンサムは相互 Exploitation 理論の代表者である。このような相互 Exploitation 理論の経済的土台について、マルクスは次のように指摘している。

　「人間相互の多様な諸関係をすべて有用性という一つの関係に解消するという、一見ばかげたやり方、この一見形而上学的な抽象が生じてくるもとは、近代市民社会の内部ではすべての関係が、実際上、抽象的な貨幣関係および商売関係という一つの関係のもとに包摂されているという事実なのである[62]。」

以上のことから、次のようなことが言える。
近代社会においては、あらゆる関係が商品貨幣関係に包摂されているが、この関係を土台として発展してきたものがブルジョアジーの思想としての功利主義的思想であり、その思想内容は人間相互の関係を Exploitation 関係と捉えるものである。そして、この相互 Exploitation 理論を代表する存在がベンサムなのである。
　「聖マックス」におけるマルクスのこのような認識は、『資本論』第1巻第2篇の「貨幣の資本への転化」に記された次のようなベンサムへの言及の背景となっていると考えられる。

「労働力の売買がその枠内で行なわれる流通または商品交換の部面は、実際、天賦人権の真の楽園であった。ここで支配しているのは、自由、平等、所有、およびベンサムだけである。……ベンサム！　というのは、両当事者のどちらにとっても、問題なのは自分のことだけだからである。彼らを結びつけて一つの関係のなかに置く唯一の力は、彼らの自己利益、彼らの特別利得、彼らの私益という力だけである。そして、このようにだれもが自分自身のことだけを考えて、だれもが他人のことは考えないからこそ、すべての人が、事物の予定調和に従って、またはまったく抜け目のない摂理のおかげで、彼らの相互の利得、共同の利益、全体の利益という事業をなしとげるだけである[63]。」

この文の中には、Exploitation という語は出てこない。しかし、ここで言われている内容は、「聖マックス」の用語法に従えば、相互 Exploitation と言い換えることができるものである。つまり、マルクスはこの箇所で、「ベンサム」という語によって Exploitation の相互性を示していたと捉えることができる。そして「ベンサム」という語をこのように捉えるならば、『資本論』第1巻第2篇の末尾に置かれたこの文と、これに続く第3篇との繋がりが極めて明瞭なものとなる[64]。というのは、第3篇では、Exploitation の一方性が論じられているからである。

商品交換の部面では、公益へと帰結する Exploitation の相互性が言えるとしても、生産の部面に目を転ずれば、そこでは Exploitation の異なった側面が現われる。それは資本家による労働者の一方的な Exploitation である。労働力商品の有用性すなわち使用価値は、資本家によって一方的に使用され、消費され、消耗する。資本家と労働者との関係は、主人と奴隷との関係に類似した側面を持つ。『資本論』第1巻第3篇で、マルクスは Exploitation のこの非相互性、すなわち一方性を描写するとともに、この Exploitation の度合いを計測する一つの指標を提出したのである。

マルクスは Exploitation という語を用いてベンサムの思想を特徴付けた。

まず、このような特徴づけの中にマルクスの批判的意図が現われているといえる。マルクスは、一方で功利主義思想の長所についても言及しているが、しかしそれは封建主義的な見方との対比において見出される長所である。功利主義を同時代との関連において見るならば、それは「現存のもののたんなる弁護論[65]」であり、「人間相互の今の諸関係が最も有利な最も公益的なものであるという証明[66]」でしかない。そしてこの「証明」は、資本‐賃労働関係におけるExploitationの一方性が証明されることによって反証される。マルクスのExploitation論は、このように、功利主義批判という性格を持っているといえる。

■小括

EXPLOITATIONという語は、マルクスが学問的生産活動を始める以前から、フランスの社会主義者たちによって階級社会批判のための用語として使用されていたものである。マルクスはこの語を、『ドイツ・イデオロギー』や『共産党宣言』で繰り返し用いており、『資本論』第1巻を執筆する際には、多くの読者にとって周知のフランス語として、これを導入することができたと考えられる。つまり、マルクスはフランス社会主義の基本用語の一つをそのまま用いたのである。そして彼は、この基本用語を用いて功利主義およびそれと結びついた経済学を批判したのである。

ただし、マルクスは『資本論』第1巻で「労働力のExploitation度」という新しい概念を提出している。一般に、彼の「搾取論」と言われるものは、この概念に関わるものである。「労働力のExploitation度」については、われわれはこれを第3章で論じる。第2章ではまず、われわれが用いているこのヨーロッパ語の邦訳語の問題を取り上げる。すなわち、ヨーロッパ語のEXPLOITATIONと日本語の「搾取」の相違が第2章のテーマとなる。

注

1) 『マルクス資本論 3（第 3 部上）』世界の大思想 20、長谷部文雄訳、河出書房、1964 年、370 ページ。
2) 同上、375-376 ページ。
3) *Marx-Engels Werke*, Bd. 25, Berlin: Dietz Verlag, 1964, S. 793.
4) 『マルクス資本論 4（第 3 部下）』世界の大思想 21、長谷部文雄訳、河出書房、1965 年、274 ページ。
5) *Marx-Engels Werke*, Bd. 25, a. a. O., S. 820.
6) 前掲『マルクス資本論 4（第 3 部下）』長谷部文雄訳、296 ページ。
7) マルクス『資本論』第 1 巻 a（全 5 冊）、資本論翻訳委員会訳、新日本出版社、1997 年、370 ページ。*Marx-Engels Werke*, Bd. 23, Berlin: Dietz Verlag, 1962, S. 231f.
8) 以下の第 2 節と第 3 節の論述には、拙稿「剰余価値論以前の搾取論――『ドイツ・イデオロギー』とサン・シモン主義」『商経論叢』第 45 巻第 2・3 合併号、神奈川大学経済学会、2010 年 1 月、拙稿「エクスプロイテーション（搾取）概念の系譜――サン・シモンからヌスバウムまで」『商経論叢』第 46 巻第 3 号、神奈川大学経済学会、2011 年 2 月、の論述と重複する部分がある。
9) カール・マルクス『賃銀・価格および利潤』長谷部文雄訳、岩波文庫、1981 年、87-88 ページ。*Marx-Engels Gesamtausgabe*（MEGA）, I. Abt., Bd. 20, Berlin: Dietz Verlag, 1992, S. 175.
10) 『マルクス＝エンゲルス全集』第 3 巻、大月書店、1963 年、229 ページ。*Marx-Engels Werke*, Bd. 3, Berlin: Dietz Verlag, 1958, S. 211. ドイツ語原文では三人称単数形の exploitiert であるが、引用邦訳文の中では不定形の exploitieren を用いた。本節では、exploit を語幹とするドイツ語動詞については、以下においても同様の処理をした。なお、引用文中の……は引用者が付したものであり、引用に当たって省略した部分を示す。次の引用文でも同様の処理をした。
11) 同上、288 ページ。Ebd., S. 261.
12) 同上、444 ページ。Ebd., S. 396.
13) 同上、445 ページ。Ebd., S. 397.
14) 同上。Ebd.
15) 同上、443 ページ。Ebd., S. 395f.
16) 同上。Ebd., 395.
17) 同上、442 ページ。Ebd., S. 394.
18) *Karl Marx, Frederick Engels: Collected Works, Volume 5, Marx and Engels: 1845-47,* Progress Publishers, Moscow, 1976, p. 409.

19) 前掲『マルクス=エンゲルス全集』第3巻、534-554 ページ。Marx-Engels Werke, Bd. 3, a. a. O., S. 480-498.
20) ローレンツ・シュタイン『平等原理と社会主義――今日のフランスにおける社会主義と共産主義』石川三義・石塚正英・柴田隆行訳、法政大学出版局、1990 年、234 ページ。L. Stein, Der Socialismus und Communismus des heutigen Frankreichs. Ein Beitrag zur Zeitgeschichte, Leipzig: Otto Wigand, 1842, S. 191.
21) マルクス『資本論』第3巻 b（全5冊）、資本論翻訳委員会訳、新日本出版社、1997 年、1064-1065 ページ。Marx-Engels Werke, Bd. 25, a. a. O., S. 618f.
22) 同上、1066 ページ。Ebd., S. 619.
23) 『サン・シモン著作集』第3巻、森博編・訳、恒星社厚生閣、1987 年、379 ページ。Œuvres de Saint-Simon & d'Enfantin, XXe volume, Réimpression photomécanique de l'édition 1865-78, Aalen: Otto Zeller, 1964, p. 194.
24) 同上、378 ページ。Ibid., p. 192.
25) 同上、379-380 ページ。Ibid., pp. 194-195.
26) 同上、336 ページ。Ibid., p. 127.
27) 同上、379 ページ。Ibid., p. 193.
28) 同上。Ibid., pp. 193-194.
29) 『サン・シモン著作集』第5巻、森博編・訳、恒星社厚生閣、1988 年、246 ページ。Œuvres de Saint-Simon & d'Enfantin, XXIIIe volume, Réimpression photomécanique de l'édition 1865-78, Aalen: Otto Zeller, 1964, p. 109.
30) 同上、251 ページ。Ibid., p. 117.
31) バザールほか『サン・シモン主義宣言――「サン・シモンの学説・解義」第一年度、1828-1829』野地洋行訳、木鐸社、1982 年、83 ページ。Doctrine de Saint-Simon. Exposition. Première année. 1828.–1829., Troisième édition, Paris: Au bureau de l'Organisateur, 1831, p. 162.
32) 同上、76 ページ。Ibid., p. 153.
33) 同上、93 ページ。Ibid., p. 173.
34) 同上、95 ページ。Ibid., p. 176.
35) 同上、96 ページ。Ibid.
36) 同上。Ibid., p. 177.
37) 同上、95 ページ。Ibid., p. 176. フランス語原文では過去分詞形の exploité であるが、引用邦訳文の中では不定形にした。
38) Ibid., p. 7.
39) Ibid.

40) マルクス『資本論』第1巻b（全5冊）、資本論翻訳委員会訳、新日本出版社、1997年、979ページ。*Marx-Engels Werke*, Bd. 23, a. a. O., S. 599.

41) 頭川博は『資本と貧困』（八朔社、2010年、104ページ）の中で次のように述べている。「剰余労働は、支配隷属関係が人身的であるか経済的であるかに関係なく、本質的に強制労働である。」「マルクスによれば、奴隷労働は『直接的強制労働』であるのにたいして、賃労働は商品交換によって『媒介された強制労働』をなし、ここに両者のあいだによこたわる同一性と差別性が統一的に表現されている。」これらの頭川の文は、奴隷と賃労働についてマルクスがサン・シモニアンと共通する認識を持っていたこと、このことを記したより適切な文として読むことができるものである。

42) 前掲『サン・シモン主義宣言』102ページ。*Doctrine de Saint-Simon*, op. cit., p. 183.

43) F. A. ハイエク『科学による反革命——理性の濫用』佐藤茂行訳、思想史ライブラリー、木鐸社、1992年、234ページ。

44) 同上、240-241ページ。

45) 同上、264ページ。

46) 同上、263ページ。

47) サン・シモン主義とヴェストファーレン、ヴェストファーレンとマルクスの影響関係については、的場昭弘『トリーアの社会史——カール・マルクスとその背景』未來社、1986年、参照。

48) 『マルクス＝エンゲルス全集』第16巻、大月書店、1966年、23ページ。*Marx-Engels Werke*, Bd. 16, Berlin: Dietz Verlag, 1962, S. 25.

49) 『プルードンⅢ』長谷川進訳、三一書房、1971年、280ページ。*Œuvres complètes de P.-J. Proudhon*, tome Ⅰ, nouvelle édition, Paris: Librairie Internationale, 1873, p. 207. フランス語原文では exploitées であるが、引用邦訳文の中では不定形にした。

50) 同上、148ページ。Ibid., p. 100.

51) 同上、169ページ。Ibid., pp. 117-118. フランス語原文では exploite であるが、引用邦訳文の中では不定形にした。

52) 同上、262ページ。Ibid., p. 191.

53) 同上、142ページ。Ibid., p. 95.

54) 同上、284ページ。Ibid., p. 210.

55) 同上、297ページ。Ibid., p. 221.

56) 本節の内容は、拙稿「エクスプロイテーション（搾取）概念と功利主義批判」『商経論叢』第47巻第3・4合併号、2012年5月、の内容の一部と重複する。

57) 前掲『マルクス＝エンゲルス全集』第3巻、444-445ページ。*Marx-Engels Werke*, Bd. 3, a. a. O., S. 397.

58) 同上、442ページ。Ebd., S. 395.
59) 同上、443ページ。Ebd.
60) 同上、446ページ。Ebd., S. 398.
61) 同上、441ページ。Ebd., S. 394.
62) 同上、441ページ。Ebd., S. 394.
63) マルクス『資本論』第1巻a（全5冊）、前掲、300-301ページ。*Marx-Engels Werke*, Bd. 23, a. a. O., S. 189f. 引用文中の……は引用者による省略部分を示す。
64) マルクスによるベンサムの取り扱いについては、赤間道夫が次に掲げる諸論考の中で詳細に論じている。しかし赤間の諸論考では EXPLOITATION が「利用」と「搾取」に訳し分けられているため、「貨幣の資本への転化」における「ベンサム」が暗示する相互エクスプロイテーションと「絶対的剰余価値の生産」の一方的エクスプロイテーションとの関係が明瞭にはなっていないように思われる。赤間道夫「マルクスのベンサム論―『自由、平等、所有そしてベンサム』の解剖―」愛媛大学法文学部論集経済学科編『経済学』第22号、1989年、35-58ページ。赤間道夫「マルクスとベンサム―文献上のかかわりで―」同上『経済学』第23号、1990年、47-63ページ。赤間道夫「新MEGAのベンサム評注」同上『経済学』第24号、1991年、29-39ページ。赤間道夫「マルクスとベンサム―『自由、平等、所有そしてベンサム』の解剖を通して―」『『経済学批判要綱』における歴史と論理』中村哲編、青木書店、2001年、91-114ページ。赤間道夫「功利主義とマルクス」『季刊・経済理論』第41巻第4号、経済理論学会編、37-47ページ。なお、マルクスの思想体系全体の中での功利主義の位置については、松井暁『自由主義と社会主義の規範理論――価値理念のマルクス的分析』大月書店、2012年、参照。
65) 前掲『マルクス＝エンゲルス全集』第3巻、446ページ。*Marx-Engels Werke*, Bd. 3, a. a. O., S. 399.
66) 同上。Ebd.

第2章

EXPLOITATIONと搾取

■本章の課題

　『資本論』の日本語訳では、多くの場合、Exploitationの訳語として「搾取」が使用されている。しかし、仏・英・独語のEXPLOITATIONと日本語の「搾取」は基本的に異なった語であり、意味が一致する部分もあるが、一致しない部分もある。これら二つの語は、各言語の意味体系の中で受け持つところの担当意味領域を異にしている。両語が持つこのような意味領域の相違は、『資本論』のExploitation論の解釈に相違をもたらす可能性を孕んでいる。また、これらの語を用いた資本主義批判に異なったニュアンスを持たせることにもなる。

　本章では、『資本論』の原文と訳文を素材として、日本語の「搾取」が仏・英・独語のEXPLOITATIONとどのように異なっているかを検討する。これら両語の比較研究は、EXPLOITATIONという語が受け持つ意味領域、すなわちEXPLOITATIONの概念を把握するために有用である。

■第1節　日本語版『資本論』における「搾取」と EXPLOITATION

はじめに、日本語版『資本論』において Exploitation がどのように訳されているかを見ておこう。いうまでもなく、『資本論』ではこの語が様々な文脈で繰り返し用いられているが、ここではそれらの中から、まず次の二つの文を典型的な例として挙げておきたい。

"Obgleich exakter Ausdruck für den Exploitationsgrad der Arbeitskraft, ist die Rate des Mehrwerts kein Ausdruck für die absolute Größe der Exploitation[1]."
「剰余価値率は、労働力の搾取度の正確な表現であるとはいえ、搾取の絶対的な大きさの表現では決してない[2]。」

"aus seinem Kapital den gewöhnlichen Profit durch Exploitation der Bodenart A herauszuschlagen[3]"
「土地種類 A の利用によって自分の資本から通常の利潤をしぼり出すこと[4]」

これらの例のように、Exploitation は、ほとんどの場合「搾取」か「利用」と訳されている。特に、Exploitation の対象が労働者または労働力である場合には、必ず「搾取」と訳されている。しかし、「搾取」と訳される原語は Exploitation だけではない。

"Wie die Bereicherung der Fabrikanten mit der intensivren Ausbeutung der Arbeitskraft zunahm, beweist schon der eine Umstand, [5]"
「労働力の搾取の強化につれて工場主たちの富がどれほど増大したかは、すでに次の事態が証明する[6]。」

第 2 章　EXPLOITATION と搾取

　Ausbeutung は、フランス語からの借用語である Exploitation とは異なり、元来のドイツ語である。この二つの語は語源を異にしているから、担当する意味領域も異なる可能性がある。しかし、ここでマルクスは、このドイツ語を Exploitation と同一の意味で用いている。というのは、自身が監修したフランス語版『資本論』第 1 巻では、Ausbeutung を exploitation に直しているからである。先の文は、フランス語版では次のようになっている。

　"Un seul fait suffit pour démontrer combien les fabricants se sont enrichis à mesure que l'exploitation de la force de travail est devenue plus intense[7]"

　また、エンゲルスが監修した英語版でも、この箇所は次のようになっている。

　"One fact is sufficient to show how greatly the wealth of the manufacturers increased along with the more intense exploitation of labour-power[8]."

　このように、EXPLOITATION と Ausbeutung は同じ意味で用いられているのであるから、両者の訳語が同じ「搾取」であるのは妥当な処理であるといえる。マルクスは他の様々な箇所でも Ausbeutung を用いているが、その中には日本語版では「利用」と訳されているところもある。この点でも、Ausbeutung は EXPLOITATION と同一の意味で用いられているといえる。しかし、日本語版で「搾取」と訳されるのは、Exploitation と Ausbeutung だけではない。

　"erscheint Auspressung von unbezahlter Arbeit nur als Ersparung in der Zahlung eines der Artikel, der in die Kosten eingeht, nur als geringre

35

Zahlung für ein bestimmtes Quantum Arbeit[9)]"

「不払労働の搾取は、費用にはいり込む諸項目の一つにたいする支払いの節約としてのみ、すなわち、一定分量の労働にたいする支払いの軽減としてのみ、現われる[10)]。」

"So verliert die Abpressung von Mehrarbeit ihren spezifischen Charakter[11)]"

「こうして、剰余労働の搾取は、その独特な性格を失う[12)]。」

ここに、日本語の「搾取」の特徴が明確に表われている。「搾取」はExploitation が受け持たない意味をも持っているのである。この箇所は、フランス語訳と英訳では次のようになっている。

"il semble que l'extorsion du travail non payé ne soit qu'une économie réalisée sur le paiement d'un des articles qui entrent dans ces coûts de production ; qu'on verse simplement une somme moindre pour une quantité fixe de travail[13)]"

"Ainsi l'extorsion de surtravail perd son caractère spécifique[14)]"

"the extortion of unpaid labour figures only as a saving in paying for an article which is included in expenses, only as a smaller payment for a certain quantity of labour[15)]"

"In this way the extortion of surplus labour loses its specific character[16)]."

このように「搾取」は、『資本論』の日本語訳において、ドイツ語の Auspressung と Abpressung、フランス語の extorsion、および、英語の extortion に対応する訳語としても使用されているのである。

以上を整理すると、次のようになる。

独語	仏語	英語	日本語
Exploitation/Ausbeutung	exploitation	exploitation	利用
Exploitation/Ausbeutung	exploitation	exploitation	搾取
Auspressung/Abpressung	extorsion	extortion	搾取

　ここから明確に見てとれるのは、EXPLOITATIONが担当する意味領域と「搾取」が担当する意味領域とが、異なっているということである。EXPLOITATIONと「搾取」とは、意味的に重なっているとはいえ、ずれて重なっているのである。このような意味領域の相違は、これら二つの語の歴史的な成り立ちの相違に由来するものであると考えられる。そこで次節では、これら二つの語の語源に遡って、その意味領域の相違をより立ち入って検討したい。

■第2節　EXPLOITATIONと「搾取」の語源学的考察

　ドイツ語のExploitationも英語のexploitationも、フランス語のexploitationに由来する語であり、exploitationの動詞形のexploiterは、さらに古典ラテン語のexplicareに遡る。explicareは、接頭辞ex「外へ」がplicare「折る、たたむ」に付いた語であり、「たたまれているものを開く」いう意味を第一義として持つ。また、「なしとげる」という意味も持っている[17]。現代フランス語のexploterには、他動詞の「開発する」という意味と自動詞の「手柄を立てる」という意味があるから、語源であるexplicareの意味が維持されているのが分かる。この動詞の名詞形についても、「開発」という意味を持つ女性名詞のexploitationと、「偉業」や「令状」等の意味を持つ男性名詞のexploitがある。本書が研究対象としているのは、もちろん前者の他動詞と女性名詞の方であり、後者の自動詞と男性名詞は考察の対

象外となる。

　『アカデミー・フランセーズ辞典』（*Dictionnaire de l'Académie françoise*）の初版（1694年）では、exploiterの語釈において、まず"*Exploiter des bois*"という用例が挙げられ、これに「森林の木々を伐採し加工し販売する」という意味説明が与えられている。また、"*Exploiter une terre, une ferme, une métairie. l'exploiter par ses mains*"という用例も挙げられ、これに"La faire valoir par ses mains"という意味説明が与えられている。ここからは、次のようなことが分かる。すなわち、exploiterの元来の意味は「利用する」あるいは「開発する」であり、しかもそれは「有効に利用する」「使用して収益する」「用益する」という意味での「開発する」である、ということである。日本語の「開発する」には「教育する」「訓練する」という意味も含まれるが、フランス語のexploiterにはこのようなニュアンスはない。

　exploiterの語釈については、『アカデミー・フランセーズ辞典』の第5版（1798年）までは初版のそれと同様であるが、第6版（1835年）では、「地位をexploiterする」「大衆の好奇心、他人の人のよさをexploiterする」という用例も記されている。そこでは、この部分は悪い意味として分類されており、「不正な利益を引き出す」「大衆の好奇心に乗じる（spéculer）」「金を引き出すために他人の人のよさを利用する（profiter）」というような説明が付されている。一方、exploitationについては、同第6版においても、財産、土地、森、鉱山、等の労働対象ないし生産手段の用益のみが取り上げられている。

　『アカデミー・フランセーズ辞典』の以上のような記述を見るかぎり、exploitationの動詞形のexploiterは元来、「土地や森林のような生産手段を使用し収益する」すなわち「生産手段を用益する」「生産手段を有効利用する」という意味領域を担っていたといえる。そして後にこの語が、その元来の意味領域を越えて、生産手段以外の物事の利用に対しても用いられるようになったとき、そこに、何かを不誠実に利用するといった意味も生じた、と

考えられる。

　一方、日本語の「搾取」は「『搾（しぼ）り取（と）る』を音読して生じた和製漢語[18]」であると考えられている。つまり、「搾取」の語源は大和言葉の「しぼりとる」であると考えられる。そして、もしそうであるなら「搾取」の本源的な意味は、前節で見たヨーロッパ語で示せば、exploitation ではなく Auspressung や extortion であるということになる。というのは、「しぼりとる」という語は「人から金をしぼりとる」というように、「…から～を」という語法において使用されるのが普通であるが、exploiter にはこのような語法はない一方で、auspressen や extort にはそれがあるからである。言い換えれば、「人から金をエクスプロイトする」という語法はないが、「人から金をしぼりとる」「人から金をアウスプレッセンする」「人から金をエクストートする」という表現は、これらの語の本来の語法だからである。それゆえ、「搾取」という語の意味の中心は Auspressung や extotion にあり、そこから Exploitation や exploitation の方へと延び広がっているが、その意味領域は、Exploitation や exploitation の意味の中心にまでは達していない、といえる。逆にいえば、EXPLOITATION の意味の中心は、日本語版『資本論』の訳語で示せば「利用」であって、その意味領域は「搾取」の方へと延びているが、「搾取」の意味の中心にまでは達していない、といえる。

■第3節　「剰余価値の搾取」は何を意味しているか

　「搾取」が Exploitation とは異なる意味領域を担う語であることが明らかとなった。この意味領域のずれは、日本語のマルクス主義関連の文献の中に、搾取論に関する日本語独自の表現を出現させる要因となっている。

　前節で見たように、「搾り取る」という語は「人から金を搾り取る」というように、「…から～を搾り取る」という言い回しとともに使用されることが多い。このため「搾取」についても、「労働者を搾取する」という表現よりも「労働者から剰余価値を搾取する」という表現の方が、日本語として落

ち着いた印象を与える。そして実際、マルクス主義関連の日本語文献においては、このような表現が多く用いられている。例えば、次のようである。

「第一部門の資本家は、40の剰余価値をじぶんの労働者から搾取している[19]。」

「労働者から剰余価値を直接搾取する当事者は生産に投資する資本家です[20]。」

また、「労働者から剰余価値を搾取する」という表現からは、「剰余価値を搾取する」や「剰余価値の搾取」という表現が出てくる。これらの表現は、「労働者を搾取する」や「労働者の搾取」よりも日本語として落ち着いた印象を与える。そして実際、マルクス経済学関連の専門的な研究論文の中にもこのような表現が多く用いられている。例えば、次のようである。

「資本家は自分が手にいれた労働力を使用して、必要労働時間以外に剰余労働時間までも労働させて剰余価値を搾取する[21]。」

「マルクスは、剰余価値の搾取の秘密を科学的に暴露しようとしたのである[22]。」

しかし、これらの表現の中に現われる「搾取」は、上で取り上げた独語と英語でいえば、Auspressungやextortionであって Exploitationではない。というのは、すでに見たように、Exploitationにはこのような語法はないからであり、また『資本論』にもExploitationを用いたこのような表現はないからである。

『資本論』には、「労働者から剰余価値をexploitierenする」という表現も「剰余価値のExploitation」という表現もない。しかし、『資本論』には、

第 2 章　EXPLOITATION と搾取

1 箇所だけ次のような文がある。

　「労働日を延長すれば、機械と建物に支出される資本部分は不変のままでも、生産の規模は拡大される。それゆえ、剰余価値が増大するだけでなく、剰余価値の<u>搾取</u>に必要な諸支出が減少する[23]。」

この文に対応するヴェルケ版のドイツ語原文は次のようになっている。

"Mit verlängertem Arbeitstag dehnt sich die Stufenleiter der Produktion, während der in Maschinerie und Baulichkeiten ausgelegte Kapitalteil unverändert bleibt. Nicht nur der Mehrwert wächst daher, sondern die zur <u>Ausbeutung</u> desselben notwendigen Auslagen nehmen ab[24]."

ここでマルクスは、「剰余価値の Ausbeutung」という表現を使用しているように見える。第 1 節で見たように、マルクスは『資本論』で Ausbeutung を Exploitation と同様の意味で用いていると考えられるから、「剰余価値の Ausbeutung」という表現があるならば、「剰余価値の搾り取り」という意味での「剰余価値の Exploitation」という表現もあってもよいことになる。しかし、上の文はマルクスの死後に刊行されたエンゲルス編集の『資本論』第 1 巻第 3 版以降に現われるものである。マルクス自身が刊行した 1872 年のドイツ語版『資本論』第 1 巻第 2 版では、当該箇所は次のようになっている。

"Mit verlängertem Arbeitstag dehnt sich die Stufenleiter der Produktion, während der in Maschinerie und Baulichkeiten ausgelegte Kapitaltheil unverändert bleibt. Nicht nur der Mehrwerth wächst daher, sondern die zur <u>Erbeutung</u> desselben nothwendigen Auslagen nehmen ab[25]."

41

見られるように、マルクス自身が用いた表現は「剰余価値のErbeutung」なのであって、「剰余価値のAusbeutung」ではなかったのである[26]。マルクス自身が手を入れて刊行した最後の『資本論』であるフランス語版でも、この箇所は次のようになっている。

"Mais la prolongation de la journée permet d'agrandir l'échelle de la production sans augmenter la portion de capital fixée en bâtiments et en machines. Non-seulement donc la plus-value augmente, mais les dépenses nécessaires pour l' obtenir diminuent[27]."

このように、ドイツ語原文のErbeutungは、exploiterではなくobtenirに直されている。さらに、エンゲルスが監修した1887年出版の英語版『資本論』でも、この箇所は次のようになっている。

"The lengthening of the working day, on the other hand, allows of production on an extended scale without any alteration in the amount of capital laid out on machinery and buildings. Not only is there, therefore, an increase of surplus-value, but the outlay necessary to obtain it diminishes[28]."

ここでも、当該箇所はexploitではなくobtainが用いられている。

以上のことから、ヴェルケ版のこの箇所におけるAusbeutungはEXPLOITATIONと同一の意味で用いられているのではなく、Erbeutungやobtenirやobtainと同様の意味で用いられていると考えるべきである[29]。つまり、『資本論』には「労働者から剰余価値をexploitierenする」という表現も「剰余価値のExploitation」という表現もないのである。日本語文献に頻出する「剰余価値を搾取する」や「剰余価値の搾取」という表現は、カタカナ表記の英単語を用いて表現すれば「剰余価値をエクストートする」や

「剰余価値のオブテイン」ということになる。

　しかしながら、本節で取り上げた四人の研究者が、「剰余価値を搾取する」と記したり「剰余価値の搾取」と書いたりする時に、この「搾取」をExploitationではないものとして思念していたとは思われない。日本語話者が日本語で思考して日本語の文章を書く場合、「搾取」という日本語の力に促されて、思考の中ではExploitationとextortionとが融合してしまうように思われる。次の文を見てみよう。

　　「中小企業の資本家は、一方では中小企業の労働者を搾取するが、他方では搾取した剰余価値を独占資本に搾取されるという、二重の性格をもっています[30]。」

　この文を英訳する場合、最初の「搾取」はexploitに直されるが、二番目と三番目の「搾取」はobtainやextortのような語に直されるはずである。しかし、読者がこの日本語文を読む場合には、これらの「搾取」の意味を区別して読むとは思われない。三つの「搾取」をすべて同一の概念として了解するのが自然であると考えられる。この事情は、おそらく執筆する研究者においても同様であろうと考えられる。つまり、日本語世界では、exploitationがextortionと融合し、さらにはextortionに吸収されてしまっているのである。これにより、日本語世界での「搾取論」は、一つの特徴的な性格を帯びることになる。節を改めてこの点を検討してみよう。

■第4節　EXPLOITATIONと「搾取」の現象把握における力点の相違

　日本語の「搾取」という語を用いれば、われわれは次のような文を書くことができる。
　「労働者の搾取とは、労働者から剰余価値を搾取することである。」

この文は、一見したところ、非論理的に見える。「搾取」を説明すべき文の中に「搾取」が使われており、定義文の定義部分に被定義語が使用されているように見えるからである。こうした文ができてしまうことからしても、「搾取」という日本語は Exploitation の適切な訳語とはいえない。

　とはいえ、これまで見てきたことから分かるように、この場合、最初の「搾取」と二番目の「搾取」とは異なった意味で使われていると解釈することができる。この文を『資本論』に現われるドイツ語の単語を用いて書き直せば次のようになるであろう。

　「労働者の Exploitation とは、労働者から剰余価値を Auspressung することである。」

　この文は、十分に論理的である。しかし、『資本論』における労働力の Exploitation を説明した文としては、十分に正確なものではない。『資本論』の本文で Exploitation の概念がはじめて導入される箇所を改めて見てみよう。

　　「剰余価値の可変資本にたいする比は剰余労働の必要労働にたいする比と等しい。すなわち、剰余価値率 $\frac{m}{v} = \frac{剰余労働}{必要労働}$ である。両方の比率は、同じ関係を相異なる形態で表現するのであって、一方は対象化された労働の形態で、他方は流動的な労働の形態で、表現する。それゆえ、剰余価値率は、資本による労働力の、または資本家による労働者の、Exploitation 度の正確な表現である[31]。」

　ここで注目すべき点は、剰余価値率と「労働力の Exploitation 度」とが、区別されているということである。前者は剰余価値の可変資本に対する比であり、後者は剰余労働の必要労働に対する比である[32]。そしてこの相違は、前者が「対象化された労働の形態」で表現する比率であるのに対し、後者は「流動的な労働の形態」で表現する比率である、という相違として説明されている。つまり、剰余価値率は価値に着目する指標であるのに対し、労働力の Exploitation 度は活動状態にある労働に着目する指標として提出されてい

るのである。この相違は、「搾取」と Exploitation の相違を考える場合、重要であると思われる。価値は、対象化されたものであり、労働者自身とは区別される客観的な外的存在である。これに対して、活動状態にある労働は、労働者自身の活動であって、労働者から分離されうるものではない。日本語の「搾取」は、「剰余価値の搾取」という表現が示しているように、労働者自身よりも、価値や金のような労働の産物に着目する語である。これに対して、Exploitation という語が対象としているのは、『資本論』のこの箇所では、労働の産物ではなく労働者の活動それ自体である。労働力を開発すること、用益すること、利用すること、使うことが労働者の Exploitation であり、必要労働時間を超えてどの程度労働力を使ったかによってこの Exploitation の度合いが把握されるのである。こうしたことから、『資本論』における労働力の Exploitation とは何かと問われれば、その答えは次のような文になるであろう。

「労働力の Exploitation とは、必要労働時間を超えて労働力を使用することである。」

一般に、Exploitation の対象が人間である場合、人間の Exploitation とは、その人間を「使用すること」あるいは「利用すること」を意味する。前章で引用した1842年のシュタインの文章をここでもう一度見てみよう。

「こうして現代の特徴をなす、人間による人間の exploitation〔エクスプロワタシオン・ド・ロム・パル・ロム〕、すなわち同じ人間同士による人間の使用が現れる。ここで敗者は奴隷になる[33]。」

このように、フランス社会主義をドイツに紹介したシュタインは、exploitation を「使用（Benuzung）」と言い換えている。また、ほぼ同時代に刊行されたマックス・シュティルナーの『唯一者とその所有』でも「exploitiert される」は次のように「利用（benutzt）される」と言い換えられている。

「その労働は、それ自体としてみれば、無であり、それ自身の内に何の目的もなく、それ自体では何ら完結されることはない。彼は、ただ誰か他人の仕事の助けをするだけであり、この他人によって利用される（exploitiertされる）だけなのだ。他人に仕えるこの労働者にとっては、教養ある精神の享受などはありようもなく、たかだか粗野な快楽があるだけだ[34]。」

EXPLOITATIONの本源的意味は、「開発する」「有効に利用する」であるから、人間のEXPLOITATIONが人間の使用あるいは利用を意味するのは当然であるといえよう。ただし、EXPLOITATIONの対象が人間である場合、生産手段のEXPLOITATIONの場合とは異なり、そこに否定的な意味合いが生じる。生産手段を用益するように人間を用益するということは、人間を物のように使用するというニュアンスが含まれることになる。上に掲げたシュタインの文とシュティルナーの文においても、Exploitationとしての人間の使用は、奴隷制を連想させるような仕方での人間の使用であることが示されている。マルクスが剰余労働の必要労働に対する比を、剰余労働率ではなく、「労働力のExploitation度」と呼んだのも、資本家が労働者を用益すること、すなわち必要労働時間を超えて労働させることに、奴隷制的な側面を見出していたためであると推察される。

これに対して、日本語の「搾取」の本源的意味は「搾り取る」であるから、「搾取」という語が使われる場合、最大の関心は、労働者の使用それ自体よりも、使用の結果として産出された剰余価値の方に移行している。

「労働者の搾取とは、労働者から剰余価値を搾取することである。」

この日本的な搾取論は、述部において、話者の視点が対象化された労働の方に移行してしまっており、労働者のExploitationの説明としては不十分である。日本語による洗練された「搾取」の定義としては、次のようなものがある。

「K. Marx の意味での搾取関係とは、生産手段の所有者（非労働者）とその非所有者（労働者）とのあいだで行われる相互行為であり、前者が後者から剰余生産物を取得する関係である[35]。」

　これは、「搾取関係」の数学的展開を前提として考え抜かれた定義であり、前者のような日本的搾取論とは次元を異にするものである。しかし、この定義においてもやはり「剰余生産物を取得」することに力点が置かれており、この点で日本的特徴が現われていると思われる。
　日本語の「搾取」は、それが持つ語源的意味の力によって、資本家と労働者との関係を、人間に即してではなく、物に即して把握する見方を助長する。日本的搾取論は、資本家による労働者の使役そのものよりも、生産物や剰余価値という対象化された物の方に着目する傾向がある。そこでは、生産された価値が資本家と労働者の間でどのように分配されるかという分配論に焦点が当てられる。これに対して『資本論』の Exploitation 論は、流動的な状態における労働に着目するものであり、労働者を使うこと、長時間にわたって使役することに力点が置かれる。資本家が労働者を奴隷であるかのように使用するという、支配隷属関係批判がこの論の主題であると考えられる。しかし、日本語の「搾取」には、「使用」や「利用」や「開発」といった意味がほとんど含まれていないため、日本語世界の搾取論では、このような支配隷属関係批判が後景に退くことになってしまうのである。

■第5節　日本の代表的な搾取論書における「搾取」と EXPLOITATION

　ここで、これまでの議論を確認するために、吉原直毅の『労働搾取の厚生理論序説』における「搾取」の使用法を検討しておきたい。同書は、日本語で書かれた搾取論としては、近年の最も重要な成果の一つである。この理論書の中では、「搾取」という語がどのように用いられているであろうか。

まず、序論的な内容を持つ第 1 章には次のような記述がある。

「資本家階級による労働者階級の労働成果の搾取のメカニズムこそが資本主義経済システムの隠れた本質的特徴であり……[36]」

ここでは、前節で見たような日本的搾取論の特徴がそのままの形で現われている。すなわち、「労働成果の搾取」という表現がそれであり、これは資本家と労働者との関係を物に即して把握する見地である。この見地は、次のような表現によって、さらに強められている。

「資本家は労働者たちの生産した価値の一部を彼自身の富として掠め取る事（＝搾取）によって、事業をすればするほど富を蓄積できる[37]」

見られるように、ここで「搾取」は「掠め取る事」と等号で結ばれている。これにより、この「搾取」は exploitation ではなく extortion の意味で用いられていることが了解される。というのは、「労働者を掠め取る」というのは不自然な表現であり、日本語としては「労働者から価値を掠め取る」という表現が自然であるが、この「掠め取る」を英単語に置き換えれば、「労働者から価値を extort する」とは言えるが、「労働者から価値を exploit する」とは言えないからである。

一方、マルクスの基本定理が紹介される第 3 章には、次のような文が記されている。

「その富は労働者による、資本家にとっての無償の他人労働によって生み出された、剰余価値の蓄積に他ならない。これこそが、マルクスが剰余価値の生産を『労働の不等価交換』というよりはむしろ、『搾取（exploitation ≡ to use selfishly and unfairly for one's own advantage）』と称する由縁であろう[38]」。

ここで筆者は、「搾取」がexploitationであることを明示し、しかもその意味内容を英語で記している。不思議なことに、というよりはむしろ当然にも、英語による説明文は「掠め取る」の意味とは異なる内容になっており、exploitationの語源に即した意味内容の説明となっている。すなわち、exploitationは、「取ること」ではなく"to use"であり、「使うこと」である。これは前節で見たシュタインやシュティルナーの理解と一致しており、当然マルクスの理解とも一致するものである。

　『労働搾取の厚生理論序説』の大部分は英語文献に基づいて執筆されているから、その搾取論は上記のような英語のexploitationの意味に即して展開されていると考えられる。しかし、この搾取論の中にも、上で見たようにしばしば日本語の語源的意味に影響された「搾取」という語の使用法が顔を出しており、それが論の展開を若干分かり難くしているように思われる。次の文を見てみよう。

　　「『搾取』という言語は、上記のような不当性の意味合いで使用される以
　　外にも、利用、開発などの意味合いとしても使われる事に留意してみよう。
　　上述した様な『社会による生産要素の技術的に効率的利用』としての『搾
　　取』という意味であれば、労働以外の財についても自然に適用可能であろ
　　う[39]。」

　この文は、「一般化された商品搾取定理」を批判する議論への反論として記されたものである。ここでは、次の点を指摘しておきたい。第一に、日本語の「搾取」は、「利用」という意味合いをほとんど持たず、「開発」という意味合いは全く持っていない。第二に、「掠め取る」という意味合いを持つ「搾取」に「効率的利用」という意味を持たせようとするのは極めて困難である。よって、日本語の「搾取」を用いてこのような議論をすることには、あまり良い結果は伴わないように思われる。「搾取」という日本語は、語源に即したイメージを強く発しており、その意味内容を変えるのは容易なこと

ではないのである。とはいえ、上記引用文では「搾取」がexploitationの意味で用いられていることが文脈から明らかである。というのは、上で見たように「搾取」の意味を英文で説明した後に、上記引用文が書かれているからである。ここでは、日本語の「搾取」は兌換券のようなものであり、正貨は英語のexploitationなのである。しかし、マルクスの基本定理をめぐる議論を日本語でする際に、英文による意味説明を用意しなければならないというのは、奇妙な事態である。ここに、「搾取」という訳語の使い難さが現われているといえる。われわれは、英文による意味説明を常に参照していなければ、日本語の「搾取」の語源的意味に影響されて、exploitationの本来の意味を忘却してしまうのである。『労働搾取の厚生理論序説』は、日本語の「搾取」ではなく、はじめから英語のexploitationを用いて書かれていた方が、理解されやすかったであろうと思われる。

■第6節　自然のEXPLOITATIONと自然の搾取

　日本語の「搾取」の中に「利用」や「開発」という意味がほとんど含まれていないということは、日本語世界でエコロジー経済学や環境哲学を展開しようとする試みにも負の影響を及ぼしているように思われる。

　前世紀の後半以降、環境汚染や自然破壊の深刻化に対応して、環境・エコロジー関連の新しい経済学や社会学、倫理学等が生まれた。これらの研究分野の英語で書かれた文献には、しばしば「自然のexploitation」という表現が登場する。とりわけ、マルクス理論に基づいたエコロジー経済学では「自然のexploitation」が重要な概念となっている。こうした状況を受けて、韓立新は、『エコロジーとマルクス――自然主義と人間主義の統一』の中で次のように述べている。

> 「現代においては、自然の『搾取』という用語がエコソーシャリズムを含むエコロジー関連の文献のなかに頻繁に登場し、またほとんどの場合、

その根拠がマルクス理論に求められている。現代の環境問題が深刻化している今日、マルクス理論の内的な論理を積極的に生かし、自然の『搾取』を理論化し、さらに自然の『搾取』による『資本と自然の矛盾』の発生を、資本による人間の搾取および『資本と人間の矛盾』と並んで、マルクスのもう一つの重要な理論と見なすことは、マルクス研究者にとって避けられない課題になっている[40]。」

韓立新のこのような指摘は全く妥当なものであり、マルクス理論に基づいたエコロジー経済学の発展の方向性を適切に示しているといえる。しかしながら、ここですぐに問題となるのは「搾取」という日本語である。上の諸節で見たように、日本語の「搾取」は「搾り取る」というイメージを強力に発しているため、マルクス経済学の文献の中に「労働者から剰余価値を搾取する」や「剰余価値の搾取」という表現を生み出し、これを再生産し、定着させている。そこで、この「労働者から剰余価値を搾取する」という表現が正当であるとすれば、「自然の搾取」という表現は誤った表現と見なされるか、あるいはせいぜい不適切な比喩表現としか見なされない、ということになる。というのは、労働価値説により「自然から剰余価値を搾取する」ということはありえないからである。日本のマルクス経済学では、労働者と剰余価値と「搾取」が一組のものとして理解されているため、ここから「搾取」だけを切り離し、これを「自然」と結びつけるのが困難なのである。

　また、マルクス経済学の世界を離れても、やはり「自然の搾取」を論じるのは容易なことではない。というのは、「自然の搾取」と言った時、しばしばその直後に発せられるのは「自然から何を搾取するのか？」という問いだからである。「自然の開発」や「自然の利用」に対しては、このような問いは立てられない。しかし、「搾取」は、exploitation が持つところの「開発」や「利用」という意味をほとんど持たず、「搾り取る」というイメージを強く発するため、「何を搾り取るのか」という問いを伴うことになる。

　「自然の搾取」とは自然から何を搾取することなのか。おそらくこの問い

に対しては、自然から資源を搾取することです、と答えられるかもしれない。それでは、自然をもう少し限定して、自然の中の「森林」に着目し、「森林のexploitation」とした場合、これについてはどのようなことが言えるであろうか。「森林のexploitation」という表現は、第2節で見たように、exploitationという語の元来の代表的な用法である。「森林のexploitation」すなわち「森林の開発」や「森林の利用」という表現は、殖産興業の文脈では肯定的な意味を持つ一方で、エコロジカルな環境保全の文脈では否定的な意味を帯びることになる。他方、「森林の搾取」という表現は、日本語として奇妙であり、このような表現が用いられている文献はほとんど存在しない。ここでは、「搾」という字が「開」と反対の動作を示すため、これがこの表現の日本語としての不自然さを強めている。森林から木材資源を搾取する、という表現は文学的な比喩としてもうまく機能しないと思われる。

　それでは、自然をさらに限定して「動物」に着目した場合、どのようなことが言えるであろうか。本書の後の諸章で見るように、「動物のexploitation」は現代資本主義批判で重要な位置を占める領域であり、この表現は英語圏の文献に頻繁に現われるものである。しかし、「動物の搾取」は、英語からの翻訳文献以外では、日本ではほとんど目にする機会のないものである。この事実は、主に日本社会における動物利用についての問題意識の欠如に起因すると思われるが、「動物の搾取」という表現の日本語としての不自然さにも因るところが少なくないと思われる。というのは、「動物の搾取」と言った場合、日本語の習慣として、「動物から何を搾取するのか？」という問いが随伴することになるが、この問いに対する答えは、あまりにも自明であるか、あるいは存在しないか、どちらかだからである。この動物が例えば乳牛であれば、動物の搾取とは牛から乳を搾取することです、という何の批判的含意もない答えが与えられることになる。しかし、それが肉牛であれば、われわれはこの問いに対してどのように答えるべきであろうか。牛から肉を搾取することです、という答えは日本語として極めて不自然である。肉牛は身体の一部を搾り取られるのではなく、全身を丸ごと利用されてしまうから

である。だから、「肉牛から何を搾取するのか？」という問いには、「肉牛は搾取されるのではなく、利用されるのだ」というのが「搾取」という日本語の語源に即した正しい答えになるであろう。ここに、日本語の「搾取」とヨーロッパ語のEXPLOITATIONとの大きな相違が明瞭に現われている。肉牛は搾取されるのではなく、exploitされるのである。

　日本語の「搾取」は、人間以外の存在を対象とするとき、ヨーロッパ語のEXPLOITATIONから意味的にますます乖離してしまう。韓立新が言うように、「自然の搾取」の研究は理論的に重要な意義を持つが、無用な混乱を避けるためには、EXPLOITATIONの訳語として「搾取」ではない別の用語を用いるのが適切であると思われる。

■第7節　EXPLOITATIONの適切な邦訳語はどれか

　マルクス、エンゲルスの著作の中で、最初に日本語に全訳されたのは『共産党宣言』であるといわれている。堺利彦と幸徳秋水による1906年の翻訳で、英語版からの重訳であった[41]。そこでは、exploitationの訳語として主に「掠奪」が用いられており、「搾取」は用いられていない。1919年の内務省警保局の英語版からの翻訳では、exploitationが主に「駆使」と訳されており、「利用」「虐使」「開拓」という訳語も使われているが、ここでも「搾取」は用いられていない。1921年の堺利彦によるドイツ語からの新訳で、AusbeutungとExploitationの訳語として「搾取」が用いられ、これ以後の『共産党宣言』の邦訳では、ほとんどの場合「搾取」が用いられるようになる[42]。ただし、「搾取」という訳語は、1919年出版の高畠素之訳『資本論解説』の中でAusbeutungの訳語として用いられている。『資本論解説』はカール・カウツキーによって著された『資本論』の要約解説本であり、そこで『資本論』の主要な術語が取り上げられていることから、その後の『資本論』の邦訳作業にとって大きな意義を持つ。この書の中でカウツキーは、konstantes Kapitalやvariables Kapitalのような専門用語についてはマルク

スの用語法に従っているが、マルクスが Der Exploitationsgrad der Arbeitskraft と記した箇所については、これを Der Grad der Ausbeutung der Arbeitskraft と書き直している[43]。つまり、Exploitation を Ausbeutung に置き換えている。高畠が「搾取」と訳したのは、この Ausbeutung である[44]。『共産党宣言』を英語版から翻訳する際、exploitation の訳語として「搾取」が用いられず、『資本論解説』をドイツ語から翻訳する際に、Ausbeutung の訳語として「搾取」がはじめて導入されたとすれば、興味深い事実であるというべきであろう。フランス語由来の exploitation（英）や Exploitation（独）と土着的なドイツ語である Ausbeutung とが、若干異なった意味の広がりを持っていたとしてもおかしくはない[45]。英語の exploitation に比べてドイツ語の Ausbeutung は、かつての日本人翻訳者にとって、「搾取」という日本語が発するイメージに近い語感を持っていたのかもしれない。

　ともあれ、以上のように Exploitation の邦訳語として「搾取」が導入されるまでの間には、「掠奪」「駆使」「虐使」などの訳語が用いられていた時期があった。いったん「搾取」が導入されると、その後の翻訳ではほとんどの場合この語が使用されるようになるから、この語と日本人との相性は極めて良好なものであったということができる。しかし、Exploitation の訳語として「搾取」が最適であるとは言えないことは、『ドイツ・イデオロギー』と『資本論』の次のような訳文に現われている通りである。

　　「ブルジョアにとってはただ一つの関係、すなわち利用〔搾取〕関係だけがそれ自身のゆえに重要性をもつ[46]。」
　　「機械による労働者の搾取は、彼にとっては、労働者による機械の搾取〔利用〕と同じである[47]。」

　ここに現われる「利用〔搾取〕」および「搾取〔利用〕」という訳語は、日本語としては明らかに未完成である。とはいえ、Exploitation の意味につい

ては、これをよく再現しているといえる。すなわち、Exploitation の意味は、「搾取」と「利用」の二語に跨っており、これら二語の間のどこかに存在しているのである。本章の第 1 節で見たことが、ここでは訳語として出現している。

　もしも、日本語の語彙の中に「利用〔搾取〕」あるいは「搾取〔利用〕」を一語で表わすことができる語があるならば、それが Exploitation に対応する最適な邦訳語ということになるであろう。しかし、そのような語は、現在のところ存在していないように思われる。そしてもしそうだとすれば、現在、様々な分野の翻訳で一般に行われているように、この語についてもこれを英語式の発音でカタカナ表記し、外来語として使用するという手段が考えられる[48]。

　EXPLOITATION が元来はフランス語であり、マルクスもフランス語と意識してこの語を用いていたと考えられることを重視すれば、われわれはこれを「エクスプルワタシオン」や「エクスプルワテ」のように、フランス語式の発音でカタカナ表記するべきかもしれない。しかし、現在の日本語世界における英語の地位や、日本語としての発音のし易さ、また、現代世界において英語文献が有するシェアの大きさ、および英語文献におけるこの語の使用頻度の多さ等を勘案するならば、やはり「エクスプロイテーション」や「エクスプロイト」と英語の発音に即してカタカナ表記するのが適切であると思われる。

　マルクスの著作の翻訳は明治に遡るが、この時代には、現在と違ってヨーロッパ語をそのままカタカナに置き換える習慣は一般的ではなかった。しかし、仮に『共産党宣言』や『資本論』が戦後において初めて日本語に訳されていたとすれば、EXPLOITATION はカタカナ表記の外来語となって日本語の語彙の中に入っていた可能性が高いと思われる。それだけこの語は、日本語に直すのが困難な語である。

　とはいえ、もちろん「搾取」という語は、マルクス経済学界をはじめとして日本社会の中に深く根を下ろしている。この語が持つ強い響きは、多くの

日本人の愛好するところとなっている。それゆえ、この語を用いないことは、本書にとって不利な要素として働くことになるかもしれない。しかし、EXPLOITATION というヨーロッパ語が持つ意味の広がりを十分に生かしつつ論を進めるためには、やはり「搾取」という語を避け、「エクスプロイテーション」を用いたほうがよいと考える。そこで、本書の以下の部分では「エクスプロイテーション」を EXPLOITATION に対応する訳語として用いることとする。動詞についても、原文が exploiter（仏語）や exploitieren（独語）である場合においても、英語に基づいた「エクスプロイトする」という表記法を用いる。また、exploit を語幹とする派生語についても「エクスプロイテッド」「エクスプロイター」等、英語の発音に即してカタカナ表記する。このような変換処理は、邦訳文を引用する際にも、ほぼ自動的に適用される。

注

1) *Marx-Engels Werke*, Bd. 23, Berlin: Dietz Verlag, 1962, S. 232. 引用文中の下線は引用者が付したものである。以下同様。
2) マルクス『資本論』第 1 巻 a（全 5 冊）、資本論翻訳委員会訳、新日本出版社、1997 年、370 ページ。
3) *Marx-Engels Werke*, Bd. 25, Berlin: Dietz Verlag, 1964, S. 759.
4) マルクス『資本論』第 3 巻 b（全 5 冊）、資本論翻訳委員会訳、新日本出版社、1997 年、1315 ページ。
5) *Marx-Engels Werke*, Bd. 23, a. a. O., S. 438.
6) マルクス『資本論』第 1 巻 b（全 5 冊）、資本論翻訳委員会訳、新日本出版社、1997 年、716 ページ。
7) *Marx-Engels Gesamtausgabe*（*MEGA*）, Ⅱ. Abt., Bd. 7, Berlin: Dietz Verlag, 1989, S. 357.
8) *Marx-Engels Gesamtausgabe*（*MEGA*）, Ⅱ. Abt., Bd. 9, Berlin: Dietz Verlag, 1990, S. 363.
9) *Marx-Engels Werke*, Bd. 25, a. a. O., S. 54f.
10) マルクス『資本論』第 3 巻 a（全 5 冊）、資本論翻訳委員会訳、新日本出版社、1997 年、74 ページ。

11)　*Marx-Engels Werke*, Bd. 25, a. a. O., S. 55.
12)　マルクス『資本論』第 3 巻 a（全 5 冊）、前掲、74 ページ。
13)　Karl Marx, *Le Capital*, Livre troisième, Tome premier, Paris: Éditions Sociales, 1957, p. 63.
14)　Ibid.
15)　*Karl Marx, Frederick Engels: Collected Works*, Volume 37, New York: International Publishers, 1998, pp. 48-49.
16)　Ibid., p. 49.
17)　國原吉之助『古典ラテン語辞典』大学書林、2005 年、261 ページ参照。
18)　『日本国語大辞典第二版第五巻』小学館、2001 年、1433 ページ。
19)　宮川實『搾取の理論』社会科学書房、1984 年、84 ページ。
20)　不破哲三『マルクスは生きている』平凡社新書、2009 年、84 ページ。
21)　齊藤彰一『マルクス剰余価値論の地層』八朔社、2012 年、159 ページ。
22)　松井暁『自由主義と社会主義の規範理論――価値理念のマルクス的分析』大月書店、2012 年、264 ページ。
23)　マルクス『資本論』第 1 巻 b（全 5 冊）、前掲、698 ページ。
24)　*Marx-Engels Werke*, Bd. 23, a. a. O., S. 427.
25)　*Marx-Engels Gesamtausgabe*（*MEGA*）、Ⅱ. Abt., Bd. 6, Berlin: Dietz Verlag, 1987, S. 394.
26)　『資本論』第 1 巻の「最終決定版」はどれかという問題については、大村泉『新 MEGA と《資本論》の成立』八朔社、1998 年、の第 2 章および第 7 章を参照。大村が言うように、「最終決定版」がドイツ語第 3 版でもドイツ語第 4 版でもなく、「『資本論』第 1 巻アメリカ版のための変更一覧表」に基づく版本であるならば、当該箇所は Erbeutung のままとなる。というのは、この「変更一覧表」には Erbeutung を Ausbeutung に変更せよという指示はないからである。また、『資本論』第 1 巻第 2 版のマルクス自用本にも、当該箇所については何の書き込みも記されていない。マルクス自身は Erbeutung を Ausbeutung に変更する意図を持っていなかったのであり、「剰余価値の Ausbeutung」という表現は用いなかったのである。『資本論』第 1 巻第 3 版を編集する際、なぜエンゲルスがこの箇所の Erbeutung を Ausbeutung に変更したのかという問題は別途研究されるべきテーマである。なお、『資本論』第 1 巻第 2 版マルクス自用本については、大村氏所蔵の写真を見せて頂いた。記して謝意を表する。
27)　*Marx-Engels Gesamtausgabe*（*MEGA*）、Ⅱ. Abt., Bd. 7, a. a. O., S. 347.
28)　*Marx-Engels Gesamtausgabe*（*MEGA*）、Ⅱ. Abt., Bd. 9, a. a. O., S. 353f.

29) この問題は、拙稿「Ausbeutung、Exploitation、搾取——『剰余価値の搾取』は何を意味しているか」『商経論叢』第44巻第3・4合併号、神奈川大学経済学会、2009年5月、でも取り上げた。
30) 宮川實『搾取の理論』前掲、252ページ。
31) マルクス『資本論』第1巻a（全5冊）、370ページ。*Marx-Engels Werke*, Bd. 23, a. a. O., S. 231f.
32) マルクス経済学の教科書では、剰余価値率と労働力の搾取度とを区別しないのが普通である。しかし、柴田信也は、次のように述べて両者を明確に区別している。「m/vの代わりに、剰余労働時間/必要労働時間と表現したものを搾取率と呼び、剰余価値率の実体的な基礎を表現するカテゴリーである。」柴田信也編『政治経済学の再生』創風社、2011年、47ページ。
33) ローレンツ・シュタイン『平等原理と社会主義——今日のフランスにおける社会主義と共産主義』石川三義・石塚正英・柴田隆行訳、法政大学出版局、1990年、234ページ。L. Stein, *Der Socialismus und Communismus des heutigen Frankreichs. Ein Beitrag zur Zeitgeschichte*, Leipzig: Otto Wigand, 1842, S. 191.
34) シュティルナー『唯一者とその所有』（上）、片岡啓治訳、現代思潮新社、新装版、1977年、160ページ。Max Stirner, *Der Einzige und sein Eigentum*, Ausführlich kommentierte Studienausgabe, Herausgegeben von Bernd Kast, Freiburg/München: Verlag Karl Alber, 2009, S. 128. 引用文中の括弧内のドイツ語は引用者による。
35) 守健二「合理性、協業、搾取（Ⅰ）」『経済論集』（大分大学）第51巻第3・4合併号、1999年、1ページ。
36) 吉原直毅『労働搾取の厚生理論序説』岩波書店、2008年、7ページ。なお、引用文中の……は引用者による省略部分を示す。
37) 同上、6ページ。
38) 同上、70ページ。
39) 同上、106-107ページ。
40) 韓立新『エコロジーとマルクス——自然主義と人間主義の統一』時潮社、2001年、139-140ページ。また、島崎隆『エコマルクス主義——環境論的転回を目指して』知泉書館、2007年、でも自然の「搾取」という概念が積極的に使用されている。
41) ただし、堺と幸徳による『共産党宣言』の翻訳は、第2章までは1904年に発表されている。
42) 『共産党宣言』の翻訳についての以上の情報は、玉岡敦「日本語版『共産党宣言』における翻訳術語の変遷」マルクス・エンゲルス研究者の会『マルクス・エンゲルス・マルクス主義研究』第53号、2012年2月、11-23ページ、による。

43) Karl Kautsky, *Karl Marx's Oekonomische Lehren,* Stuttgart: Verlag von J. H. W. Dietz, 1887, S. 88.
44) カウツキー『資本論解説』高畠素之訳、賣文社出版部、1919 年、148 ページ。
45) 第 3 節で見たエンゲルスによる Erbeutung の Ausbeutung への変更は、このことと関係している可能性もあると思われる。
46) 『マルクス＝エンゲルス全集』第 3 巻、大月書店、1963 年、442 ページ。*Marx-Engels Werke*, Bd. 3, Berlin: Dietz Verlag, 1958, S. 395.
47) マルクス『資本論』第 1 巻 b（全 5 冊）、前掲、761 ページ。*Marx-Engels Werke*, Bd. 23, a. a. O., S. 465. なお、この文中の「搾取〔利用〕」のヴェルケ版の原語は Ausbeutung であるが、この文はエンゲルスが『資本論』第 1 巻第 3 版を編集する際、フランス語版『資本論』第 1 巻から取り入れたものである。フランス語版の原語は exploitation であり、したがって、ここでの Ausbeutung は明らかに Exploitation の意味で使われている。
48) 映画評論の分野では、「エクスプロイテーション」という語が用いられている。柳下毅一郎『興行師たちの映画史——エクスプロイテーション・フィルム全史』青土社、2003 年、参照。

第3章

エクスプロイテーションと剰余価値率

■問題の所在

　第1章で見たように、マルクスはエクスプロイテーションという語を学術的専門用語として用いていたわけではない。彼は、階級社会を批判したフランス社会主義の思想的伝統を受け継ぐ形で、この語を用いていたと考えられる。また、彼が『資本論』でこの語を使用する場合には、第2章で見たように、この語の意味領域を十分に活用している。このため、日本語版『資本論』では、エクスプロイテーションを「利用」や「搾取」といった幾つかの語に訳し分けなければならなかったのである。

　とはいえ、労働力または労働者のエクスプロイテーションに限っては、マルクスはこれに理論的基礎を与え、「労働力のエクスプロイテーション」を専門用語にする可能性を開いたともいえる。というのは、彼は次のように述べているからである。

　　「剰余価値率は、資本による労働力の、または資本家による労働者の、エクスプロイテーション度の正確な表現である[1]。」

　ここに記されているように「労働力のエクスプロイテーション度」が剰余

価値率によって正確に表現されるのならば、エクスプロイテーションという語は、労働力を対象とする場合に限っては、マルクス自身の意思にかかわらず、学術的専門用語としての資格を与えられていると見なすこともできる。というのは、剰余価値率は『資本論』において理論的に定義された専門用語であるが、これによってエクスプロイテーションの度合いが正確に表現されるのであれば、エクスプロイテーションという語も理論に裏打ちされた専門用語と見なされてよいであろうからである。ただし、『資本論』の中には、剰余価値率の理論的限界に言及している箇所がある。その箇所が示すように、剰余価値率が一定の範囲内でのみ「労働力のエクスプロイテーション度」を表現しうる概念であるならば、それに対応してエクスプロイテーションという語の学術的専門用語としての性格も一定の範囲内に限られることになるであろう。剰余価値率は労働力のエクスプロイテーション度をどこまで表現できるのであろうか。本章ではこの問題を検討する。

■第1節　労働力の再生産と剰余価値率

はじめにまず、剰余価値率の限界について記された『資本論』の一節を取り上げたい。『資本論』第1巻第5篇第15章第3節に次のような記述がある。

「労働日が延長されると、労働力の価格は、名目的には不変のままかまたは上昇する場合でも、労働力の価値以下に低下することがある。すなわち、労働力の日価値は、われわれが記憶しているとおり、労働力の標準的な平均的持続、すなわち労働者の標準的な寿命にもとづいて、また生命実体が、それにふさわしい、正常な、人間性に適した、運動への転換を行なうことにもとづいて、評価されている。労働日の延長と不可分な労働力の消耗の増大は、一定の点までは、代償の増大によってつぐなわれうる。この点を超えると、労働力の消耗は幾何級数的に増大し、同時に労働力のすべての正常な再生産の諸条件と活動諸条件が破壊される。労働力の価格と

そのエクスプロイテーション度とは、相互に同じ単位で計量される大きさではなくなる[2]。」

この一節の最後の文はあまりにも簡潔であるため、その意味するところを正確に読み取るのは容易ではない。とはいえ、この一節には、剰余価値率が労働力のエクスプロイテーション度の表現として機能しえなくなる場合が記されていることは確かである。マルクスによる剰余価値率の定式は次のようなものであった。

$$\frac{剰余価値}{可変資本}\left(\frac{m}{v}\right) = \frac{剰余価値}{労働力の価値} = \frac{剰余労働}{必要労働}[3]$$

先の引用文は、このような定式が成り立たないケースについて述べていると考えられる。すなわち、引用文のような過度な長時間労働の場合、労働力の価格は労働力の価値を下回るだけでなく、労働力の価値という概念を無効にしてしまう。というのは、労働力の価値は労働力を再生産するために必要な生活諸手段の価値であるが、労働時間が度を超えて延長されると、労働者の健康状態が不可逆的に悪化し、生活諸手段の量をどれほど増やしたとしても労働力の再生産そのものが不可能となってしまうからである。だからこの場合、仮に労働力の価格を使用して可変資本の大きさを計算し、これを分母にして剰余価値率を計算したとしても、これは$\frac{剰余価値}{労働力の価値}$ではないから、これを$\frac{剰余労働}{必要労働}$すなわち労働力のエクスプロイテーション度に変換することはできないのである。つまり、過度な長時間労働が続く場合、労働力の価格を用いて剰余価値率を計算したとしても、それは労働力のエクスプロイテーション度の表現とはならないのである。

『資本論』の理論展開は、価値と価格とが一致することを前提とするから、上のような現象は例外となる。しかし、現実の資本主義社会において、労働力の価格のその価値以下への低下が例外的なものではないこと、長時間労働

による労働者の健康被害や過労死が珍しいものではないことは、『資本論』に記されている通りである。前段で見たように、長時間労働が労働者の健康を害したり過労死をもたらしたりするほど継続される場合、理論上、剰余価値率は労働力のエクスプロイテーション度の表現であることを止めることになる。それでは、この場合、剰余価値率がエクスプロイテーション度との関係を喪失したことによって、エクスプロイテーションという現象そのものも姿を消すことになるのであろうか。むしろ、過度な長時間労働が行われていた期間においては、労働者は最も強くエクスプロイトされていたと言えるのではないであろうか。

　サン‐シモニアンは、労働者が「禽獣状態」に置かれているところに現代の「人間による人間のエクスプロイテーション」を見た。エクスプロイテーションがその姿を最も鮮明に現わすのは、労働者が人間性の喪失にまで追い込まれるほど徹底して利用されているときである。これに対してマルクスの「労働力のエクスプロイテーション度」は、自己の労働力を着実に再生産し「人間性に適した」生活を営んでいる労働者にしか適用できない。剰余価値率が労働力のエクスプロイテーション度の正確な表現でありうるのは、エクスプロイテーションが深刻な問題とはならないような狭い範囲においてでしかないのである[4]。

　とはいえ、おそらく『資本論』は、『経済学批判』の「序言」に記された考察プラン「資本、土地所有、賃労働、国家、外国貿易、世界市場」のうちの「資本」に対応するものであって、「ブルジョア経済の体制」を「資本」に焦点を当てて分析した書物である。そこでは、資本の運動が理想的平均において論述されているのであるから、労働者の極度なエクスプロイテーションが例外視されるのは適当な処理ということになろう。しかし、『資本論』に課されていたのがそのような純経済学的な課題だったのなら、剰余労働の必要労働にたいする比を「労働力のエクスプロイテーション度」と呼ぶ必要はなかったのではないであろうか。マルクスのここでの用語選択は、不適切だったのではないであろうか。このような指摘は、今から百年以上も前に、

ベルンシュタインによって提出されている。節を改めて、この点を検討してみよう。

■第2節　エクスプロイテーション度と「被エクスプロイテーション度」

ベルンシュタインは、『社会主義の諸前提と社会民主主義の任務』の第3章で次のように述べている。

「労働価値説は、なによりもまず、それがつねに資本家による労働者のアウスボイトゥングを測るための尺度として立現れるという点で、誤りに道をひらきやすい。そういう誤りへと導くものは、わけても、剰余価値率をアウスボイトゥング率などと呼ぶ、その名づけかたである。全体としての社会から出発して、労働賃金の総額をその他の所得の総額に対置するばあいにさえ、剰余価値率をそういう尺度とみなすのが誤りであることは、先述したところからすでに明瞭である。価値論が労働生産物の分配の当否についての規範を与えるものでないことは、原子論がある絵画の美醜についての規範を与えるものでないのと同じことなのである。今日、われわれが最もめぐまれた地位にある労働者に出会い、一部の『労働貴族』に出会うのは、きわめて高い剰余価値率をもつ産業においてであり、もっとも恥辱的に酷使されている労働者に出会うのは、きわめて低い剰余価値率をもつ産業においてではないか[5]。」

ここに出現するアウスボイトゥングは、剰余価値率との関係において問題とされているから、エクスプロイテーションと同一の概念であると見なすことができる。この点を確認した上で、上のようなベルンシュタインの指摘を検討してみたい。

『資本論』第3巻第2篇第8章では、剰余価値率は、資本主義的生産様式

の発達とともにすべての生産部面で均等化していくと述べられており、第2篇の論述を通して剰余価値率はすべての生産部面で同一であると前提されている。しかし、そこでは剰余価値率均等化を阻止する障害についても言及されており、こうした障害が労賃に関する特殊研究では重要であることも示唆されている。実際の経済社会においては、こうした障害が、ベルンシュタインの時代においても現代においても実存していると考えられる。そうすると、ある生産部面では労働生産力が極めて高いため労賃も高いが剰余価値率も高い一方で、別の生産部面では労働生産力が低いため労賃は低いが剰余価値率も低い、という事態も十分に起こりうる。この場合、ベルンシュタインが述べているように、剰余価値率の高い産業にめぐまれた労働者が見出され、剰余価値率の低い産業に恥辱的に酷使される労働者が見出される、という事態も起こりうるであろう。マルクスは、「剰余価値率は、資本による労働力の、または資本による労働者の、エクスプロイテーション度の正確な表現である」と述べているが、そうだとすると、「めぐまれた地位にある労働者」は「恥辱的に酷使されている労働者」よりも、より高い度合いでエクスプロイトされていることになる。このような状況では、労働者はより高度にエクスプロイトされることに自らの利益を見出すことになるはずである。ベルンシュタインは、このような点に違和感を持ち、剰余価値率をアウスボイトゥング度と呼ぶことを疑問視したのだと考えられる。このベルンシュタインの見地は正しいであろうか。

　ベルンシュタインの見地を検討する際には、次の点が留意されるべきである。すなわち、剰余価値率で表現される「労働力のエクスプロイテーション度」は、資本家すなわちエクスプロイターの側から見た指標であって、エクスプロイトされる労働者の被害に焦点を当てたものではない、という点がそれである。『資本論』第1巻第5章第2節「価値増殖過程」から第7章「剰余価値率」までのところでは、資本家がどのようにして剰余価値を獲得するかが論述されている。労働者の立場にも焦点が当てられ、労働者の側に生じる被害または損害が取り上げられるのは第8章「労働日」以降である。しか

し、労働力のエクスプロイテーション度は第7章で導入されるため、そこには労働者の側の視点、すなわちエクスプロイトされる側の視点が直接的には現われてこないのである。

　エクスプロイターの側から見れば、彼らの利益は剰余価値であるから、「労働力のエクスプロイテーション」の度合いは、剰余労働の必要労働にたいする比によって正確に把握されることになる。エクスプロイターにとっては、剰余労働時間の割合が大きいのであれば、労働者の状態がめぐまれているか恥辱的であるかは問題ではない。労働者の状態にかかわらず、剰余労働の割合が大きければ大きいほど、取得する剰余価値の量は多く、資本家は労働者をより高度にエクスプロイトしたということになる。したがって、この点では、ベルンシュタインの批判は的をはずしている。

　しかし、サン・シモニアン以来のエクスプロイテーションという言葉の使われ方に着目すれば、ベルンシュタインの批判にも一定の正当性が出てくる。第1章で見たように、サン・シモニアンによって「人間による人間のエクスプロイテーション」というフレーズが用いられる場合、そこで強調されていたのは労働者の置かれた物質的・知的・道徳的禽獣状態であり、こうした視点の背景にあるのは「最も多人数の階級、最も貧しい階級の精神的・物質的福祉の向上を目的として社会を組織せよ」というサン・シモンの思想であった。つまり、人間に対してエクスプロイテーションという語が用いられる場合、この語の使用者の関心は、エクスプロイターの側に生じる利益というよりはむしろ、エクスプロイトされる側、すなわちエクスプロイテッドの側に生じる不利益の方に向けられている。この点に、エクスプロイテーションという語が土地や森林や鉱山のような生産手段に対して使用される場合との相違がある。生産手段は単なる物であり、エクスプロイトされることによってそれ自体が不利益を被る存在者ではないということもできるが[6]、人間は関心を持って生活する主体であって、エクスプロイトされることによって不利益や損害を被る存在者である。それゆえ、人間による人間のエクスプロイテーションが考察対象となる場合には、エクスプロイテッドの状態に焦点が

当てられるのが自然である。

　そこで、視点をエクスプロイターからエクスプロイテッドの方に移してみよう。資本‐賃労働関係をエクスプロイテッド、すなわち労働者の側から見れば、彼が被る損害は、単に資本家によって剰余価値を抽出されるということだけにあるのではなく、サン・シモニアンが指摘したように、長時間労働と貧困によって人間的発達が阻害され「禽獣状態」に置かれるということにもある。資本家の利益は剰余価値であるのに対して、労働者の損害は全人間的なものである。しかし、この労働者の人間的発達の阻害が、労働力のエクスプロイテーション度では、計測されえない。この指標は、資本家の側から見た労働力のエクスプロイテーション度であって、労働者の損害を数量化するエクスプロイテーション度ではないからである。それゆえ、労働者のエクスプロイテーションあるいはアウスボイトゥングというからには、その度合いは、労働者が置かれた状態とも対応するものであるべきだ、とする趣旨のベルンシュタインの批判は、思想史的には正当なものであると思われる。

　第1章で見たように、『ドイツ・イデオロギー』のマルクスは、「人間による人間のエクスプロイテーション」を「私は他人に損害を与えることによって自分を利する」と言い換えていた。しかし、『資本論』の「労働力のエクスプロイテーション度」は、資本家が「自分を利する」度合いについては正確に計測できるのに対し、「他人に損害を与える」度合いについては、正確には計測できない。少なくともそれは、労働者がより高度にエクスプロイトされることに自分自身の利益を見出す場合があることを許容する。それは、労働者が被る損害全体に着目した指標とはなっていないのである。

　本章の第1節では、剰余価値率が労働力のエクスプロイテーション度の正確な表現であるのは、ある一定の範囲内に限られることを見たが、ここでは、マルクスの「労働力のエクスプロイテーション度」が、資本‐賃労働関係を資本家の側から見た指標として、一定の限界を持つことが確認されたといえる。

　とはいえ、先に触れたように、『資本論』は経済学批判体系の中の「資本」

を取り扱ったものであり、「賃労働」を主題としたものではないと考えられる。『資本論』の課題が「資本一般」の分析に設定されている以上、価値と価格との一致や剰余価値率の同一性が前提であり、上記のような批判は『資本論』の趣旨を理解し損ねたものである、ともいえる。しかし、そうであるならば、なぜマルクスは剰余労率のようなニュートラルな用語を用いずに、エクスプロイテーションのようなフランス社会主義的な用語を用いたのであろうか。また、なぜマルクスは『資本論』第1巻で労働者が被る損害をあれほど詳細に記述したのであろうか。資本家と労働者のエクスプロイテーション関係において労働者が被る損害を強調する点で、マルクスはサン‐シモニアンの後継者であり、しかも彼ら以上にそれを具体的に詳述している。『資本論』の研究対象は資本一般であるとはいえ、実際にはそこに「賃労働」論の内容がかなりの程度入り込んでいると思われる。そこで次節では、マルクスがエクスプロイテーション関係を労働者の側から見て論述している部分を検討してみたい。

■第3節　エクスプロイテーションと「エクスプロイテーション度」

　マルクスは、『資本論』第1巻第8章第1節で、労働日の延長によって労働者が被る損害を取り上げ、その計測方法を記している。それは、「労働力の正常な持続と健全な発達とに合致する」ところの「合理的な労働基準」に基づいて計測されるものであり、そこでは、資本家がこの労働基準を超えて労働日を延長する場合、労働力の寿命はその分だけ縮減され、資本家は労働力の価値をその分だけ盗むことになると記されている[7]。この場合、資本家による労働力の価値の盗みは、「労働力の正常な持続と健全な発達」の阻害に一致するものであるから、これによって労働力の被エクスプロイテーション度が把握されている、ともいえる。つまり、労働者の損害に着目したエクスプロイテーション度は、マルクス自身によって提出されていたと考えるこ

ともできる[8]。

　第 8 章で提出されたこの方式は、仮想的な労働者の口を借りて語られるものであり、第 7 章で定式化された「労働力のエクスプロイテーション度」に比べて、理論的に不確定な性格を持っている。とはいえ、この第 8 章方式は、「労働力のエクスプロイテーション度」を理論的に補完する役割を持っているといえる。本書第 1 節で見たように、「労働力のエクスプロイテーション度」は、労働力の再生産が困難となり、労働力の価値という概念が成立しなくなるところでは機能しなくなる。これに対して第 8 章方式は、「労働力のエクスプロイテーション度」が機能を停止したところからその機能を開始する。資本家による労働者のエクスプロイテーションは、資本家が労働者から盗む「労働力の価値」の大きさによって計測されることになる。この場合、盗まれる価値額が大きければ大きいほど、労働者はますます肉体的・精神的に委縮していくのであるから、エクスプロイテーション度と損害の大きさは一致することになる。「労働力のエクスプロイテーション度」を捉える第 8 章方式では、「私は他人に損害を与えることによって自分を利する」という人間による人間のエクスプロイテーションの意味内容がそのまま当てはまる。

　しかしながら、マルクス自身はこの第 8 章方式を「労働力のエクスプロイテーション度」と呼んでいたわけではない。『資本論』では「労働力のエクスプロイテーション度」は、あくまで剰余価値率によって表現されるものである。そこで、もしもエクスプロイテーションを剰余価値率によって規定される専門用語と見なすとするならば、資本家によって労働者がエクスプロイトされるのは労働力の価値という概念が成立するところの適正な労働時間の範囲までであり、これを超えて労働時間が延長されると、そこから先はエクスプロイテーションではないものになってしまう。しかし、このような認識は、『資本論』の記述と矛盾している。例えば、『資本論』には次のような一節がある。

　「1863 年 6 月の最後の週、ロンドンのすべての日刊新聞は『単なる過度

労働からの死』という『センセーショナル』な見出しをつけた一文を掲載した。話題になったのは、非常に声望のある宮廷用婦人服仕立所で仕事をしていて、エリーズという感じのよい名前の婦人にエクスプロイトされていたメアリー・アン・ウォークリーという20歳の婦人服仕立女工の死亡のことであった。しばしば語られた古い物語が、いままた新たに発見されたのであって、これらの娘たちは平均して16時間半、しかし社交季節にはしばしば30時間も休みなしに労働し『労働力』が思うように動かなくなると、ときおりシェリー酒やポートワインやコーヒーを与えて動くようにしておくというのである[9]。」

これは『資本論』第1巻第8章第2節「エクスプロイテーションの法的制限のないイギリスの産業部門」の中の一節である。ここでは、労働者を死に至らしめるような長時間の労働力の使用もエクスプロトという言葉で表現されている。したがって、このような労働力破壊的な労働者の酷使もエクスプロイテーションであり、資本家による労働力の価値の盗みもエクスプロイテーションである[10]。これもエクスプロイテーションではあるが、しかしその度合いを剰余価値率によっては表現できないだけである。エクスプロイテーションという行為自体とその度合いを測るための物指しとは、それぞれ異なる二つの概念である。ここでは、労働力のエクスプロイテーションと「労働力のエクスプロイテーション度」とを区別して考える必要がある。

エクスプロイテーションの概念史において、マルクスによってなされた新機軸はエクスプロイテーション概念の導入ではなく、「労働力のエクスプロイテーション度」の考案である。第1章で見たように、社会批判の領域におけるエクスプロイテーションの概念自体はマルクス以前から存在していた。この概念は、サン・シモニアンをはじめとしたフランスの社会主義者によって用いられていた。マルクスもフランスの社会主義思想からこの概念を受け継いだと考えられることはすでに見た通りである。労働者のエクスプロイテーションについて、サン・シモニアンは次のような事態を指摘していた。

すなわち、使用者と労働者との取引は、労働者の自由になるものではなく、労働者が生命を維持するために受け入れざるをえないものであり、この経済的力関係に基づいて使用者は労働者を使用し、それによって労働者は「禽獣状態」に置かれる、というのがそれである。これが労働者のエクスプロイテーションと呼ばれる事態である。マルクスが『資本論』第1巻第2篇「貨幣の資本への転化」で取り上げているのも、労働者が生命を維持するためには自分の労働力を資本家に売らざるをえないという、この理論的な事実である[11]。続く第3篇「絶対的剰余価値の生産」では、この事実に基づいて、剰余価値生産のメカニズムが明らかにされ、さらにこのメカニズムの解明に基づいて「労働力のエクスプロイテーション度」が導入される。労働者のエクスプロイテーションはマルクス以前から問題とされていた事態であって、マルクスが新たに導入したのは、この事態の度合いを測るための一つの方式である。

　マルクスの「労働力のエクスプロイテーション度」が、エクスプロイテーションの度合いを把握するための一つの方式であるならば、別の方式を考案する試みがあっても不思議ではない。マルクスの方式は、一工場で生産される生産物価値から不変資本を引き、それと労賃とから剰余価値率を算出し、さらにそこから必要労働時間と剰余労働時間を導き出すものであり、この操作の前提となっているのは労働価値説である。ベルンシュタインは労働価値説を疑問視し、これに基づかないでアウスボイトゥングの度合いを把握しようとする方式を紹介している[12]。その後も、マルクスの「労働力のエクスプロイテーション度」について、これが理論的に、あるいは数学的に支持されうるものであるのか否かという問題が、多くの研究者によって検討されてきた[13]。この検討の結果、もしも否定的な結論が出た場合には、「労働力のエクスプロイテーション度」を把握するマルクス方式は放棄されることになるが、同時に、これに代わる新たな方式が開発される必要も生じることになる。マルクスの「労働力のエクスプロイテーション度」が否定されたとしても、資本家による労働者のエクスプロイテーションという事態は存続し続け

第3章 エクスプロイテーションと剰余価値率

るからである。

　しかしながら、ここでわれわれが従事しているのは、マルクスの「労働力のエクスプロイテーション度」を否定することではなく、またこれに取って代わるエクスプロイテーションの指標を提出することでもない。われわれがここで確認しておきたいのは、次のことである。すなわち、労働力のエクスプロイテーションと「労働力のエクスプロイテーション度」とは、区別されるべき概念であり、「労働力のエクスプロイテーション度」では計測できないような現象についても、マルクスはエクスプロイテーションという語を用いて記述している、ということである。マルクスは、「剰余価値率は、資本による労働力の、または資本家による労働者の、エクスプロイテーション度の正確な表現である」と述べたが、それは理論的に想定される一定の範囲内においてのことである。この理論的想定を逸脱する場面においても、マルクスはエクスプロイテーションという語を使用して資本‐賃労働関係を叙述しており、そこでの使用の仕方はサン‐シモニアンのそれと異なるところがない。マルクスは、エクスプロイテーションという語それ自体については、やはりこれを学術的専門用語としては用いていないのである。

　さて、本章での課題は、剰余価値率は「労働力のエクスプロイテーション度」をどこまで表現できるのか、ということであった[14]。検討の結果、次のようなことが明らかとなった。

　第一に、剰余価値率が「労働力のエクスプロイテーション度」の正確な表現であるのは、次のような条件が成立しているときだけである。すなわち、労働力の価格がその価値を下回っていないこと、したがって労働力の価格をその価値以下に切り下げてしまうことのないような労働時間が維持されていること、これである。このような条件が成立しているとき、労働者は人間性に適した生活をし、労働力を正常に再生産することができる。しかし、現実の社会においては、過度な長時間労働によって労働力の委縮した再生産や労働力それ自体の破壊が見られるのであり、この事実は『資本論』で詳述されているところである。剰余価値率は、一定の条件が成立する狭い範囲におい

てのみ、「労働力のエクスプロイテーション度」の正確な表現であることができる。

　第二に、剰余価値率は、資本家と労働者のエクスプロイテーション関係を、資本家の側に生じる利益に着目して把握する指標であって、労働者の側に生じる不利益に着目して把握する指標ではない。このため、「エクスプロイテーション度」を剰余価値率で表現する場合、労働貴族が高い「エクスプロイテーション度」で使用され、惨めな労働者が低い「エクスプロイテーション度」で酷使されるという場合も生じる。しかし、このような事態は、サン‐シモニアン以来のエクスプロイテーションの概念からすると、不合理である。この点でも、剰余価値率は「労働力のエクスプロイテーション度」を狭い範囲でしか表現できないと言わざるをえない。

　第三に、マルクスが定義したのは、剰余価値率で表現されるところの「エクスプロイテーション度」であって、エクスプロイテーションの概念そのものではない[15]。エクスプロイテーション概念はマルクス以前から存在しており、マルクスが考案したのは、これを数量化するための一つの手段である。この手段が、エクスプロイテーションという現象をその全体にわたって数量化しうるものではないことは、マルクス自身も承知していたのである。そして、この手段を持ち出さないところでは、彼はサン‐シモニアン以来のエクスプロイテーションの概念をそのまま用いている。

　以上のことから、われわれは次のことも確認しておきたい。

　剰余価値率に基づいて「労働力のエクスプロイテーション」を学術的専門用語として取り扱うことは可能である。実際、マルクス経済学では、このような取り扱いがなされてきたといえる。しかし、こうした取り扱いは、エクスプロイテーションの概念を狭くしてしまうものである[16]。このようなエクスプロイテーション概念からは、『資本論』においてエクスプロイテーションとして記述されている多くの現象が食み出してしまう。例えば、「労働力の価値の盗み」としてのエクスプロイテーションがそうであり、「地力のエクスプロイテーション」がそうである。しかし、これらのエクスプロイ

テーションは、現実の資本主義的生産様式を分析し記述する際に有用な概念であり、また社会の現状の改善を求める論議においても有用な概念である。われわれは、次の二つの章でこれらの概念を研究する。

注

1) マルクス『資本論』第1巻a（全5冊）、資本論翻訳委員会訳、新日本出版社、1997年、370ページ。*Marx-Engels Werke*, Bd. 23, Berlin: Dietz Verlag, 1962, S. 232.
2) マルクス『資本論』第1巻b（全5冊）、資本論翻訳委員会訳、新日本出版社、1997年、897ページ。Ebd., S. 549.
3) 同上、903ページ。Ebd., S. 553.
4) 齊藤彰一は『マルクス剰余価値論の地層』（八朔社、2012年）の73-74ページで次のように述べている。「リカードウ学派に対する批判の眼目となったのは次の点である。本来『利潤』（剰余価値）とは、資本家が強制力をもって、必要労働時間を超過して労働させた時間（剰余労働時間）を根拠としている。剰余労働時間には、資本家による労働者にたいする強制・従属関係が刻印されている。したがって、その剰余労働時間の長さ、ひいては労働日全体の長さは、剰余価値を渇望する資本家の意思ひとつによって決まるのだから、労働日が一定であるということはありえない。それは延長されてゆく傾向をもつといいうるだろう。しかしリカードウは労働日を一定のものと考え、その労働時間が対象化した価値から賃金分の価値が差し引かれ、その残余が『利潤』（剰余価値）の額となると考えたのである。」ここで述べられているように、マルクスの剰余価値論が資本家と労働者との「強制・従属関係」を強調するものであることは確かである。であるからこそ彼は、奴隷制を連想させるところのエクスプロイテーションという語を使用したのだと考えられる。しかし、強制労働という側面が最も強く現われる過度な長時間労働については、労働力の価格を用いて剰余価値率の計算をすることはできても、それを剰余労働/必要労働、すなわち「労働力のエクスプロイテーション度」に変換することはできない。必要労働の概念が厳格だからである。
5) エドゥアルト・ベルンシュタイン「社会主義の諸前提と社会民主主義の任務」佐瀬昌盛訳『現代思想第7巻　社会主義の諸前提と社会民主主義の任務』ダイヤモンド社、1974年、86-87ページ。Eduard Bernstein, *Die Voraussetzungen des Sozialismus und die Aufgaben der Sozialdemokratie*, Herausgegeben und mit einem Nachwort versehen von Manfred Tetzel, Berlin: Dietz Verlag, 1991, S. 60.
6) 少なくともサン・シモンの時代にはこのように言うことができたであろう。しかし、

19世紀後半以降、とりわけ20世紀後半以降は、生産手段それ自体が被る不利益についても真剣に議論されるようになっている。この点については本書第5章以降で論じる。
7) マルクス『資本論』第1巻a（全5冊）、前掲、397-399ページ。*Marx-Engels Werke*, Bd. 23, a. a. O., S. 248f.
8) 長島誠一は『エコロジカル・マルクス経済学』（桜井書店、2010年）の174ページで次のように述べている。「『資本＝賃労働』関係は、一方で経済的搾取（剰余価値生産）を強制するとともに、他方では労働者に劣悪で不健康な労働条件を押しつけ、生物としての人間の寿命を短縮化させる傾向があった。マルクスも当然この両面を『資本論』において詳細に分析した。通説的なマルクス経済学では、労働力の価値どおりの販売を前提にして剰余価値論が重視されてきたが、マルクスと同様にその前提や労働力の生物的搾取についても関心を払わなければならない。」ここで言われている「生物的搾取」は、本章で取り上げているところの「労働者が被る損害に着目したエクスプロイテーション概念」と概ね一致する概念であるように思われる。
9) マルクス『資本論』第1巻a（全5冊）、前掲、435-436ページ。*Marx-Engels Werke*, Bd. 23, a. a. O., S. 269.
10) 松井暁は「マルクスと正義」（『専修経済学論集』第42巻第2号、専修大学経済学会、2007年12月、33-89ページ）の中で、エクスプロイテーションが「盗み」であることを論じている。確かに、労働力のエクスプロイテーションが、労働力の価格の価値以下への切り下げという状況を生み出しつつ行われている場合、このエクスプロイテーションは「価値の盗み」である。しかし、労働力の価格と価値が一致している場合については、マルクスは労働力のエクスプロイテーションを「盗み」とは言っていない。松井論文では、エクスプロイテーションのこの二つの局面が区別されていないように思われる。エクスプロイテーションが盗みなのか否かという問題をめぐる論争は、論争当事者がそれぞれ異なった局面を想定して立論していることに由来する場合がある。また、日本語世界では、日本語の「搾取」の語源的意味に影響されてExploitationをAuspressungやextortionと混同し、さらに議論が混乱する場合がある。
11) マルクス『資本論』第1巻a（全5冊）、前掲、289ページ。*Marx-Engels Werke*, Bd. 23, a. a. O., S. 183.
12) エドゥアルト・ベルンシュタイン「科学的社会主義はいかにして可能か――エドゥアルト・ベルンシュタインの講演」佐瀬昌盛訳『現代思想第7巻　社会主義の諸前提と社会民主主義の任務』前掲、301-302ページ。Eduard Bernstein, "Wie ist wissenschaftlicher Sozialismus möglich？", in *Ein revisionistisches Sozialismusbild*:

Drei Vorträge, Herausgegeben und eingeleitet von Helmut Hirsch, 2. Aufl., Berlin, Bonn-Bad Godesberg: Dietz, 1976, S. 60f.
13) 吉原直毅『労働搾取の厚生理論序説』岩波書店、2008 年、参照。
14) 本章には、拙稿「エクスプロイテーション（搾取）概念の系譜——サン・シモンからヌスバウムまで」（『商経論叢』第 46 巻第 3 号、2011 年 2 月、25-44 ページ）の論述と重複する部分がある。
15) 「エクスプロイテーション」とその度合いを測るための尺度である「エクスプロイテーション度」とが異なることは、例えば「幸福」とその度合いを測るための尺度である「幸福度」とが異なることと同じことである。現在、国民の「幸福度」を測る幾つかの尺度が考案されているが、これらの尺度に不備が見つかり、それらが放棄されたとしても、「幸福」の概念自体は使われ続けることになる。同じように、仮にマルクスの「労働力のエクスプロイテーション度」に不備が見つかり、それが放棄されることになったとしても「エクスプロイテーション」の概念自体は使われ続けることになる。「エクスプロイテーション」も「幸福」も、「エクスプロイテーション度」や「幸福度」に先立つ概念である。
16) 中村宗之は「搾取論と自己所有権」（『グローバリゼーションの政治経済学：経済理論学会年報第 38 集』経済理論学会編、青木書店、2001 年、119-134 ページ）の 119 ページで次のように述べている。「搾取概念の適用範囲を広げようとする試みは少なからずあるし、また搾取論自体、いわゆる疎外論とも内容的に重なる部分がある。しかしここでは、扱う対象を、労働を根拠として労働生産物に対する権利を主張するタイプの搾取批判に限定する。」このような限定は、論述の正確さと明快さを担保するための誠実な手続きであるといえる。とはいえ、疎外論と重なる部分を度外視することはエクスプロイテーションの概念が内包する批判力を弱めることに帰着すると思われる。サン・シモニアンは労働者が「禽獣状態」に置かれる社会関係を人間による人間のエクスプロイテーションと表現したが、人間の動物化は『経済学・哲学草稿』では「疎外された労働」の概念で論じられていた。エクスプロイテーションの概念が有するところの疎外論と重なる部分については、本書では、これに続く第 4 章で論じる。

第4章

エクスプロイテーションと人間的諸機能

■問題の所在

　剰余価値率で表現される「労働力のエクスプロイテーション度」は、エクスプロイターである資本家の側に視点を置いた指標である。資本家の立場からすれば、この度合いは高ければ高いほど良く、低ければ低いほど悪い。この度合いが高いのであれば、使用している労働者の生活状態の善し悪しは資本家にとって本質的な問題とはならない。資本家の関心は、剰余労働時間で生産される剰余価値であって、労働者の生活の質ではないからである。「エクスプロイテーション度」の高低が、労働条件の善し悪しと一致しない場合がありうることは、前章で見たとおりである。

　一方、労働者の直接的な関心は、剰余価値率で表現される「労働力のエクスプロイテーション度」の高低よりも、彼らの生活の質を規定する労働条件の善し悪しに置かれる。言い換えれば、個々の労働者にとって問題となるのは、剰余労働と必要労働の単なる割合というよりはむしろ、労働日の絶対的な長さである。そもそも資本主義的生産様式においては、剰余労働時間がゼロになることはありえない。この生産様式を前提する限り、労働者はさしあたり一定時間の剰余労働を許容しなければならない。言い換えれば、労働者は一定程度のエクスプロイテーションを許容せざるをえない。それでは、労

働者は労働日の絶対的な長さで見て、どの程度までのエクスプロイテーションならば許容しうるのであろうか。

　この点についての一つの見解は、『資本論』第1巻第8章第1節で提出されている。そこでは、労働者の要求として標準労働日の概念が示され、標準労働日を超えて行われる労働力の使用は「労働力の価値の盗み」であると言われている。つまり、労働者にとってエクスプロイテーションが直接的な問題となるのは、エクスプロイテーションが標準労働日を超えて行われる場合である。では、標準労働日は何によって与えられるのであろうか。

　本章では、標準労働日を導き出すための理論的基礎を考察する。『資本論』の記述によれば、標準労働日は労働者階級と資本家階級の闘争の結果として与えられるものである。しかし、階級闘争の結果として与えられた労働日が、労働者の立場から見て望ましい長さであるとはかぎらない。労働日が労働者から見て長すぎるのであれば、彼は「労働力の価値の盗み」を主張して、より短い労働日を求めるはずである。その場合、労働者にとって望ましい労働日は、どのようにして根拠づけられるのであろうか。言い換えれば、労働者が許容しうるエクスプロイテーションと許容しえないエクスプロイテーションとを分ける境界線は、何によって与えられるのであろうか。本章ではこの問題を検討する。

■第1節　労働者の側から見たエクスプロイテーション

　資本主義社会においては、資本家は経済的に優位な地位にあり、労働者は劣位な地位にある。この経済的優劣関係は、労働者に対して自分の労働力を資本家に売り渡すことを余儀なくさせる。労働者は、自分の生命を維持するために、自分の労働力を資本家に消費されるという事態を受け入れざるをえない。労働者の行う労働は、このような意味で、強制された労働である。これが、「資本家による労働者のエクスプロイテーション」という表現の持つ第一の含意である。このような事態を解消するためには、資本家と労働者の

経済的優劣関係を解消しなければならない。この経済的優劣関係は生産手段の所有の有無に基づくものであるから、人間による人間のエクスプロイテーションを廃絶するためには、所有権の構造を変革しなければならない。これが、サン‐シモニアンとマルクスに共通する主張である。

しかし、労働者は、さしあたり資本主義社会の中で生活せざるをえない。資本主義社会の中で生活する以上、資本家によるエクスプロイテーションを受け入れざるをえない。とはいえ、エクスプロイテーションの度合いが過度になると、労働力が破壊され、労働者はそれを売って生活することができなくなる。労働者は、資本家によるエクスプロイテーションを許容するとしても、その度合いには限度がある。『資本論』第1巻第8章第1節の労働者は、次のように主張している。

「私は毎日、労働力の正常な持続と健全な発達とに合致する限りでのみ労働力を流動させ、運動に、すなわち労働に転換しよう。労働日を無制限に延長することによって、あなたは、一日のうちに、私が三日間で補塡できるよりも多くの分量の私の労働力を流動させることができる。こうしてあなたが労働において得るものを、私は労働実体において失うのである。私の労働力の利用とそれの略奪とは、まったく別なことがらである[1]。」

ここでこの労働者は、許容可能なエクスプロイテーションを「利用 (Benutzung)」、許容不能なエクスプロイテーションを「略奪 (Beraubung)」と表現している、と考えることができる。それでは、「利用」的エクスプロイテーションと「略奪」的エクスプロイテーションとを識別するための目印は何に求められるのであろうか。この第8章の労働者が持ち出しているのは、「労働力の正常な持続と健全な発達」である。これに合致する限りでの労働力のエクスプロイテーションは「利用」だが、これに背馳する労働力のエクスプロイテーションは「略奪」となる。それでは、「労働力の正常な持続と健全な発達」とはどのような内容から成るものなのであろう

か。

　『資本論』第1巻第8章第1節では、労働日の延長が肉体的要因とモラーリッシュな要因によって制限されることが述べられている。肉体的要因は、睡眠、食事、入浴等の必要を満たすための時間であり、この必要が満たされなければ労働者は健康被害を受けることになる。一方、モラーリッシュな要因についての『資本論』の記述は次のようになっている。

　　「労働日の延長はモラーリッシュな諸制限に突きあたる。労働者は、知的および社会的な諸欲求の充足のために時間を必要とするのであり、それら諸欲求の範囲と数は、一般的な文化水準によって規定されている[2]。」

　最初に見た肉体的要因については、その内容が明確であるのに対し、こちらの要因の内容は、明瞭であるとはいえない。ここで言われている「知的および社会的な諸欲求」とは、どのような要素から成るものなのであろうか。これが分からなければ、われわれは「労働力の正常な持続と健全な発達」の内容を知ることができない。しかも、このモラーリッシュな要因は、労働日の短縮を求める論議において、肉体的要因よりも重要であると考えられる。というのは、肉体的要因は人間が人間であるかぎり大きく変化するものではないが、モラーリッシュな要因は時代と国の相違に応じて大きく変化するからである。例えば、フランスと日本の実労働時間の大きな相違は、フランス人と日本人の肉体的要因の相違に由来するとは考えられない。それは、むしろ「知的および社会的な諸欲求」の「範囲と数」の相違に由来すると考えられる。仮に日本の労働者がフランス人並みの実労働時間を求めるとするならば、それは日本人の肉体がフランス人並みになったからではなく、「知的および社会的な諸欲求」の「範囲と数」がフランス人と同程度になったから、ということになるであろう。このことは、「一般的な文化水準」の上昇によって、現在の労働時間が許容できないエクスプロイテーションとして認識されるようになった、ということを意味するであろう。このようなことから、

第4章　エクスプロイテーションと人間的諸機能

「知的および社会的な諸欲求」の「範囲と数」を知ることは、本章でのわれわれの研究にとって重要である。

　しかしながら、この点についての『資本論』の記述は上記引用文で終わっている。労働日を制限するところのモーリッシュな要因の内容をより詳細に提示することは、『資本論』の理論展開の本筋にとって本質的な意味を持たなかったようである。『資本論』では、労働日の標準化をめぐる資本家階級と労働者階級の闘争の歴史が描かれているだけで、適正な労働日の長さを理論的に基礎づけるというような作業はなされていない。おそらくこうした作業は、近代社会の経済的運動法則の解明という『資本論』の経済学的課題を逸脱し、論述を倫理学や政治哲学や社会学等の領域へと越境させてしまうものである。マルクスは、『資本論』の理論的な部分の論述においては、経済学的な課題設定の中にとどまったということができる。

　しかしわれわれは、われわれの研究内容を経済学の枠内にとどめる必要はない。というのは、われわれの関心は経済学というよりはむしろエクスプロイテーションの概念であるからである。この概念に倫理的な意味合いがある以上、われわれは倫理学的な内容を避けて通ることはできない。むしろわれわれは『資本論』の中の倫理的な部分に着目し、その社会批判的含意を十分に把握する必要がある。前章で取り上げた『資本論』の一文をここでもう一度見てみよう。

　「1863年6月の最後の週、ロンドンのすべての日刊新聞は『単なる過度労働からの死』という『センセーショナル』な見出しをつけた一文を掲載した。話題になったのは、非常に声望のある宮廷用婦人服仕立所で仕事をしていて、エリーズという感じのよい名前の婦人にエクスプロイトされていたメアリー・アン・ウォークリーという20歳の婦人服仕立女工の死亡のことであった。しばしば語られた古い物語が、いままた新たに発見されたのであって、これらの娘たちは平均して16時間半、しかし社交季節にはしばしば30時間も休みなしに労働し『労働力』が思うように動かなく

なると、ときおりシェリー酒やポートワインやコーヒーを与えて動くようにしておくというのである[3]。」

　これは「エクスプロイテーションの法的制限のないイギリスの産業諸部門」と題された節の中の一文であった。『資本論』の「労働力のエクスプロイテーション度」は本来、個々の労働者に即して計算されるような指標ではないが、エクスプロイテーションの事例を挙げるとき、そこで取り上げられているのは、上記引用文が示すように名前を持った個々人である。エクスプロイテーション度は集団の単位で計算されるとしても、その度合いの評価は、ここでは個人の単位で行われている。そして、この引用文から明らかに読み取れるのは、「エクスプロイトされていた」という語に込められた倫理的非難の調子と、「平均して16時間半」という労働時間が長すぎるという認識である。それでは、どの程度の労働時間ならば許容されうるのであろうか。

　この問いは、労働日の短縮を求める労働者にとって、また、よりよい社会を求める倫理的な人々にとって本質的な問いである。しかし、『資本論』はこの問いに対する答えを示していない。すでに述べたように、この問いに対して正面から答えようとする試みは、倫理学や政治哲学に属する作業となり、『資本論』に与えられた経済学的な課題を逸脱してしまうことになる。そこでわれわれは、ここで『資本論』の枠組みから離れ、倫理学や政治哲学の領域へと視野を広げることとしたい。

■第2節　ヌスバウムのケイパビリティ・アプローチ

　マルクスが1840年代前半の思想形成期に執筆した『経済学・哲学草稿』は、経済学と哲学が混然一体となった独特の著作である。マルクス自身はその後哲学を離れ、主として経済学の研究に取り組むようになるが、『経済学・哲学草稿』で示された哲学的アイディアは魅力に富んでおり、独自な社会哲学への発展の可能性を感じさせるものとなっている。とりわけ、労働疎

外、類的存在、人間的機能といった概念は、20世紀の多くの思想家を刺激し、様々な社会哲学の源泉となった。本節では、こうした思想家の一人であるマーサ・ヌスバウムの所論を取り上げ、彼女の人間機能論に依拠しつつエクスプロイテーション概念の倫理的含意を検討する。

現代アメリカの政治哲学者マーサ・ヌスバウムは、いわゆるマルクス主義者として分類されるような思想家ではない。しかし、われわれは彼女の思想の中に、『資本論』で言及されていた「労働力の正常な持続と健全な発達」という概念のより具体化された内容を見出すことができる。ヌスバウムは、「マルクスやアリストテレスの『真に人間的な機能』という考え方[4]」を発展させ、それを自身の正議論の基礎に据えている。その際、彼女が依拠したマルクスの考え方は、『経済学・哲学草稿』で述べられた次のような人間機能論である。

> 「以上のことからつぎのような結果が生じてくる。すなわち、人間（労働者）は、ただわずかに彼の動物的な諸機能、食うこと、飲むこと、産むこと、さらにせいぜい、住むことや着ることなどにおいてのみ、自発的に行動していると感じるにすぎず、そしてその人間的な諸機能においては、ただもう動物としてのみ自分を感じるということである。動物的なものが人間的なものとなり、人間的なものが動物的なものとなるのだ。食うこと、飲むこと、産むこと、等々は、なるほど真に人間的な諸機能ではある。しかし、それらを人間的活動のその他の領域からひきはなして、最後の、唯一の究極目的にしてしまうような抽象がされるところでは、それらは動物的である[5]。」

マルクスは『経済学・哲学草稿』の第一草稿で、分析の視点を労働者の側に置き、そこから資本‐賃労働関係を考察している。そこでは、労働が疎外されていることによって労働者の側に生じる損害が克明に描かれ、この疎外された労働から私有財産および資本家の存在が導き出されている。その際、

労働者が被る損害は、サン・シモニアンが「禽獣状態」と言ったのと同じように、マルクスにおいてもやはり人間の動物化である。マルクスは、労働者が行う労働が労働者自身にとって疎遠な活動になっているという疎外された労働の第二規定の内容を述べた後、その帰結としての人間の動物化について論じている。それが、上に掲げた引用文である。

ヌスバウムによれば、この引用文中に現われる「人間的な諸機能」という考え方は、アリストテレスに由来するものである[6]。アリストテレスのマルクスへの影響については多くの論者によって指摘されてきたところであるが[7]、「人間的な諸機能」についてのヌスバウムの指摘も、次のようなアリストテレスの見解と比べてみれば妥当なものであることがわかる。

アリストテレスは、『ニコマコス倫理学』の第一巻で、政治が目的とすべきものは「人間というものの善」、すなわち幸福であると述べている。しかし、アリストテレスの幸福概念は、通常とは異なる独自の立場から規定されており、この概念規定の場面で持ち出されているのが人間の機能という考え方である。彼は、演奏家や彫刻家と呼ばれる人々が職業人として彼ら固有の機能を有するように、あるいは眼や手や足にそれら固有の機能があるように、「人間」にもその固有の機能があるのではないか、と問う。彼はこの問いを肯定し、人間固有の機能とは「ことわり」に即しての魂の活動、すなわち理性的な活動である、と主張する。そして、演奏家にとっての善が卓越した演奏をすることであるとすれば、「人間というものの善」とは卓越した理性的活動をすることである、と結論する。つまり、幸福とは卓越した理性的活動に従事することである。アリストテレスにとって、人間は理性的活動としての幸福を実現するために存在することになる[8]。

このようなアリストテレスの幸福論は、個人の主観的な満足をもって幸福と見なす主観的幸福論とは異なるものである。アリストテレスによれば、動物や子供や奴隷は、彼らがどれほど自己の生活に満足していたとしても、幸福ではありえない。彼らは理性的な活動に従事しえない存在だからである。幸福とは卓越性に即した理性的活動である。眼の機能の善し悪しや、演奏家

としての活動の卓越性が客観的に把握されうるように、理性的活動の卓越性も客観的に把握されうるものである。このような意味で、この幸福論は客観的幸福論と呼ばれうるものである[9]。

　ヌスバウムが指摘するように、マルクスの「人間的な諸機能」という概念がアリストテレスの影響下にあることは確かであるように思われる。ただし、アリストテレスが理性的活動の領域として政治と哲学を挙げているのに対し、マルクスは物質的生産活動に焦点を当てている。マルクスの場合、人間と動物との相違は、人間の労働が理性的活動として行われるところにある。『経済学・哲学草稿』では、人間労働のこのような特性が「自由な意識的活動」と言い表わされ、『資本論』では「合目的的活動」と表現されている[10]。上に掲げた『経済学・哲学草稿』からの引用文では、この人間固有の機能である労働が、賃金労働者にとっては疎遠な活動、他人に属する活動、強制労働になっており、労働者は自分自身を動物としてしか感じられないことが述べられている。労働者の側に生じる損失が、人間的機能の発現の失敗として把握されているのである。

　ヌスバウムは、以上のようなアリストテレスとマルクスの「人間的な諸機能」という思想を発展させた。人間が、動物としてではなく、人間として「よく生きている」といえるためには、人間的な諸機能を具備していることが必要である。そうした人間的諸機能の中心にあるのは理性であるが、ヌスバウムは理性の外にも幾つかの機能を挙げている。人間の機能についての議論ではアマルティア・センの名前がよく知られているが、センと異なるヌスバウムの大きな特徴は、人間的な諸機能について一つの明確なリストを作成していることである。それは「①生命、②身体的健康、③身体的保全、④感覚・想像力・思考、⑤感情、⑥実践理性、⑦連帯、⑧自然との共生、⑨遊び、⑩環境のコントロール」から成る10項目のリストであり、「人間の中心的な機能的ケイパビリティ」と名付けられている[11]。各項目については、「①生命　正常な長さの人生を最後まで全うできること。人生が生きるに値しなくなる前に早死にしないこと[12]」というような形で、その項目に対応するケ

イパビリティの内容がかなりの程度具体的に記されている。

　その際、このリストが機能のリストではなく、機能のためのケイパビリティのリストであるのは、パターナリズムを避け、個人に選択の自由を残すためであるとされる。ケイパビリティ・アプローチは、リスト上の機能の発現そのものを求めるのではなく、個人が望めばいつでもそれらの機能を発現できるように、それらのケイパビリティを各人が具備することを求めるものである。これは、例えば、十分な食料が確保されていれば人はいつでも断食をすることができるし、いつでもそれを止めることができる、ということである。人々に十分な食料の摂取を強要するものではない。

　また、このリストは、人間的活動の卓越性を測ることを目的としたリストではなく、人間的な機能の最低水準を示すための基本原理を提供することを目的としたリストである。つまり、このリストの役割は、個人が人間として「よく生きている」といえるために必要な最低限の水準を示すことである。彼女によれば、もし、ある人々のケイパビリティの状態が必要最低限を下回っているならば、その社会では正義が行われていない、ということになる。政府は、こうした状態を解消するために社会環境を整備する義務を負うのである。

　ヌスバウムは、このようなリストを提示した上で、次のように述べている。

　　「私たちのリストは、女性の扱いがエクスプロイタティブであるのかないのかに関して、ある程度のことが言えるところまで導いてくれる[13]。」

　このリストは、インドのような発展途上国の女性の生活状態を想定して作成されているため、アメリカのような先進国ではあまり役に立たないのではないかという指摘がある[14]。しかし、日本で生活する成年男子労働者に対してこのリストを適用してみるならば、幾つかのケイパビリティが未達成とされる者が相当程度出てくるであろうことは確かであると思われる。というのは、日本では過労死として労災認定される事案が毎年報告され続けてきて

いるが、そもそも過労死に追い込まれる労働者は、このリストの第1項目すらクリアしていないことになるからである。また、健康体で定年退職を迎えることができた労働者であっても、長年にわたり長時間労働に従事し続けてきたために第7項目以降のケイパビリティが未達成であった人々を、われわれは日本社会の中にかなりの程度見出すことができるはずである。つまり、ヌスバウムのリストは、現行のままであっても、われわれがこれを現代の日本の労働者に対して適用し、彼らがどの程度エクスプロイタティブな取り扱いを受けてきたのかを評価するために役立てることが十分に可能であると言える。

　ところで、本章でわれわれが求めてきたのは、「労働力の正常な持続と健全な発達」の内容、すなわち労働日を制限する肉体的要因とモラーリッシュな要因の内容であった。ここで見たヌスバウムのリストは、人間が人間らしく生活するために満たされるべき肉体的諸欲求と「知的および社会的な諸欲求」の内容が一つの倫理理論に基づいて具体的に示されており、われわれの求めに応えうるものとなっている。もちろん、このようなリストは基本原則として機能するものであるから、ここから適正な労働時間を導き出し、それによって労働者の取り扱いが、略奪的エクスプロイテーションという意味でエクスプロイタティブなものであるのか否かを判断できるようにするためには、様々な媒介的作業が必要となる[15]。ヌスバウムはケイパビリティのリストを文化を超えた普遍的な規範として示そうとしているが、この基本原則から適正な労働時間という実質的なものを導き出すためには、やはり欧米と日本社会の文化的・歴史的背景の相違をある程度検討しておく必要があると思われる。本書では、第8章においてこのような問題の一端に触れる。ここでは、さしあたり次の点を指摘しておくにとどめたい。すなわちそれは、人間性に適合した適正な労働時間を求めるためには、個々人の欲求や選好に基づく主観的倫理理論ではなく、アリストテレスやヌスバウムのような客観的倫理理論が必要だということである。この点についても、第8章で改めて取り上げる。本章の以下の部分では、エクスプロイテーションという人間同士

の社会的関係の分析について、その経済学的な見地と倫理学的な見地の相違を考察する。

■第3節　経済学と倫理学

　『資本論』第1巻第8章第1節で取り上げられている「労働力の価値の盗み」についての議論は、同第7章第1節で導入された「労働力のエクスプロイテーション度」で示されるエクスプロイテーション概念を補完する機能を持っている。しかし、第8章の「労働力の価値の盗み」論は、マルクスによって十分な理論的展開がなされていないため、われわれはこの論議の延長線上にあるものとして、ヌスバウムのケイパビリティ・アプローチを取り上げた。ここで改めて、ヌスバウムのアプローチと「労働力のエクスプロイテーション度」のアプローチの相違を確認しておきたい。

　ヌスバウムのケイパビリティ・アプローチは、個々の人間の生活状態を問うものであり、企業の決算書類から導出されるマルクスの「労働力のエクスプロイテーション度」とは明らかに異なるものである。マルクスの「労働力のエクスプロイテーション度」は、一工場全体で生産された生産物価値から導出されるところの剰余価値率で表現されるものであり、個々の労働者毎に計算されるものではない。また、剰余価値率はあらゆる生産部門にわたって均等化されるから、「労働力のエクスプロイテーション度」が示すのは、結局のところ資本家階級と労働者階級との関係であり、個人という概念はますます後景に退くことになる。そもそも価値という概念は、抽象的人間労働に対応するものであって、個別具体性の対極にあるものである。これに対して、人間の取り扱いに対するヌスバウムのアプローチは個別具体的であり、カントの倫理学に由来する「ひとりひとりを目的とする原理[16]」に基づいている。ケイパビリティのリストはひとりひとりの人間に対して適用され、ケイパビリティの達成状況によって、その個人がエクスプロイタティブな取り扱いを受けたのか否かが判定されることになる。

このように、「人間による人間のエクスプロイテーション」をどのように捉えるかという点において、ヌスバウムと「労働力のエクスプロイテーション度」のマルクスとの間には基本的な相違がある。このような相違は何に基づくのであろうか。おそらくそれは、「人間による人間のエクスプロイテーション」をどちらの側から見るかに基づくものであると言えるであろう。すなわち、エクスプロイターの側から見るのか、あるいはエクスプロイテッドの側から見るのかによって、個人の位置づけが違ってくると考えられる。

資本家と労働者のエクスプロイテーション関係を資本家の側から見るならば、彼の利益は剰余価値であるから、労働者は価値の形成者としての抽象的人間労働に抽象化される。資本家の見地からは、森林の木々や鉱山の鉱物が価値の担い手でしかないように、森林労働者や鉱山労働者も抽象的人間労働の支出者でしかない。一方、労働者の側から見るならば、彼が被る損害は、剰余労働を強制されることだけにあるのではなく、それによって惹起されるところの健康被害や労働力寿命の低下等にあるのであり、これらは肉体的・精神的損害として把握される。こうした損害は、個々の労働者が持つ自然的および社会的特性の相違に応じて異なった現われ方をするのであるから、その性格上、本来個別的にしか把握されえないものである。

このような視点の相違は、人間個々人の社会的関係を把握する際にとられるアプローチの仕方の相違、すなわち理論的経済学と実践的倫理学の相違とも対応している。『資本論』は、近代社会の経済的運動法則を解明することを目的としており、分析の対象は全体としての経済社会である。経済社会の発展は一つの自然史的過程であって、個人はその傀儡であるにすぎない。『資本論』で分析されるのは、個人の単位で問題となる倫理ではなく、個人の意思を超えて貫徹する経済法則であり、それを背景とした階級関係である。このため、『資本論』の純理論的部分の叙述では、特殊な個別事例を排除する手続きがとられることになる。すなわち、労働力の価値は、労働者が人間性に適した生活をし、労働力を正常に再生産できることを担保するものであること、労働力はその価値通りに交換されること、したがって労働力の価格

をその価値以下に切り下げてしまうことのないような労働時間が維持されていること、こうしたことが理論的展開の前提とされている。「労働力のエクスプロイテーション度」を表現する剰余価値率は、このような前提の上で成立する概念である。この理論的前提においては、ヌスバウムが問題とするケイパビリティの未達成は、労働力の価値という概念によって、はじめから排除されている。労働力が価値通りに交換されている限り、労働者個々人の取り扱いが倫理的に非難されることはない。資本家は労働者をエクスプロイトしているが、それは資本家階級と労働者階級という個人を越えた次元で問題となるものであり、エクスプロイテーションの緩和や廃絶は、階級闘争の結果としてもたらされるのである。

とはいえ、すでに見たように『資本論』第 1 巻では多くのページが労働者個々人の労働実態の紹介にあてられており、そこでは、資本家にエクスプロイトされることで労働者の側に生じる損害が個々の労働者に即して克明に描かれている。そこでは、労働者の個人名すらあげながら、労働者の側から見たエクスプロイテーション関係が記述されている。マルクスは、標準的な労働日の導入を、資本主義的生産様式の発展が必然的に招来するものとして描こうとしているが、一方で彼が工場法の導入とその強化を倫理的に望ましいものと見なしていたことは明らかである。労働者個々人の人間的機能の毀損を倫理的な見地から記述している点で、マルクスはヌスバウムと異なるところがない。「人間による人間のエクスプロイテーション」が労働者の側から考察されるとき、焦点が当てられるのは生きた現実の諸個人であり、経済学の中には倫理学的な要素が混入してくることになる。

『資本論』は、価値通りの交換を前提とする理論的展開部と、経済社会の歴史と現状を取り上げる記述的部分とから成っている。剰余価値率で表現される「労働力のエクスプロイテーション度」は前者に属するものであるから、理論的純化によってその倫理的含意の多くは濾過されている。そこに残っているのは、資本家階級が自己の利益のために労働者階級を利用するという階級関係だけである。しかし、エクスプロイテーションという語は後者の記述

的部分でも使われる。そのときこの語は、より多くの倫理的含意を身にまとうことになる。それは、「労働力の価値の盗み」に対する非難であり、個々の労働者を過労死、健康被害、肉体的精神的萎縮、動物化へと追い込むことに対する憤怒である。

注

1) マルクス『資本論』第1巻 a（全5冊）、資本論翻訳委員会訳、新日本出版社、1997年、398ページ。*Marx-Engels Werke*, Bd. 23, Berlin: Dietz Verlag, 1962, S. 248.
2) 同上、395ページ。Ebd., S. 246. 引用に際し訳語を一部変更した。
3) 同上、435-436ページ。Ebd., S. 269.
4) マーサ C. ヌスバウム『女性と人間開発——潜在能力アプローチ』池本幸生・田口さつき・坪井ひろみ訳、岩波書店、2005年、16ページ。Martha C. Nussbaum, *Women and Human Development: The Capabilities Approach*, Cambridge: Cambridge University Press, 2000, p. 13.
5) マルクス『経済学・哲学草稿』城塚登・田中吉六訳、岩波文庫、1964年、92-93ページ。*Marx-Engels Werke*, Bd. 40, Berlin: Dietz Verlag, 1985, S. 514f.
6) Martha Nussbaum, "Nature, Function, and Capability: Aristotle on Political Distribution," in *Marx and Aristotle: Nineteenth-century German Social Theory and Classical Antiquity*, edited by George E. McCarthy, Savage, Maryland: Rowman & Littlefield, 1992, pp. 204-205, 211.
7) 例えば、内田弘『「経済学批判要綱」の研究』新評論、1982年。有江大介『労働と正義——その経済学史的検討』創風社、1990年。Scott Meikle, *Essentialism in the Thought of Karl Marx*, London: Duckworth, 1985. *Marx and Aristotle: Nineteenth-century German Social Theory and Classical Antiquity*, op. cit.
8) 以上の要約は、アリストテレス『ニコマコス倫理学』（上）〔全2冊〕、高田三郎訳、岩波文庫、1971年、15-54ページ（1094a-1103a）、から。
9) 岩田靖夫『アリストテレスの政治思想』岩波書店、2010年、107ページ、参照。
10) 『経済学・哲学草稿』の解釈、および初期マルクスと後期マルクスの思想的連続性については、沢田幸治「マルクスの『類的疎外』規定の検討」『商経論叢』第42巻第1号、神奈川大学経済学会、2006年5月、37-44ページ、沢田幸治「マルクスの『類＝類的存在』概念について」『商経論叢』第42巻第3号、神奈川大学経済学会、2006年12月、1-12ページ、中川弘『マルクス・エンゲルスの思想形成——近代社

会批判の展開』創風社、1997 年、参照。また、人間的本質の中心に労働を据えるに至るまでの最初期のマルクスの思想的変遷については、大澤健「初期マルクスにおける労働価値論以前の労働価値論の形成過程」研究年報『経済学』東北大学経済学会、第 64 巻第 4 号、2003 年 3 月、31-46 ページ、参照。
11) 　前掲『女性と人間開発――潜在能力アプローチ』92-95 ページ。*Women and Human Development,* op. cit., pp. 78-80.
12) 　同上、92 ページ。Ibid., p. 78.
13) 　同上、193 ページ。Ibid., pp. 159-160. ケイパビリティとエクスプロイテーションの関係については、Nussbaum, "Nature, Function, and Capability: Aristotle on Political Distribution," op. cit., pp. 195. および、Martha C. Nussbaum, "Human Functioning and Social Justice: In Defense of Aristotelian Essentialism," in *Political Theory*, Vol. 20 No. 2, May 1992, pp. 234-235. も参照。
14) 　See, e. g., Kimberly A. Yuracko, *Perfectionism and Contemporary Feminist Values*, Bloomington: Indiana University Press, 2003, p. 43.
15) 　拙稿「労働力利用の倫理と卓越主義」『商学論集』第 75 巻第 2 号、福島大学経済学会、2007 年 3 月、21-38 ページは、最低限の情報に基づいてこうした課題に取り組んでみた試論である。
16) 　前掲『女性と人間開発――潜在能力アプローチ』87 ページ。*Women and Human Development,* op. cit., p. 74.

第5章

自然のエクスプロイテーション

■問題の所在

　第1章で見たように、最も初期の社会主義者であるサン・シモニアンは、エクスプロイテーションについて次のような見解を持っていた。

> 「人間による人間のエクスプロイテーション、これが過去における人間関係の状態であった。人間と手を結んだ人間による自然のエクスプロイテーションこそ未来が示す姿である[1]。」

　ここには、後の社会主義思想に引き継がれることになった三つの要素が見事な形で現われている。一つ目は、「人間による人間のエクスプロイテーション」の否定である。いうまでもなく、エクスプロイテーションという語は強い倫理的批判力を持っており、この語を用いた労働者酷使の批判は今日でも資本主義批判の中心に位置している。二つ目は、「人間による人間のエクスプロイテーション」に対するアンチテーゼとしての「人間と手を結んだ人間」という理念である。「手を結んだ」の原語はアソシエ associé であるが、アソシエーション association の実現は、今日でも多くの資本主義批判者の目標となっている[2]。三つ目は、アソシエイトした人間が行うべき作業

としての「自然のエクスプロイテーション」の奨励である。20世紀に出現したソビエト社会主義共和国連邦の目標の一つは、生産力の拡大、すなわち自然のエクスプロイテーションの拡大であった。この点でも、サン・シモニアンは未来をよく予見していたといえる。

　しかし、自然のエクスプロイテーションに関しては、ソ連型社会主義よりも資本主義の方が優れていたことが明らかとなった。20世紀の社会主義共和国は、生産力において資本主義を凌駕するという目標を達成しえぬまま消滅するに至った。仮に20世紀の社会主義共和国が、普遍的アソシエーションとは無関係な社会だったとしても、自然のエクスプロイテーションのためには、「人間による人間のエクスプロイテーション」に基づく資本主義的な社会体制を変革する必要はなかったといえる。しかも、自然のエクスプロイテーションの拡大は、もはや人類の未来の姿ではなくなりつつある。むしろ、自然のエクスプロイテーションの抑制のためにこそ、普遍的アソシエーションの実現が必要とされているようにも思われる。つまり、上記引用文の三つ目の要素は、21世紀の現在では、奨励の対象から批判の対象へと逆転してしまったと考えられるのである。

　とはいえ、19世紀において、すでに自然のエクスプロイテーションを批判的に捉えていた人もいる。それは、他ならぬ『資本論』のマルクスである。本章では、自然のエクスプロイテーションに関するマルクスの見解を取り上げ、その現代的意義を検討する。

■第1節　地力のエクスプロイテーションと労働力の　　　　　　エクスプロイテーション

　マルクスは、『資本論』第3巻第6篇第48章で次のように述べている。

　「どちらの形態においても、土地――共同の永遠の所有としての、交替する人間諸世代の連鎖の譲ることのできない生存および再生産の条件と

第 5 章　自然のエクスプロイテーション

ての土地——の自覚的、合理的な取り扱いの代わりに、地力のエクスプロイテーションと浪費が現われる（このエクスプロイテーションが、社会的発展の到達水準に依存しないで、個々の生産者たちの偶然的で不均等な事情に依存するということは別として）。小所有においては、このことは、労働の社会的生産力を使用するための諸手段と科学とが欠けていることから起こる。大所有においては、借地農場経営者たちと所有者たちとのできるだけ急速な致富のためにこれらの手段がエクスプロイトされることによって。どちらの場合にも、市場価格への依存によって[3]。」

土地のエクスプロイテーションは、人間が絶えず行ってきた本源的な経済活動であり、「土地のエクスプロイテーション」という表現が、それ自体において否定的な意味を持つことはない。また、農耕の場合、土地のエクスプロイテーションは、土地の自然力、すなわち地力をエクスプロイトすることを意味するから、「地力のエクスプロイテーション」という表現にも本来、否定的な意味は含まれないといえる。しかし、上記引用文では、「地力のエクスプロイテーション」が否定的な意味で使われている。このことは、上記引用文の文脈から明らかであり、さらにそれは、上記引用文と同じページに記された次の一節によって強められている。

「大工業と大農業とがもともと区別されるのが、大工業はむしろ労働力、それゆえ人間の自然力を荒廃させ破滅させるが、大農業はむしろ直接に土地の自然力を荒廃させ破滅させることであるとすれば、その後の進展においては両者は握手する。というのは、農村でも工業制度は労働者たちを衰弱させ、工業と商業のほうは農業に土地を枯渇させる諸手段を与えるからである[4]。」

これは『資本論』第 3 巻第 6 篇の最後の文章であって、いわば地代論の結論であり、さらには『資本論』の理論的展開全体の結論ともいえるものであ

る。ここでは、資本主義的大規模生産の帰結としての人間と土地の自然力の荒廃が述べられているが、これを最初の引用文とつなげて読めば、『資本論』においては、人間による人間のエクスプロイテーションだけではなく、土地の自然力という自然のエクスプロイテーションに対しても否定的な評価が下されている、ということが分かる。地力のエクスプロイテーションは、労働力のエクスプロイテーションと並ぶ、資本主義的大規模生産のネガティブな側面として認識されているのである。それでは、なぜマルクスは地力のエクスプロイテーションを否定的に捉えることになったのであろうか。

　土地の自然力に関するマルクスの見解には、同時代の化学者リービヒからの影響があったことは明らかである[5]。マルクスは『資本論』でリービヒの『化学の農業および生理学への応用』（第7版、1862年）に言及し、「自然科学的見地からする近代的農業の消極的側面の展開は、リービヒの不滅の功績の一つである[6]」と述べている。そこでまず、地力についてのリービヒの見解を見ておきたい。

　リービヒによれば、地力を構成する土地の有効成分は、有機物質ではなく無機物質であって、これが植物に吸収され、その収穫とともに土地から失われる。それゆえ、地力を維持するためには、失われた無機物質を全て土地に補充しなければならず、そのためには従来方式のような厩肥の施用だけでは不十分である。この点で理想的なのは日本の農業であり、そこでは農作物の消費の結果として都市で発生した排泄物が農地に戻され、地力が維持されている。これに対して、ヨーロッパの農業については、リービヒは次のように述べている。

　「ヨーロッパの農業は日本農業とは完全に対照的であって、肥沃性の諸条件に関しては耕地の略奪に頼りきっている。ヨーロッパの農業者の目標、および農業者が技術を尽くす主な目的は、耕地から可能な限り多くの穀物と肉を取り出すこと、そしてその収穫を実現した諸条件を買い戻すための金はできるだけ節約することである。ドイツの農業者で最も経験ある者と

第5章　自然のエクスプロイテーション

見なされるのは、肥料資材を購入せずに、最大量の穀物と肉を市場に運び出すのに成功した者であって、彼はその結果を誇りにし、人々は彼がいかに巧みであり、畑を扱うのに熟練しているかを誉め称える。理性ある人間は、誰もこのようなやり方を放置することはできないし、また略奪農業によって、他の国々に生じたと同じ結果がヨーロッパに起こらないなどとは信じられない[7]。」

幸い、1841年以降は、グアノ（海鳥の糞等が堆積し化石化したもの）を輸入し、肥料として施用することができたので、ヨーロッパの農業は人口の増大に対応することができた。しかし、ヨーロッパの外からのグアノの輸入が停止した場合、それは不可能となる。そこでリービヒが提案するのが、都市において農産物を消費することで発生した物質代謝産物、すなわち人間の排泄物等を食料の再生産に用いることである。リービヒは、農業の健全な発達のためには、人間社会と土地との間で物質代謝が適切に行われる必要があると主張したのである。彼は次のように述べている。

「農業者の課題は、畑の犠牲において高収量を獲得すること——それは畑の劣悪化を促進する作用しかしない——ではなくて、人間社会における利益と同様に畑でも高く、かつ増加を続ける収穫を未来永遠に勝ち取ることにある[8]。」

地力に関するこのようなリービヒの見解は、労働力に関するマルクスの見解を思い起こさせずにはおかないものである。実際、マルクスは、労働力の略奪的エクスプロイテーションを取り扱う際、リービヒの略奪農業についての記述に言及しながら、それを論じている。『資本論』第1巻第8章第2節「剰余労働にたいする渇望。工場主とボヤール」の中に、次のような一節がある。

「これらの法律は、国家の名によって——しかも資本家と地主との支配する国家の側から——労働日を強制的に制限することにより、労働力を無制限にしぼり取ろうとする資本家の熱望を取り締まる。日々ますす威嚇的にふくれ上がる労働運動を度外視すれば、この工場労働の制限は、イギリスの畑地にグアノを注ぎ込んだのと同じ必然性によって余儀なく行なわれたのである。この同じ盲目的な略奪欲が、一方の場合に土地を疲弊させ、他方の場合には国民の生命力の根源をすでに襲っていた[9]。」

マルクスは、これに続く文に注を付し、そこにリービヒの『化学の農業および生理学への応用』の一節を記している。これによって彼は、労働力の略奪に関する自らの認識が、地力の略奪に関するリービヒの認識とパラレルな関係にあることを示しているといえる。

19世紀における労働力のエクスプロイテーションと地力のエクスプロイテーションは、資本主義的生産様式という同一の要因を起動因とするものである。両者には、資本主義的エクスプロイテーションとしての本質的な類似点がある[10]。マルクスが地力のエクスプロイテーションを否定的に捉えることになったのは、このような認識を背景としてのことであると考えられる。

前章で見たように、労働力は資本によってエクスプロイトされているが、労働者および社会の側から見れば、そのエクスプロイテーションの程度は「労働力の正常な持続と健全な発達」を阻害しないものである必要がある。「労働力の利用とその略奪とは、全く別なことがらである」。すなわち、労働力のエクスプロイテーションには、「利用 Benutzung」と「略奪 Beraubung」とがある。前者は資本主義を前提とするかぎり許容せざるをえないエクスプロイテーションであるが、後者は許容不能なエクスプロイテーションである。資本主義社会では、労働者および社会は、資本家によるエクスプロイテーションの度合いを許容可能な水準に引き下げるよう求める必要がある。

一方、労働者がその自然力としての労働力を持つように、土地はその自然

力としての地力を持つ。労働力が資本によってエクスプロイトされるように、地力も資本によってエクスプロイトされる。労働力は略奪的にエクスプロイトされることにより損害を被り、労働力の再生産に支障を来す。では、地力も略奪的にエクスプロイトされることで何らかの損害を被るのであろうか。

リービヒの見解では、この地力の損害が明確に示されている。これによれば、地力にも正常な持続と健全な発達があるのであって、それは、土地から失われた無機物質が十分に補充されるか否かにかかっている。この補充を行わず「畑の犠牲において高収量を獲得する」農業は「耕地の略奪 Ausraubung」であって、このような地力のエクスプロイテーションは、われわれの表現を用いれば、許容不能なエクスプロイテーションということになる。

本来、地力のエクスプロイテーションは、人間社会の再生産のために不可欠である。それゆえ、地力のエクスプロイテーション自体には否定的な意味はないといえる。しかし、エクスプロイテーションが地力の荒廃をもたらすような略奪的性格を持つようになると、農業生産の持続可能性の見地から、それを許容することはできなくなる。しかも、この場合の持続可能性は、かなり強い意味での持続可能性である。というのは、リービヒは土地の有効成分の補充をグアノのような枯渇性資源に依存することを批判し、都市で発生する排泄物を農地に還元することを主張しているからである。すなわち彼は、土地の有効成分は農作物に吸収され都市に持ち出されるから、都市で発生する人間の排泄物を農地に戻すことではじめて地力が維持される、と主張したのである。マルクスが地力のエクスプロイテーションを否定的に捉えたとき、その根拠となっているのは、この物質循環の理論であり、人間の排泄物をも循環させるところの強い意味での持続可能性の思想である。このように人間と土地との間で物質循環が行われるとき、地力のエクスプロイテーションは持続可能であり、価値中立的あるいは肯定的な経済活動でありうるが、物質循環が成立しないとき、地力のエクスプロイテーションは略奪的な性格を帯び、否定的な意味を持つ経済活動となる。ここから、社会はそれ自身の再生

産のために地力のエクスプロイテーションの性格を許容可能なものに変革する必要がある、という結論が得られる。

　では、自然力のエクスプロイテーションについての以上のような議論は、20世紀後半以降の現代においても妥当性を持つといえるであろうか。次節では、日本の農業を事例として、この点を考えてみたい。

■第2節　自然のエクスプロイテーションと日本の農業

　前節で見たように、リービヒはヨーロッパの農業を略奪農業として批判する一方で、日本の農業を理想的な農業として高く評価していた。彼は、日本の農業の中に、自分自身の物質循環の思想が具現されているのを見た。その際、日本の農業についての情報をリービヒに提供したのは、ヘルマン・マロンによる調査報告であるといわれている[11]。

　ヘルマン・マロンは、プロシア王国の調査団の一員として江戸時代末期の日本を訪れ、日本農業の実態を調査した。彼の報告書によれば、ヨーロッパの農業と日本の農業の大きな違いは、日本農業に畜産部門がないということである。ヨーロッパでは「飼料が多ければ肉が多く、肉が多ければ肥料が多く、肥料が多ければ穀物が多い」ということが「知恵の極致」であるかのようにいわれているが、「日本人はこの論理を全然知らない[12]。」日本では、「唯一の肥料製造者は人間」である[13]。都市に農作物や工芸製品を運んできた人々が、都市から肥料資源としての人糞尿を持ち帰る。「朝には土地の産物を都市に運んだ純朴な人夫の長い列が、夕には2つの肥桶を担いで行くのを見かける。その肥料は、固体に固まった形状ではなく、よい便所にあるがままに存在した、新鮮な混合物そのものである[14]。」マロンによれば、これは「自然力の完結した循環の壮大な図式が成り立っている」ことを意味している[15]。彼は、日本の農業を称賛し、次のように結論する。

　　「その土壌を収奪するという思想ほど日本人と縁遠いものはなく、彼は

直ちに収穫物と肥料、支出と収入との均衡をとり、土壌の地力を維持する。これが日本人やその他の理性ある農民の必要とするすべてなのである[16]。」

この調査報告書はマルクスの強い関心を惹くこととなり、彼は自らの抜粋ノートにかなりの長文を書き写している。『資本論』に出現する幾つかの日本についての記述は、マロンのこの報告書を基にしていると考えられている[17]。

19世紀の西欧人を惹きつけた江戸時代の循環型農業は、公害問題が深刻化した20世紀後半の日本で再び注目されるようになり、多くの研究成果を生み出した[18]。それは政府の刊行物にも取り上げられ、一般に広く普及することとなった[19]。現在では、江戸を理想的な循環型社会と見なす見解が、多くの人々に共有されている[20]。しかしこのことは、現在の日本の産業構造が、江戸的な物質循環経済の対極にあることの裏返しの表現であるといえる。『化学の農業および生理学への応用』の邦訳者である吉田武彦は、訳書の「解題」で次のように述べている。

「今日の日本農業では、物質循環の環はずたずたに断ち切られてしまったし、人糞尿の農業利用は皆無になって、ロンドンと同じく下水を通じて河川を汚し、海へと排出されている。日本の畜産は、千数百万トンの輸入飼料を消費しつつ営まれ、家畜糞尿の処理が大問題となっている。そして、化学肥料の多投に反比例して堆肥の施用は減少の一途をたどり、土壌肥沃度の減退を憂える声が高まった。リービヒの賞賛した江戸時代末期の日本農業に比して、なんとも皮肉な姿ではある[21]。」

日本農業の現状は、まさにここに記された通りであるが、ここでとりわけ注目すべきは、畜産業の位置づけである。マロンが驚きをもって報告し、マルクスも抜粋ノートに書き写しているように[22]、かつての日本にはヨー

ロッパ式の畜産業は存在しなかった。江戸時代の物質循環は、農作物を直接人間が食することで成立していたものであり、この点で、農作物と人間との間に食用動物を介在させるヨーロッパの農業と大きく異なっていた。かつての日本では、牛と馬は労働手段としてのみ使用され、その肉を食することが原則として禁じられていた。肉食の習慣を排除することで、労働手段を保存するとともに、土地のエクスプロイテーションの範囲を抑え、循環型農業を実現していたといえるであろう。ところが、高度経済成長期以降、日本では畜産業が急成長し、畜産部門が農業産出額の最大部分を占めるまでになった。

現在の日本の畜産業は、上記引用文に記されているように、工業的な産業として成立している。現代の日本の工業が、原料を海外から輸入し、廃棄物を国内に蓄積するような形で行われているのと同様に、畜産業は、飼料を海外から輸入し、家畜排泄物を国内に蓄積するような仕方で行われている。本来、家畜排泄物は農作物の肥料であるから、家畜排泄物を農地に投ずることによって物質循環の環が成立するはずである。しかし、日本の家畜の飼料の多くは海外で生産されるため、家畜排泄物を海外の生産地に輸出するのでないかぎり、循環の環は成立しない。家畜排泄物に含まれる窒素が日本の土地に過剰に蓄積され、様々な弊害を引き起こしている。

日本の畜産業のこのような性格は、土地が狭くしかも畜産の伝統がなかったという日本に特殊な事情に由来すると考えることもできる。しかし、現代の畜産業は、上記のような物質循環の失敗という要因を別としても、すでに十分に工業的である。例えば、鶏や豚のような中小家畜は、土の上ではなく工場のような畜舎の中で飼養されるのが普通である。つまり、この種の家畜は、土地との間で直接に物質代謝をする存在ではない。家畜は飼料を畜産物に変換する装置のような存在と見なされ、単位面積当たりの生産性が追求される。このため、大量の家畜が巨大な畜舎の中で高密度で飼われることになる。家畜の動物としての行動様式は、畜産物生産に無関係であるかぎり、ほとんどすべて無視される。狭いケージの中の採卵鶏であれば、飛び上がることも翼を広げることもできない。一方的に与えられた餌を黙々と食べ、ひた

すら卵を産み続ける生活が続く。しかも、鶏たちは２、３年もたつと産卵率が下がるので一斉に廃棄され、ケージの中には新しい鶏たちが導入される。鶏の生物学的寿命が10年から20年であることからすると[23]、飼料‐鶏卵変換装置としての耐用年数はごく短く限られている。家畜の中でも鶏は最も工業上の生産手段に近い存在であり、豚がこれに続き、牛も例外ではない。戦後、日本が欧米の生産方式を取り入れることで本格的に畜産に乗り出したとき、畜産物の生産方式はすでにこのような工業的性格を持つようになっていた。この工業的な畜産物生産方式は、土地が狭く畜産の伝統を持たないという日本の特殊事情に促されて、その工業的性格をさらに強めることになったと思われる。

このような日本農業の変化、すなわち、循環型農業を失う一方で工業的畜産が発達するに至ったという農業形態の変化は、自然の資本主義的エクスプロイテーションの性格を鮮やかに示しているといえる。かつて玉野井芳郎は、20世紀初頭のドイツの議論を紹介する形で、農業と工業の本質的相違を次のように記していた。

　「有機的生産においては『生命あるものの進展』があり、機械的生産においては『死んだ物体の加工』がある。後者においては、人間の合目的な意思が、意思のないままに移行する中間物の利用をとおして、生産に必要な実体の分離と結合の作用を行なう。これにたいし農業では生産者である人間は、この分離・結合の活動を『生きた自然』の自律的作用にゆだねなければならない。この『生きた自然』こそ、ここでは直接の生産者なのであり、人間の労働はせいぜい二次的地位を占めるにすぎない[24]。」

このような農業と工業の差異論は、20世紀初頭までの農業については、その本質的性格をよく言い当てているといえる。とりわけ畜産は、「生命あるものの進展」「生きた自然の自律的作用」という表現が最もよく当てはまる領域である。しかし、上で見たように、畜産業はその後、工業的な生産方

式へと大きく変化した。現代の畜産は、家畜をあたかも「死んだ物体」であるかのように取り扱う加工業のような形態を持つに至っている。動物を土地との直接的な物質循環から切り離し、工場設備の中に収容して「生命あるものの進展」を歪めている。動物の種としての本質は、産肉性や泌乳量や産卵率といった生産目的に合致する限りでのみ実現され、それ以外の本質の発現は否定される。餌探し、群の中での順位形成、交尾、子育てといった「生きた自然の自律的作用」が発現することはない。畜産工場内の動物は、全生活過程を工業的な生産効率の見地から制御され、事物としてエクスプロイトされている。そして、その前提としての飼料穀物の大量生産と、その帰結としての家畜排泄物の大量排出が物質循環を攪乱し、人類社会の再生産の持続可能性を脅かしている。ここでは、農業者の「できるだけ急速な致富」のために「労働の社会的生産力のための諸手段と科学」がエクスプロイトされている。マルクスとリービヒが指摘した資本主義的エクスプロイテーションの略奪的性格は、現代農業にもあてはまるだけでなく、むしろそこにより顕著な形で現われているといえる。

　いうまでもなく、現代では自然力のエクスプロイテーションが地球規模にまで拡大し、農業の枠を超えて深刻な弊害を引き起こしつつある。節を改めて、自然の資本主義的エクスプロイテーションと社会の持続可能な再生産との関係を、より拡大された視野から見ておきたい。

■第3節　自然のエクスプロイテーションとエコロジー

　自然は様々な生物と無生物の単なる寄せ集めではなく、様々な生物と無生物の絶え間ない相互作用によって存続している一つのまとまりである。20世紀になって、自然を有機的な一つのまとまりと見る見地は、生態学によって科学的に基礎づけられることになった。生物圏における自然は、自己調節的な機能を持つ生態系として存在しており、物質や元素の循環の担い手となっている。リービヒが強調した物質循環は、生物地球化学的循環として生

態学の中により拡大され、より明確化された形で位置づけられている。リービヒは生態学の先駆者の一人といえる人物であり、彼の知見を取り入れたマルクスは、生態学的な経済学の先駆者であったということができるであろう。

　動物生態学では、生態系の中の二種間の関係において、「一方の生物が利益を得て、他方の生物が損害を被る[25]」場合、この関係はエクスプロイテーションと分類され、両者が利益を得る場合、その関係は相利共生として分類される。捕食者と被食者の関係や寄生者と宿主の関係はエクスプロイテーション関係であり、イソギンチャクとクマノミの関係やシロアリと腸内鞭毛虫の関係などは相利共生関係である。このような生物間の相互関係を人間と自然との関係に当てはめてみると、そこから我々はどのようなことが言えるであろうか。生態系生態学の大家である E. P. オダムは次のように述べている。

　「現在まで、人間は一般的に自栄養的な環境の寄生者として、地球の健全さについてなにひとつ顧みることなく、必要とするものすべてを採り続けてきた。大都市は成長し、食物、水、空気を供給し多量の廃棄物を処理しなければならない近郊地域の寄生者となった。人類と自然とのつながりは、相利共生の段階に進化すべき時に来ている。もし人間が自然と相利共生的に生きてゆく方法を学ばなければ、"賢明でない"もしくは"適応していない"寄生者たちと同様、自己をも破滅させてしまうまでに人間の宿主をエクスプロイトしてしまうであろう[26]。」

人間による自然のエクスプロイテーションについてのこのような認識は、生態学的知見に基づくものであるだけに説得力に富んでいる。現代社会のわれわれは、19世紀前半のサン‐シモニアンとは異なり、自然のエクスプロイテーションの拡大に未来の理想を見出すことはできない。むしろ、エクスプロイテーションの拡大から生態系を守ることに、人類の未来がかかっている。

人間社会は、生態系から食料、水、医薬品、木材、繊維、燃料等の本源的資源を得ている[27]。人間社会の再生産のために、生態系のエクスプロイテーションは不可欠である。しかし、過度なエクスプロイテーションは生態系を劣化させ、これら本源的資源の供給力を弱めてしまう。そしてこのことは、生態系が持つ洪水防止や気候調節、廃物浄化等の機能の劣化をも意味する。生態系のエクスプロイテーションを許容可能な水準に引き下げる必要があるのは言うまでもないことである。問題は、この許容可能水準が、何によって与えられるかである。

　前節で見たように、土地自然力のエクスプロイテーションの是非についてリービヒとマルクスが着目したのは、物質循環であった。土地と人間社会との間で物質循環が行われ、土地の有効成分がすべて補充されるかぎり、土地自然力のエクスプロイテーションは許容または奨励される。これに対して、物質循環が攪乱される場合、そのエクスプロイテーションは略奪的であり、許容不能なものとなる。現代における人間社会による生態系のエクスプロイテーションについても、物質循環の在り方が、その許容可能性の水準を示す第一の基準となるのは間違いないと考えられる。

　生物地球化学的循環には様々なものがあるが、一次産業の領域で重要視されるべき循環としてまず挙げられるのは、窒素循環である。20世紀に発明された合成窒素肥料の大量使用は、窒素循環の規模を人工的に拡大し、この循環を攪乱している。前節で触れた工業的畜産部門から排出される家畜排泄物による環境汚染も、窒素循環の攪乱の一つに数えられるものである。

　一次産業のみならず、全産業を含めた人間社会と生態系との関係においては、炭素循環の攪乱が議論の焦点となってきた。産業革命以来の化石燃料消費による二酸化炭素の大量放出、森林の大規模伐採による二酸化炭素吸収源の縮小等により炭素循環が攪乱され、大気中の二酸化炭素濃度が増加し、それが気候変動を引き起こしつつある。

　窒素循環や炭素循環の攪乱は、農業や漁業に深刻な被害を与えることになるだけでなく、われわれの健康にも悪影響を及ぼし、社会の再生産を困難に

するものである。20世紀以降、生態系のエクスプロイテーションは、窒素循環や炭素循環に大きな変化をもたらしてきたが、この変化が社会の持続可能な再生産を阻害するものであるかぎり、それは略奪的である。生態系のエクスプロイテーションの許容範囲は、まず第一に、生物地球化学的循環の自己調節的機能の回復力によって与えられているといえる。

　第二に、リービヒやマルクスの時代とは異なり、現代では生物多様性の保全が、人間社会による生態系のエクスプロイテーションの制限要因として認識されるようになっている。すなわち、野生の動植物の多様性は、栽培植物や家畜の改良の可能性を広げるため、人間社会の持続可能な再生産のために重要である。栽培植物が環境変化や深刻な病害虫の被害を受けたとき、多様な野生種が存在し、その遺伝子の多様性が高ければ高いほど、そこにこれらの脅威に耐性のある種や遺伝子を発見しうる可能性が高まる。また、生物多様性は、新しい医薬品開発のための潜在的資源でもある[28]。生態系は、生物多様性の担い手であり、とりわけ多様な生物が生息する熱帯雨林は、生物多様性にとって重要な存在である。生態系のエクスプロイテーションは、このような生物多様性の保全という理由によっても制限されることになる。言い換えれば、自然のエクスプロイテーションは、生物多様性の保全と両立する限りで許容されることになる、といえる。

　19世紀から20世紀までの歴史の進展を大まかに振り返ってみると、先進資本主義国においては、人間による人間のエクスプロイテーションが軽減し、人間による自然のエクスプロイテーションが拡大してきた、と見ることが可能である。この点で、サン・シモニアンは、時代の進展を適切に予見していたといえる。これに比べれば、リービヒやマルクスが構想した都市と農地との物質循環は、この時代を通じて有力な見解とはならず、実現されることはなかった。物質循環の攪乱と農業の持続可能性に対する彼らの憂慮は、科学技術によって乗り越えられたかのように見えた。しかし、20世紀後半以降の時代の進展は、より拡大された規模において彼らの憂慮をリアルなものにした。公害や環境破壊は、自然のエクスプロイテーションの一方的な拡大に

疑問を投げかけた。エクスプロイテーションは、人間に対してだけでなく、自然に対して行われる場合においても否定的な意味を持つようになった。今日では、生物地球化学的循環や生物多様性の保全が、先進資本主義国共通の課題となっている。自然のエクスプロイテーションは、炭素循環や生物多様性の保全との両立が条件となっている。少なくとも、自然の大規模エクスプロイテーションは未来が示す姿ではない。生態学者は自然のエクスプロイテーションを否定的な意味で捉えたが、それはマルクスがかつてそうしたのと本質的に同一の理由によってである。すなわち、都市は自然を過度にエクスプロイトする寄生者となっている、というのがそれである。自然のエクスプロイテーションについてのサン・シモニアンとマルクスの見解の相違は、マルクスがリービヒを通じて生態学的な領域に関わり、それによって現代の領域にも足を踏み入れていた、ということを示しているといえる。

■第4節　自然のエクスプロイテーションから自然との共生へ

　ここまでわれわれは、人間社会と自然との関係をエクスプロイテーションの緩和という見地から考察してきた。しかし、前節に掲げた引用文でオダムが主張していたのは、人間と自然との関係が相利共生の段階に進化すべきである、ということであった。エクスプロイテーション関係は、その不利益の度合いがどれほど緩和されようと、エクスプロイテッドにとっては負の関係でしかない。これに対して、相利共生は関係する両者が利益を得る関係である。果たして、人間と自然との間に相利共生関係は成立しうるのであろうか。すなわち、人間が自然のエクスプロイテーションの度合いを自然生態系の復元力の範囲内に単に抑えるということではなく、人間が自然と関わることにより、人間社会と自然生態系の両方が利益を受けて豊かになる、ということが成立可能なのであろうか。もし成立するとすれば、それはどのようにして実現されるのであろうか。

第5章　自然のエクスプロイテーション

　本章の第2節で見たように、人間と自然との相利共生関係は、江戸時代の日本において実際に成立していたといえる。そこでは、江戸という大都市の発展が、周囲の自然生態系を豊かにしたのであった[29]。それゆえ、人間と自然との相利共生関係の実現は、本来的には可能であるということができる。しかし、いうまでもなく現代の我々は、近代の科学技術に依拠する資本主義的生産様式を出発点としてこの問題に取り組まなければならない。人間と自然との関係が相利共生段階へ進化することが必要だとしても、そのような段階に属する経済社会は、資本主義的生産様式の中からどのようにして生み出されてくるのであろうか[30]。本節ではまず、マルクスによって示された「物質代謝の体系的再建」という構想の中にその手掛かりを探ってみたい。

　『資本論』の見地からすれば、資本主義的生産様式においては、社会の主要部分を構成する人間は資本家または労働者としての役割を演じる存在であり、資本家と労働者の関係はエクスプロイテーション関係である。労働者は労働過程において自然をエクスプロイトする以前に、資本家によってエクスプロイトされるエクスプロイテッドとして存在する。労働者をエクスプロイトするエクスプロイターも、資本家である限りは資本の人格化として機能しなければならない。つまり、資本主義的生産様式においては、人間は資本家であれ労働者であれ、資本の価値増殖の担い手として機能することになる[31]。言い換えれば、人間による自然のエクスプロイテーションの性格を規定する目的は、資本の価値増殖である。人間と自然との相互作用は、資本という第三者によってその原理を与えられる[32]。『経済学批判要綱』では、この資本が、自然と人間をエクスプロイトするところの一つの体系を作り出すことが、次のように述べられている。

　　「資本にもとづく生産は、一方では普遍的な産業活動――すなわち剰余労働、価値を創造する労働――をつくりだすとともに、他方では、自然および人間の諸属性の全般的なエクスプロイテーションの一体系、全般的な有用性の一体系をつくりだす[33]」

このように述べた後、マルクスはこの現象に「資本の偉大な文明化作用」という名称を与えているから、ここで彼は資本主義的エクスプロイテーションをむしろ肯定的なものとして捉えているといえる。すなわち資本主義的生産は、相対的剰余価値生産の帰結として新たな生産部門を開発する必要性を生じさせるが、これにより資本は自然の中に常に新たな有用性を見出す作業に駆り立てられることになり、その結果、人間の欲求は豊かにされ、人間の自然享受能力も高められることになる、というのである。資本主義的エクスプロイテーションは人間の能力を高めるという点で封建主義的エクスプロイテーションよりも優れており、それゆえこの点ではこれが肯定的に捉えられることになる。「資本の文明化」という語句は『資本論』でも用いられているから[34]、『経済学批判要綱』におけるこのような認識は、リービヒの影響を受けた『資本論』段階でも維持されているといえる。

　しかし、資本主義的エクスプロイテーションは、他方で自然を過度にエクスプロイトし、社会の持続可能性の基盤を掘り崩す。資本主義的エクスプロイテーションは、この生産様式の中に胚胎している新たな生産様式との比較においては、否定の対象として立ち現われる。『資本論』第1巻では、この歴史的過程が次のように描かれている。

　「資本主義的生産様式は、それが大中心地に堆積させる都市人口がますます優勢になるに従って、一方では、社会の歴史的原動力を蓄積するが、他方では、人間と土地とのあいだの物質代謝を、すなわち、人間により食料および衣料の形態で消費された土地成分の土地への回帰を、したがって持続的な土地豊度の永久的自然条件を攪乱する。こうしてこの資本主義的生産様式は、都市労働者の肉体的健康と農村労働者の精神的生活とを、同時に破壊する。しかしそれは同時に、あの物質代謝の単に自然発生的に生じた諸状態を破壊することを通じて、その物質代謝を、社会的生産の規制的法則として、また完全な人間の発展に適合した形態において、体系的に再建することを強制する[35]。」

第5章　自然のエクスプロイテーション

　本章の第2節で見た伝統的な日本の農業は、人間と自然との物質代謝という点で理想的にできており、オダムがいうところの人間と自然の相利共生的な関係を実現していたということができる。しかし、オダムがいう人間‐自然関係の相利共生段階への進化とは、封建的生産様式への単なる回帰ではないはずである。むしろ上記引用文の中に見られる物質代謝の体系的再建ということと同じような内容を意味するものであると考えるのが妥当であろう。すなわち、人間‐自然関係の相利共生段階への進化は、人間を未発達な状態に止めることによってではなく、「完全な人間の発展に適合した形態において」実現されるものと考えるべきである[36]。

　しかしながら、このような進化過程は、それを抽象的に表現するのは容易であるが、個々の生産部門における自然物と人間との関係に即してそれを記述するのは決して容易な作業ではない。人間と自然との共生を説く理念的な文章が多く書かれている一方で、経済的利益に直結する生産方式の変更を特定の生産分野において具体的に記した文章を目にする機会は多くない。資本主義的生産様式が確立した以後の世界では、人間と自然との相利共生は、より具体的にはどのような産業的状態を指示する概念として提示されることになるのであろうか。

　人間と自然との相利共生の典型例としてしばしば生態学者が持ち出すのは、人間と家畜との関係である[37]。確かに、人類史を遡れば、人間と家畜との関係が相利共生としての特徴を持っていた時期を見出すことは可能であろう。あるいは、生態学者がするように、家畜を個体としてではなく個体群として取り扱い、その大きさや増加率にのみ着目するならば、そこに相利共生的性格を見出すことも可能であろう。しかし、生態学とは異なり、倫理が問題とされる領域では、われわれは個人や個体にも着目しなければならない。前節で見たように、工業的な畜産農場で飼養される鶏、豚、牛などについて、その個体に着目してみるならば、そこに相利共生的要素を見つけるのは極めて困難である。むしろ、そこでは最も徹底したエクスプロイテーションが見られる。しかも、飼料生産や排泄物処理の現状からすれば、現代の工業的畜産

は、人間と自然との物質循環を攪乱する主要な要因の一つでもある。

　現代の資本主義的畜産は、生きた自然物を対象とする資本主義的エクスプロイテーションの性格が最も顕著に表われている領域である。とはいえ、一方でこの動物エクスプロイテーションに対する社会の側からの反作用の中には、人間と自然との相利共生へ向けた変化の可能性が孕まれているようにも思われる。畜産業は、人間と自然との関係の変化発展において、その要に位置する重要な生産部門である。次章では、資本主義的畜産工場における動物エクスプロイテーションの強化とそれへの反作用を、現在の欧州連合（EU）の状況に即して考察する。

注
1) バザールほか『サン・シモン主義宣言──「サン・シモンの学説・解義」第一年度、1828-1829』野地洋行訳、木鐸社、1982 年、83 ページ。*Doctrine de Saint-Simon. Exposition. Première année. 1828.-1829.*, Troisième édition, Paris: Au bureau de l' Organisateur, 1831, p. 162.
2) アソシエーションの概念については、田畑稔『マルクスとアソシエーション──マルクス再読の試み』新泉社、1994 年、大谷禎之介『図解社会経済学──資本主義とはどのような社会システムか』桜井書店、2001 年、中川弘「アソシアシオン論研究序説──第一部・初期社会主義についての覚え書」『商学論集』第 70 巻第 4 号、福島大学経済学会、2002 年 3 月、177-214 ページ、参照。ヨーロッパ語のカタカナ表記の仕方については、大谷に従った。
3) マルクス『資本論』第 3 巻 b（全 5 冊）、資本論翻訳委員会訳、新日本出版社、1997 年、1424-1425 ページ。*Marx-Engels Werke*, Bd. 25, Berlin: Dietz Verlag, 1964, S. 820f.
4) 同上、1426-1427 ページ。Ebd., S. 821.
5) リービヒとマルクスの関係については、椎名重明「マルクスとリービヒ──人間と自然との物質代謝に関する思想と科学」『思想』岩波書店、1975 年第 5 号、109-128 ページ、吉田文和「リービヒ『農耕の自然法則・序説』と『資本論』」北海道大学『経済学研究』第 28 巻第 4 号、1978 年、125-141 ページ、参照。
6) マルクス『資本論』第 1 巻 b（全 5 冊）、資本論翻訳委員会訳、新日本出版社、1997 年、865 ページ。*Marx-Engels Werke*, Bd. 23, Berlin: Dietz Verlag, 1962, S. 529.
7) リービヒ『化学の農業および生理学への応用』吉田武彦訳、北海道大学出版会、

2007 年、72 ページ。Justus von Liebig, *Die Chemie in ihrer Anwendung auf Agricultur und Physiologie*, 7. Auflage, Erster Theil: Der chemische Proceß der Ernährung der Vegetabilien, Braunschweig: Druck und Verlag von Friedrich Vieweg und Sohn, 1862, S. 112.

8) 同上、9-10 ページ。Ebd., S. 11f.
9) マルクス『資本論』第 1 巻 a（全 5 冊）、資本論翻訳委員会訳、新日本出版社、1997 年、407 ページ。*Marx-Engels Werke*, Bd. 23, a. a. O., S. 253.
10) 資本主義的生産様式における労働力のエクスプロイテーションと自然のエクスプロイテーションのパラレルな関係については、Paul Burkett, *Marx and Nature: A Red and Green Perspective*, London: Macmillan, 1999, pp. 133-143. 参照
11) 前掲、リービヒ『化学の農業および生理学への応用』の訳者による「解題」392 ページ、参照。
12) リービヒ『化学の農業および生理学への応用』同上、「付録」、347 ページ。
13) 同上、348 ページ。
14) 同上、353 ページ。
15) 同上。
16) 同上、359 ページ。
17) 天野光則「マルクスの『日本研究』について──ヘルマン・マロンからの『抜粋ノート』紹介」『マルクス・エンゲルス・マルクス主義研究』第 54/55 号、マルクス・エンゲルス研究者の会、2012 年 7 月、93-126 ページ参照。
18) 例えば、槌田敦『エントロピーとエコロジー──「生命」と「生き方」を問う科学』ダイヤモンド社、1986 年、室田武『マイナス成長の経済学』農山漁村文化協会、1987 年、等。
19) 例えば『平成 13 年版循環型社会白書』環境省編、2001 年、9-16 ページ。
20) 例えば、農山漁村文化協会編『江戸時代にみる日本型環境保全の源流』農山漁村文化協会、2002 年、参照。
21) 前掲、リービヒ『化学の農業および生理学への応用』の訳者による「解題」395 ページ。
22) 前掲、天野光則「マルクスの『日本研究』について──ヘルマン・マロンからの『抜粋ノート』紹介」105-106 ページ。
23) 岡本新『アニマルサイエンス⑤ニワトリの動物学』東京大学出版会、2001 年、127 ページ。
24) 玉野井芳郎「エコノミーとエコロジー」『思想』1976 年第 2 号、岩波書店、108 ページ。

25) W. C. Alee, Orlando Park, Alfred E. Emerson, Thomas Park, Karl P. Schmidt, *Principles of Animal Ecology*, Philadelphia and London: W. B. Saunders Company, 1949, p. 698.
26) E. P. オダム『基礎生態学』三島次郎訳、培風館、1991 年、313 ページ。Eugene P. Odum, *Basic Ecology*, Philadelphia: CBS College Publishing, 1983, p. 401.
27) Millennium Ecosystem Assessment 編『国連ミレニアムエコシステム評価生態系サービスと人類の将来』横浜国立大学 21 世紀 COE 翻訳委員会訳、オーム社、2007 年。Millennium Ecosystem Assessment, *Ecosystems and Human Well-being: Synthesis*, Washington, DC: Island Press, 2005. 参照。
28) マイケル・ベゴン外『生態学——個体・個体群・群集の科学〔原著第 3 版〕』堀道雄監訳、京都大学学術出版会、2003 年、1076-1080 ページ、参照。
29) 槌田敦『エントロピーとエコロジー——「生命」と「生き方」を問う科学』前掲、150-156 ページ、および、室田武『マイナス成長の経済学』前掲、133-138 ページ、参照。
30) 人間対自然という問題設定に対する批判については、梅垣邦胤『資本主義と人間自然・土地自然』勁草書房、1991 年、159-196 ページ参照。
31) 「資本制生産は、生産が自己目的であり、人間諸個人の生活がたんなる手段である。資本のシステムとは手段が主体化し、人間諸個人が手段になるという転倒そのものである。」有井行夫『マルクスはいかに考えたか——資本の現象学』桜井書店、2010 年、287-288 ページ。
32) 「近代資本主義社会についていえば、そこにおける経済活動を編成し、その全体を総括する主体は、言うまでもなく資本である。」柴田信也「経済学体系の内と外——『貨幣の資本への転化』の今日的意味」研究年報『経済学』東北大学経済学会、第 55 巻第 4 号、1994 年 1 月、27 ページ。
33) マルクス『資本論草稿集②』資本論草稿集翻訳委員会訳、大月書店、1993 年、17 ページ。*Marx-Engels Gesamtausgabe*（MEGA）, II. Abt., Bd. 1, Tl. 2, Berlin: Dietz Verlag, 1981, S. 322.
34) マルクス『資本論』第 3 巻 b（全 5 冊）、前掲、1439-1440 ページ。*Marx-Engels Werke*, Bd. 25, a. a. O., S. 827.
35) マルクス『資本論』第 1 巻 b（全 5 冊）、前掲、863-864 ページ。*Marx-Engels Werke*, Bd. 23, a. a. O., S. 528.
36) マルクスの搾取論に基づく「自然の搾取」論の中で最も示唆的な研究の一つは守健二の「マルクス主義と環境社会主義——『自然支配』と『搾取』」（シンポジウム「社会主義の再生とその可能性——環境社会主義のフロンティア」大分地方自治セン

ター主催、2001年10月6日）である。ここで守は次のように結論している。「本報告では、マルクスの思想・学説はエコロジーの考え方と抵触するものではないということを示すいくつかの論拠を示してきた。とりわけ『商品搾取定理』に象徴されるような『人間と自然の同一性』テーゼは、労働者の解放は自然の解放なしにはありえないことを示すと同時に、なによりも自然の解放が労働者の解放なしにはありえないことを宣言するものであった。」本書の以下の部分は、労働者の解放と自然の解放のこのような相互依存性を、一つの産業部面に焦点を当ててより具体的に示そうとするものである。

37) 例えば、E. P. オダム『基礎生態学』前掲、380ページ、Eugene P. Odum, op. cit., p. 481、マイケル・ベゴン外『生態学——個体・個体群・群集の科学〔原著第3版〕』前掲、570ページ。

第6章

産業動物のエクスプロイテーション

■本章の課題

　「人間と自然との共生」は、政府刊行物でも繰り返し用いられてきた日本人好みの標語である。しかし、ほとんどの場合ここでいう自然には、野生動物は含まれていても産業動物は含まれていない。鹿や熊との共生の方策は語られていても牛舎や豚舎や鶏舎の状態が語られることはほとんどない。しかし、牛、豚、鶏などの産業動物は、人間社会の内部に最も深く入り込んだ自然的存在者である。われわれ人間はこれらの動物を飼養し、それを食することで自然と深くつながっている。産業動物は、いわば人間と自然との重要な媒介者である。もしもわれわれが、これらの動物と共生的な関係を築けないのであれば、「人間と自然との共生」は、自然のエクスプロイテーションを糊塗するだけの空しい標語にしかなりえないであろう。

　本章では、EU（欧州連合）で進められているアニマルウェルフェア政策を手掛かりとして、畜産業における動物の資本主義的エクスプロイテーションの問題とその克服の可能性を考察する。人間と自然との相利共生の可能性を、畜産業における人間‐自然関係の現実的な変化過程の中に探ることが本章の課題である。

■第1節　家畜の資本主義的エクスプロイテーションと
　　　　　それへの反作用

　『資本論』第2巻第2篇第12章「労働期間」には、本章の主題と深く関係する二つの興味深い事実が紹介されている。
　一つ目は、役畜の保存に関する次のような事実である。

　「『農民が飢えているのに、彼の家畜は肥えている。かなり雨が降ったので、牧草は茂っていた。インドの農民はふとった牡牛のそばで飢え死にするであろう。迷信のおきては個々人には残酷に見えるが、社会を保全するものである。役畜の保存によって農耕の継続が保証され、したがって将来の生計および富の源泉が保証される。インドでは牛よりも人間のほうがたやすく補塡できるというのは過酷で悲惨に聞こえるかもしれないが、そのとおりなのである』（『報告書。東インド。マドラスおよびオリッサの飢饉』第4号、44ページ）。これを『マヌ法典』第10章、第62節の次の文句と比較せよ——『僧または牝牛を維持するために報酬なしに命を捨てることは……これら生まれ卑しい種族に天福を確保できるようにする』[1]」

　インドのヒンズー教徒は現在でも牛を神聖視し、これを食肉目的で屠畜することはない。前章で触れたように、日本でも古代または中世から明治維新までの間、牛が食肉目的で屠畜されることは原則としてなかったと考えられている。仏教が日本に伝来し、時の権力者がこれを支配体制の維持強化に利用しはじめて以来、インド由来の不殺生倫理が人々の間に浸透し、人々の日常生活を規制するようになった。殺生を伴う肉食が忌避され、とりわけ牛と馬の屠畜は強く禁じられた。牛と馬は、軍事、運輸、農耕にとって重要な手段であったことから、仏教の不殺生倫理はこれらの動物に特別強く適用されたと考えられる。家畜は役畜として使役され、豚や羊のような用畜は一部の例外を除いて存在しなかった。江戸時代末期に著わされた農書には、畜産と

第6章　産業動物のエクスプロイテーション

して養蚕、養蜂、養鶏についての記述が見られる[2]。日本は、採卵についてだけは江戸時代に遡る歴史を持つが、それ以外の畜産物生産については長く欠落の時代が続いた[3]。日本には、西洋的な意味での畜産は存在しなかったのである。しかし、『資本論』第1巻の刊行とほぼ同時期に、日本には維新が起こった。維新政府は仏教を排斥し、肉食を解禁し、西洋から畜産を輸入した。その後、長い時間をかけて日本の家畜利用は役畜の時代から用畜の時代へと移っていく。

　二つ目は、用畜の生産効率に関する次のような事実である。

　「五年たたないうちに五歳の動物を供給するのは、もちろん不可能なことである。しかし、世話の仕方を変えることによって、もっと短期間に動物をその用途に向くように育てあげることは、ある限界内で可能である。それは、とくにベイクウェルによってなしとげられた。以前にはイギリスの羊は、フランスの羊が1855年にまだそうであったように、四歳ないし五歳以前には屠殺できるようになってはいなかった。ベイクウェルの方式に従えば、早くも一歳の羊が屠殺用として肥育されうるし、またいずれにしても二年たたないうちに完全に成育する。ディシュリー・グレンジの借地農場経営者ベイクウェルは、周到な淘汰によって羊の骨格を生存に必要な最小限に縮小した。彼の羊はニュー・レスターズと呼ばれた。『飼育者は、いまでは、以前に一頭の羊を育てあげたのと同じ時間内に、三頭の羊を市場に供給することができる。しかも、その羊は、もっとも多く肉のとれる部分が、いっそう幅広く、いっそうまるまると、いっそう大きく発達している。ほとんどその全重量が純粋な肉である』[4]」

　ベイクウェルは、アダム・スミスの同時代人であり、彼より2年遅れて生まれ、3年遅れて他界した。ベイクウェルは、この時代にイギリスの工業部門で成し遂げられた様々な革新と類似した業績を畜産部門であげた人だということができる。今日の機械制大工業の基本的要素がこの時代の発明品に遡

るように、今日の工業的畜産の基本的なアイディアもベイクウェルのニュー・レスターズに遡るといえる。ベイクウェルの羊は、都市で増大していた労働者階級の食欲に応えるものでもあった[5]。しかし、畜産物生産の領域で、文字どおりの工業化といえるような事態が出現するのは、20世紀になってからのことである。

　現在、先進資本主義国で消費されている畜産物の大部分は、大規模な畜産工場で大量生産されたものである。そこでは、ベイクウェルが実践した労働期間の短縮と家畜の品種改良が徹底して追求されている。さらにそこでは、高密度での大量飼養と、そのための給餌、換気、照明、排泄物処理等の機械化や自動化、効率化が追求されている。また、病気抑制や成長促進等のために家畜に対して抗生物質などの薬品が使用されている。ピーター・シンガーとジム・メイソンの『アニマル・ファクトリー』によれば、最初にこのような工業的生産方式が導入されたのは、アメリカの肉用鶏生産部門である[6]。ここから同様の方式が採卵鶏や豚にも波及し、さらに「肉牛も乳牛も牧場から連れ去られて、機械化された建物の中に監禁されつつある[7]」のが今日の畜産の姿である。

　日本では、戦後の高度経済成長の時期に畜産業が急成長した。その背景には都市化や嗜好の変化、労働者階級の所得上昇とともに政府による畜産業の支援があった。政府は、農業基本法に基づき畜産を選択的拡大部門に位置づけてこの産業を振興した。その結果、畜産は産出額の最も大きい部門にまで成長した。しかし、現代の工業的畜産は、政府によって振興されるべき産業としては、あまりに大きな問題を抱えているといわなければならない。

　工業的畜産の最初の萌芽をイギリスに求めることができるとすれば、現代の工業的畜産の在り方に最初に疑問が呈されたのも、やはりイギリスにおいてであった[8]。イギリス人のルース・ハリソンは、1964年に出版した『アニマル・マシーン』[9]の中で、機械化された畜舎で家畜を密飼いする現代のファクトリー・ファーミング factory farming の実態を告発した。彼女は、現代畜産は経済効率追求のために家畜を単なる「食肉変換機械[10]」として

残酷に取り扱っており、薬漬けにされて生産された家畜の肉や卵は人間の健康にも良いとはいえないと主張した。この書の中の次の文は、現代の畜産に対する彼女の見方をよく要約しているといえる。

「畜産動物は、人間が特にたべものとして飼っている以上、いつもある程度は人間にエクスプロイトされてきた。しかし最近まで、彼らはかけがえのない個体として扱われており、緑なす牧草地で、陽を浴びて、新鮮な空気を吸う、彼ら自身の生来の権利を持っていた。……ところが今日の動物エクスプロイテーションの程度はといえば、あらゆるよろこびを排除し、ほとんどすべての自然の本能を抑圧している[11]」

『アニマル・マシーン』はイギリスの世論に大きな影響を及ぼしたことから、イギリス政府は畜産動物の実態を調査するために動物学者のF. W. ロジャー・ブランベルを長とする委員会を設置した。1965年に、この調査委員会はブランベル・レポートと呼ばれる報告書を提出するが、彼らはその第4章で「動物のウェルフェア」を取り上げ、そこに次のような文言を記した。

「動物は少なくとも、向きを変え、毛づくろいし、立ち上がり、横たわり、四肢を伸ばすことが困難なくできるだけの十分な運動の自由を持つべきである[12]。」

ここにおいて、「動物のウェルフェア」あるいはアニマルウェルフェアの概念が初めてクローズアップされることになった。ブランベル・レポートでは、家畜の生産性が高ければ家畜のウェルフェア水準も高いという見解が退けられ、家畜の自然な行動の発現が家畜のウェルフェアにとって重要であることが強調された[13]。この見地は、その後のアニマルウェルフェア論議に大きな影響を及ぼすことになったものであり、上記引用文はアニマルウェルフェアの基本原則を示すものとして「5つの自由」といわれるようになった。

畜産の資本主義的工業化によって家畜のエクスプロイテーションが極度に強められたが、この「5つの自由」はそれに対する社会の側からの反作用であるといえる。

しかし、Farm Animal Welfare Council (FAWC) のジョン・ウェブスターには、この「5つの自由」はアニマルウェルフェアの基本原則として不完全なものに思えた。というのは、この「5つの自由」には社会的行動の要素が抜け落ちているだけでなく、動物のウェルフェアを構成すべき諸要素のうち行動以外の諸要素が全く含まれていないからである[14]。そこで、ウェブスターはFAWCにおいて行動以外の諸要素をも組み入れたより包括的な「5つの自由」を提唱した。そしてそれは現在、次のような形に整理されている。

「5つの自由」[15]
①空腹および渇きからの自由（健康と活力を維持させるため、新鮮な水および餌の提供）。
②不快からの自由（庇蔭場所や快適な休息場所などの提供も含む適切な飼育環境の提供）。
③苦痛、損傷、疾病からの自由（予防および的確な診断と迅速な処置）。
④恐怖および苦悩からの自由（心理的苦悩を避ける状況および取り扱いの確保）。
⑤正常行動発現の自由（十分な空間、適切な刺激、そして仲間との同居）。

この「5つの自由」は、現在イギリスをはじめとしたEU諸国のアニマルウェルフェア政策を導く基本原則としての役割を担っている。また、OIE（国際獣疫事務局）の「陸生動物衛生規約」[16]にはアニマルウェルフェアの項目が設けられており、そこでも「5つの自由」が「有益な手引き」として位置づけられている。OIEは、WTO（世界貿易機関）のSPS協定において、

第6章　産業動物のエクスプロイテーション

写真1　従来型ケージ：中国河南省で田島佳也神奈川大学教授撮影。

写真2　改良型ケージ：神奈川県畜産技術センターで筆者撮影。

国際基準を作成する国際機関として指定されている組織であることから、この「5つの自由」は、EUのみならず世界の家畜保護政策に影響を及ぼしつつあるといえる。

このように、「5つの自由」は家畜エクスプロイテーションの極端な強化に対する社会の側からの反作用として成立したものであり、家畜を過酷なエクスプロイテーションから解放するための基本原則として世界的に認知されている。とはいえ、「5つの自由」はあくまでも基本原則ないしは基本理念であるから、実際に家畜のエクスプロイテーションがどの程度緩和されるかは、この基本理念がアニマルウェルフェア政策においてどのように具体化されるかにかかっている。EUにおいて注目されるべき点は、彼らがこの基本理念に対応する詳細な法規制を実際に持っているということである。そこで、次にEUアニマルウェルフェア政策の一例を見ておきたい。

EUにおけるアニマルウェルフェア政策の顕著な一事例は、採卵鶏の保護を目的とした次のような法規制である。

写真1と写真2は、養鶏場で使用されているケージとその中の採卵鶏を写したものである。写真1が従来型ケージ、写真2が改良型ケージである。従来型ケージでは、鶏が2、3羽ずつ小さなケージで飼われているので、管理が容易であり、単位面積当たりの飼養羽数も多く、経済性が高い。しかし、鶏は歩くことができず、翼を広げることもできない。また、止まり木に止まったり、砂浴びをしたり、巣に卵を産んだりすることもできない。日本では現在、ほとんどの鶏がこのタイプのケージ、すなわち従来型ケージで飼われている。これに対してEUでは、「採卵鶏の保護のための最低基準を定める理事会指令」により2012年1月1日から、このタイプのケージが使用禁止となった。鶏のウェルフェア水準が著しく低いというのがその理由である。代わって使用できるタイプのケージが写真2のような改良型ケージである。ここに写っている鶏は1羽だけであるが、実際には大きなケージの中に18羽の鶏がいる。撮影者が近づいたため、他の鶏たちはケージの隅の方へと逃げていったのである。これは、鶏たちにはある程度移動できるスペースが与

えられているということを意味している。次にここで注目されるのは、この鶏が止まり木に止まっていることである。鶏は止まり木に止まりたがるものであると考えられているが、従来型ケージではこの行動が発現することはない。また、写真の右下に写っているマットは砂浴び場である。ここに砂が敷かれると、鶏はそこで砂浴びをすることができる。さらに、写真には写っていないが、このマットの右横には巣箱が設置されている。これらは、砂浴びをする、巣に卵を産むという鶏の習性に配慮したものである。このように、改良型ケージでは、EU指令により、止まり木、敷料、巣箱等が設置されることになっている。このため、このタイプのケージでは、鶏に与えられた行動の自由の幅が広くなっており、この点で鶏のウェルフェアは従来型ケージに比べて高くなっていると考えられる。

　以上はケージの構造についての規制の一部であるが、EUでは、この他にも給餌、給水、照明、騒音、身体切断処置等について理事会指令で詳細に規則を定めている。また、採卵鶏だけでなく、豚、子牛等を対象とした同趣旨のEU指令も実施されている[17]。

　このような法規制は、今のところ日本では導入されていない。仮にこのような法規制が畜産物の生産性や安全性を高めるのであれば、同様の法規制は日本でも導入されていたであろう。しかし、従来型ケージを改良型ケージに代えたからといって、そのような効果が現われるわけではない。むしろ生産コストの上昇によって、生産者は不利益を被ることになる。また、消費者も畜産物価格が上昇すれば、それによって不利益を被ることになる[18]。このような法規制は、生産者や消費者の経済的利益を目的としたものではなく、畜産動物自体の利益を目的としたものである。この点でEUのアニマルウェルフェア法は、資本主義的な経済の原則に反する特異な制度であるように見える。というのは、資本主義的生産の論理からすれば、動物は商品生産のための単なる手段でしかなく、単なる手段でしかないものの利益が配慮されるというのは不合理な事態であるように見えるからである。おそらく、EUでは動物の地位に何らかの変化が生じつつあるのである。節を改めて、動物の

政治経済学的な位置づけについて検討してみたい。

■第2節　政治経済学における動物の位置

　『資本論』によれば、商品生産は二つの要因から構成される。一つは労働力であり、これをマルクスは商品生産の人的要因または主体的要因と言い換えている。もう一つは生産手段であり、こちらは物的要因または対象的要因と言い換えられている。商品生産の人的要因は、労働過程の側面では合目的的活動として、価値増殖過程の側面では可変資本として機能する。一方、物的要因は前者においては生産手段として、後者においては不変資本として機能する。『資本論』では、世界はこのように人間と事物、目的と手段とに截然と二分されている。家畜はいうまでもなく商品生産の物的要因であり、そのようなものとして『資本論』にもしばしば登場する。『資本論』は人と物の二元論が貫かれる世界であるから、人間でないものは物でしかない。牛や豚も人間と同じ哺乳類であるが、『資本論』の世界では彼らは鉱物や機械と同じカテゴリーの中に位置づけられる。しかし、前節で見た EU のアニマルウェルフェア政策は、このような人と物の二元論を動揺させる要素を持っているように思われる。

　マルクスは、労働過程を「人間生活のすべての社会形態に等しく共通なもの」として描いているが、そもそもそこで示されている目的と手段、人間と事物の二元論にそのような普遍性を見出すことができるのであろうか。牛や馬の屠畜が禁じられていた江戸時代の日本では、これらの家畜が単なる事物と見なされていたとは思われない。当時の牛や馬は、単なる事物というよりはむしろ奴隷に近い存在であって、これらを農具や土地と同一のグループに分類するのは困難である。西洋の歴史においても、世界を人と物とに二分するようになるのはそう古い時代のことではない。奴隷制が維持されていた時代には人と物の境界はそれほど明瞭なものではなかった。アリストテレスは奴隷制を正当化する際、奴隷と動物の類似性を根拠として次のように論じて

第6章　産業動物のエクスプロイテーション

いる。

「他の人々に比べて、肉体が魂に、また動物が人間に劣るのと同じほど劣る人々……は誰でも皆自然によって奴隷であ……る。何故なら他人のものであることの出来る人間……、すなわち理をもってはいないが、それを解するくらいにはそれに関与している人間は自然によって奴隷であるからである。というのは他の動物どもは理を解してそれに従うということはなく、むしろ本能に仕えているからである。しかし実は奴隷と動物との間に、有用さという点では大した相違は存しない。何故なら生活必需品のために肉体を以て貢献するということが両者の能きなのだから[19]。」

アリストテレスにとっては、人間の中には人間よりもむしろ動物に近い人々がいて、そうした人々は本性的に奴隷である。奴隷も動物も生活必需品の生産に従事する存在であり、この点で両者は類似しており、さらに代替可能でもある。彼は次のように述べている。

「完全な家は奴隷と自由人から出来ている[20]。」
「牛は貧しい人々にとっては奴隷の代りをなす[21]」

当時の経済の基本単位は「家」であるから、生産活動とは自由人が奴隷または家畜を使用しつつ行うものである、ということになる。ここでは、奴隷と家畜は生産過程において理性を行使する存在ではないが、かといって労働を加えられるだけの単なる物的・対象的要因というわけでもなく、どちらかといえば生活必需品の生産に自由人と共に従事する人的・主体的要因に近い存在と見なされている。

一方、ローマ法は奴隷を物として規定していたから、そこでは『資本論』の世界のように、世界が人と物に二分されていたように見える。しかし、この人と物の二元論は、物の中に奴隷としての人間が含まれていたことによっ

129

て不安定化している。しかもローマでは、奴隷は「ものを言う道具」、動物は「なかばものを言う道具」、生命のない道具は「ものを言わない道具」とされていた[22]。この「古典古代人の適切な表現[23]」は、「ものを言う道具」が物としての地位を免れるのであれば、「なかばものを言う道具」にも条件次第では何らかの地位の変更がありうることを暗示している。その後、近代になって奴隷は物としての地位を免れたが、現代では動物にも地位の変化の兆しが確認されている。青木人志の『動物の比較法文化』によれば、オーストリアの「動物の法的地位に関する1988年3月10日の法律」は、「『人』と『物』という民法典の二分的世界観を修正し、人でも物でもない『動物』というカテゴリーを明確に承認するもの[24]」である。

ところで、労働過程における動物を生産の人的・主体的要因に近い存在と見なす見地は、『国富論』におけるアダム・スミスの次のような主張の中に明確な形で表われている。

「等額の資本で、農業者の資本ほど多量の生産的労働を活動させるものはない。彼の労働する使用人ばかりでなく、彼の労働する家畜も生産的労働者である。……農業に使用される労働者と役畜は、製造業の職人のように、彼ら自身の消費に等しい価値、すなわち彼らを雇用する資本に等しい価値の、その資本の所有者の利潤をともなった再生産を引き起こすばかりでなく、はるかに大きな価値の再生産をも引き起こす[25]。」

このアダム・スミスの文を検討する際には、価値について、使用価値と交換価値の相違に改めて着目してみる必要がある。使用価値すなわち有用物の生産という見地から見れば、家畜を単なる物ではなく、むしろ人間に近い存在、生産的労働を行う存在と見なすことは自然であるように思われる。仏教倫理に基づいたかつての日本の牛馬に対する取り扱いも、こうした人間の協働者としての存在に対する取り扱いとして合理性を持つといえる。使用価値の生産、すなわち労働過程においては、マルクスのように世界を人間と事物

の二つに分断し、牛のような動物を事物の中に位置づけるのは、むしろ不合理であるように思われる。アダム・スミスにおいては、労働過程は少なくとも人的要因、動物的要因、物的要因の三種類から構成されていると見なすことができるが、このように使用価値の生産に際して動物が重要な機能を果たす場面では、動物と事物とを区別するのが自然であるように思われる。

一方、交換価値の生産という見地からは、上記のようなスミスの主張に対しては、疑問が提出されざるをえない。この文に対するリカードウとマルクスの批判も、交換価値の生産に焦点を当てたものであった。商品の交換価値が問題となるのは、いうまでもなく交換の場においてである。交換の場で、商品の交換価値の大小を評価できるのは、人間だけである。スミスは、「一匹の犬がもう一匹の犬と、一本の骨をもう一本と公正にしかも熟慮のうえで交換するのを見た人はまだ一人もいない[26]」と述べた。この事情には、古代から現代に至るまで何の変化もない。動物は商品交換が行われる市場に、交換行為を行う当事者として参加することはできない。だとすれば、動物が交換価値を新たに作り出すということもできないはずである。というのは、動物が交換行為を行いえない以上、動物の活動は交換価値として実現することも決してないからである。動物が作り出した有用物は、無償で奪われるだけである。これに対して奴隷は、奴隷という身分から解放されれば、自ら市場に参加し、交換価値の高低を評価した上で、商品を交換することができる。使用価値の生産という場面では「大した相違」はなかった奴隷と動物も、交換価値の認識という点では全く異なる次元に属することになる。交換価値を認識しうる奴隷は所有の主体としての人格に昇格することができ、それを認識しえない動物は「なかばものを言う道具」から単なる物件へと降格せしめられる。

資本主義の発達により、交換価値が広範な領域に深く浸透しつつあった18世紀から19世紀にかけて、奴隷制が明確に否定され、奴隷解放が実現する一方で、人間と人間以外の存在者との区別も明確に主張されるようになった。カントが記した次の文は、人間と物の区別についての倫理思想として最

も有名なものの一つである。

　「一切の被創造物のなかで、我々が欲しまた意のままに処理し得る一切の物は、手段としてのみ使用され得る。ただ人間だけは、また人間と共に他のいかなる理性的被創造者も、目的自体である、まことに人間は、道徳的法則の主体である[27]。」

　ここから、目的自体としての人間は手段としてのみ使用されてはならない、という規範が導かれる。これは、奴隷制を否定する規範として現代でも重視されている倫理思想である。ただし、この場合の人間とは理性的存在者のことであるから、理性を具有していない人間は手段としてのみ使用されてもよいことになる。この点では、カントのこの倫理思想もアリストテレスのそれと変わるところはない。とはいえ、カントは奴隷制擁護論者ではなく、むしろ奴隷制を否定する啓蒙主義の影響下にあった人であるから、カントの目的自体の法式は、人間を奴隷的な地位から引き上げるための思想であると考えてよいものである。いずれにしても、ここで世界は「目的自体」と「単なる手段」との二つに截然と区別された。人間は目的自体として絶対的価値を持ち、人格と呼ばれる。これに対して動物は「手段としてただ相対的な価値をもつのみであり、それゆえに物件と呼ばれる[28]。」このように、人間と人間以外の存在が人格と物件に二分され、人格が物件を所有し処分する世界は、ちょうど商品所有者たちが物件の交換価値を評価し、契約し、交換するところの市場に対応しているといえる。この点で、カントの倫理思想は資本主義の現実に親和的である。
　『資本論』の研究対象は、自己増殖する交換価値としての資本であるから、『資本論』の世界が人格と物件に二分されているのは対象の性格に即した適切な処理であるといえる。それゆえ、商品生産の要因が、人的要因としての労働力と物的要因としての生産手段に二分されているのは妥当であるといえる。しかし、労働過程の要因も人的要因と物的要因の二つとされ、しかもそ

れが「人間生活のすべての社会形態に等しく共通なもの」とされるのは適切な処理とはいえない。このような処理は、価値増殖過程における人間と人間以外の存在の機能の相違、すなわち可変資本と不変資本の相違が労働過程に投影され、さらにそれが「すべての社会形態」に投影されたものである。言い換えれば、それは、交換価値が支配する資本主義的生産様式の性格を「すべての社会形態」へと拡張したものである。

　古代や封建時代においては、とりわけ交換を目的としない自給自足的な生産活動においては、牛や馬のような動物は単なる事物ではなく、人間の協働者と見なされていた。しかし、資本主義的生産様式は、人間以外のすべての存在を交換価値の増殖のための単なる手段へと、単なる交換価値の担い手へと降格させる。特に、運輸や農耕の領域で機械化が進んだ先進資本主義国では、動物は役畜から用畜へとその役割を変え、一方的に人間労働を加えられる客体のような存在となった。動物は、土地や森林や鉱山のように、一方的にエクスプロイトされる存在となった。動物のこのような位置づけは、『資本論』における動物の位置づけと一致する。この点で、『資本論』は資本主義的生産様式の本質的傾向性を的確に捉えているといえる。

　しかし、用畜飼養の長い伝統を持つ欧州では、家畜の事物化が否定されるべき事態と捉えられた。ルース・ハリソンが『アニマル・マシーン』で描いた家畜たちは、まさにこのように事物化された存在である。欧州のアニマルウェルフェア政策は、動物を交換価値の単なる担い手として、剰余価値生産のための単なる手段としてエクスプロイトすることに対する反作用であるといえる。『資本論』に代表される政治経済学においては、動物は市場で交換される物件であり、単なる事物でしかないが、このことは、政治経済学が資本主義的生産の現実を反映した資本主義的理論体系であることを改めて示すものとなっている。人間と動物との関係は太古から続く長い歴史を持っており、こうした過去の経験と比べるとき、動物の資本主義的事物化は、極めて特異な事態であるといえる。人類史を全体として見れば、人類は動物との関係の中に、常に何らかの倫理的な要素を認めてきたと考えるのが妥当である

と思われる。

 とはいえ、動物は単なる事物ではないとしても、生産過程で使用される存在であるかぎり、それが奴隷以上の存在となることはありえず、自由人と同等ではありえない。人間と動物との倫理的関係は、相互的なものではなく、人間の側がその倫理的内容を一方的に設定する非対称な関係である。であるとすれば、動物エクスプロイテーションの制限は、単に人間の側の善意にのみ基づくものではなく、その背景に人間の側の利益の増進も存していることが考えられる。本章第1節で見たように、インドでは牛のような動物の保全がしばしば人間の生命よりも優先される場合があったが、マルクスはその理由として、生産手段の保全による経済活動の持続可能性の確保といった要因を示唆している。このような洞察は、江戸時代までの日本の仏教的動物倫理にも当てはまるところがあるように思われる。では、これと同じように、現代欧州のアニマルウェルフェア政策にも、経済的利益に寄与する何らかの要因を見出すことができるであろうか。節を改めて、動物倫理の政治経済的機能を考察してみたい。

■第3節　動物倫理と動物資本の蓄積

 動物の無際限な酷使や無思慮な殺傷を禁じる倫理は、人間の自然な感情に由来するものであるように思われる。しかし、動物に対するそうした倫理的配慮が一社会の中で習慣化され制度化されたとき、それが意図せずしてその社会の経済的発展に寄与する、という事態もありえないことではない。また、一社会の統治者が、特定の倫理思想を経済発展のための手段として利用するという事態もありそうなことである。マルクスの土台と上部構造の社会理論は、このような事態があることを示していると考えることができる。

 マルクスの社会理論によれば、社会の土台は経済であり、法律や政治は経済的土台の上に立つ上部構造である。倫理は、この建造物モデルでは上部構造の中に位置づけられることになる。そこで、この社会の建造物モデルが正

第6章 産業動物のエクスプロイテーション

しいとすれば、経済の発展を妨害するような倫理は自分が立つべき土台を持たず、この社会的建造物から排除されることになる、といえる。逆に、経済の発展に資するような倫理は堅固な土台を得て、この社会的建造物の不可欠な構成要素となる、といえる。ヒンドゥー教徒の牛の神聖視や仏教の不殺生戒は、ある時代のインド社会や日本社会で、その経済的土台に適合した重要な上部構造になっていたと考えられる。この点をより立ち入って検討してみよう。

牛のような動物が、人間の経済活動にとって重要な存在であったことは言うまでもないことである。英語の cattle が capital と語源を同じくすることからも知られるように、牛はある意味で典型的な資本であるといえる[29]。かつて牛は人間にとって最も重要な財産の一つであり、しかも自己増殖する財産であった。自己増殖する財産という意味では、牛以外の家畜も同様の存在である。かつての遊牧・牧畜・農耕社会では、この家畜という財産を適切に管理し、蓄積することが重要であった。また、狩猟社会では野生動物の保全が重要な意味を持った。経済的に重要な動物がより多く保全され蓄積されていればいるほど、その社会はより大きな規模で再生産されることが可能となる。このように、一定の種類の動物は蓄積されるべき資本である。『資本論』におけるマルクスの資本概念とは必ずしも一致しないが、本書では、経済活動に利用される動物を動物資本と呼ぶことにする[30]。

ヒンドゥー教における牛の神聖視は、農耕にとって重要な牛という動物資本の蓄積に有利に作用したと考えられる。文化人類学者のマーヴィン・ハリスによれば、ヴェーダ時代のインドでは、牛は宗教儀式において殺され大いに食されていた。事情が変わるのは、人口が増え、経済の中心が牧畜から農耕へと変わる時期である。この時期に、仏教やジャイナ教が現われ、肉食を否定する不殺生思想を広めた。ハリスは次のように述べている。

「ガンジス川流域平原の開墾に牛にひかせたスキをつかいはじめるとともに、人口の増加と、広く肉食一般、とくに牛肉食の中止も同時にはじ

135

まったのである[31]。」

　ハリスによれば、ヒンドゥー教の牛の神聖視は仏教の不殺生思想に由来する。不殺生思想は民衆に広く支持されたので、仏教からヒンドゥー教の中に取り入れられた。これによって、「ブラーマンは、より人気のある宗教教義を手に入れただけでなく、より生産的な農耕システムをも手に入れた[32]」。牛肉食の禁止により、農耕にとって重要な牛が保存されたからである。
　インドのような湿潤な気候の土地では、植物資源が豊富で、菜食生活が可能である。その場合、肉食禁止の倫理は使役動物資本の蓄積を促進し、農耕経済の発展に寄与したと考えられる。ハリスはこのような現象を次のように定式化している。

　「（食肉禁忌のような）文化的制約がふつうは下部構造の諸条件に適応する反応として発生し、禁忌を実行する人びとの暮らしを物質的に豊かにする[33]」

　江戸時代までの日本で見られたのも、これと同様の倫理‐経済関係であるといえる。
　天武天皇四年に「牛・馬・犬・猨・鶏の宍を食ふこと莫[34]」という文言を含む詔勅が発せられて以来、日本ではその時々の統治者によって食肉を目的とした牛や馬などの屠畜が繰り返し禁じられてきた。加茂儀一は『日本畜産史――食肉・乳酪篇』において、その背景を次のように記している。

　「このように連続して殺生禁断の教えを朝廷が国是として出したのは、一つは仏教の普及の強化に伴って、朝廷が仏教に対する深い信奉のしるしとして、その理念を絶えず表明することの必要を感じていた反面において、とくに牛、馬の屠殺の禁止は、当時の社会情勢から見てこれを重要視せざるを得なくなったからでもある。それは牛や馬が一つは農業の振興、他の

一つは軍備の充実のため必要だったからである[35]。」

また、平林章仁も殺生禁断の背景を次のように述べている。

「聖武天皇が牛馬の屠殺を禁断した本当の理由は、恭仁宮を正式の都とするための大規模な造営工事が始まっていて、朝廷には多数の役畜、牛馬が必要だったという現実的な事情にある[36]。」

さらに、原田信男も次のように述べている。

「日本においては、牛も馬もともに農耕に必要な動物で、重要な労働力として大切にされてきた。おそらく、国家が農耕を理想的な生産活動と位置付けたため、これに不可欠な牛馬の肉を食してはならない、という大前提が、社会的なタブーとして中世に成立していた、と見なすべきだろう[37]。」

加茂儀一によれば、中国や朝鮮にはもともと肉食文化の伝統があったため、仏教の不殺生倫理もその地の肉食生活を変えることはできなかった。「中国で仏教が普及しなかったのは、古くからの根強い肉食の伝統が仏教の殺生禁断の教理の普及を妨げたからでもある[38]」。これに対して、日本の食文化は仏教伝来以前から菜食が主流だったため、日本の風土は肉食を禁じる仏教と親和的であった。仏教とその不殺生倫理は日本に定着し、明治維新に至るまで牛馬を肉食から護り続けたのである。

日本では、仏教の不殺生倫理が、豊富な植物資源を背景とした菜食文化に支えられつつ、農耕や運輸において重要な動物資本を保全し、その蓄積に寄与したといえる。

インドと江戸期までの日本における以上のような不殺生倫理と動物資本の蓄積との関係は、いうまでもなく使役動物に関するものであって、食用動物

には当てはまらないものである。殺生をせずに動物を食用に供することは、たいていの場合不可能だからである。それゆえ不殺生倫理は肉食禁止という形で普及したのであった。肉食の習慣が一般化した現代の日本では、不殺生倫理は人間に対してのみ適用され、動物に対しては現実的な効力を失っているように見える。一方、EU のアニマルウェルフェア倫理は、「5つの自由」の起源から知られるように、もともと食用動物を対象として形成されたものである、といえる。イギリスをはじめとした欧州では、不殺生倫理の伝統は存在せず、連綿として動物を食用に供し続けてきた。このような事情と、イギリスが資本主義の先進地帯であったという事情とを勘案すれば、食用動物に関する倫理がイギリスをはじめとした欧州で形成されたことには一定の必然性があったといえよう。

　それでは、このような食用動物を対象とした欧州のアニマルウェルフェア倫理にも、動物資本の蓄積に資するような何らかの経済的利益があるといえるであろうか。この倫理は、極めて長期にわたって維持されてきたインドやかつての日本の不殺生倫理と比較すれば、その歴史は浅く、経済との相互作用の中で今後大きく変化することも考えられる。とはいえこの倫理は、すでに対応する法規制を持ち、実際に経済活動を拘束しているものである。ここでは、この事実を重視し、この倫理が持つと思われる経済的利益を、短期的利益と長期的利益に分けて考察しておきたい。

　まず、短期的利益としては次のようなことがいえる。

　牛や馬の労働が農業用・輸送用の機械に取って代わられた現代では、動物資本の蓄積様態も、使役動物資本の蓄積から食用動物資本の蓄積へと姿を変えた。食用動物資本の蓄積は、安価な動物性たんぱく質を大量生産し、それを都市の労働者階級に供給するために重要である。この食用動物資本の蓄積は、生産過程を機械化し、動物を事物であるかのように取り扱うところの工業的な方式で進められた。一方、都市化の進展や使役動物の退場は、都市住民と動物との直接的な関係を断ち切ったわけではなかった。多くの都市住民は犬や猫などの愛玩動物を飼い、それを通じて動物との関係を深めていた。

第6章　産業動物のエクスプロイテーション

食用動物と愛玩動物という相違はあるとはいえ、犬や猫を愛好する都市住民にとって、動物の事物化は嫌悪感や罪悪感をもたらす事態である。とりわけ食用動物飼養の長い伝統を持つ欧州の人々にとって、動物の取り扱いの急激な悪化は耐え難いものであった。そこで、食用動物資本の蓄積の進展と、消費者の動物エクスプロイテーションに対する嫌悪感や罪悪感の緩和とを結びつける何らかの措置が必要とされるに至ったと考えられる。EUのアニマルウェルフェア政策は、畜産工場の動物エクスプロイテーションを社会的に許容できる水準に引き下げ、動物の事物化に対する消費者の罪悪感や嫌悪感を和らげることで、工業的な畜産方式を許容し、これによって食用動物資本の蓄積を進めるという機能を果たしている、ということができるように思われる。

　次に、長期的な利益について見てみよう。アニマルウェルフェア倫理の基本原則である「5つの自由」の中では、5つ目の「正常行動発現の自由」が中核項目となる。前節で見た改良型ケージは、鶏の正常行動発現の自由を最低限度において確保しようとするものである。しかし、それはあくまでも最低限度であって、正常行動発現の自由を十分に確保しようとすれば、鶏を終日ケージの中で飼うことはできなくなり、ケージをなくしたり、戸外で放し飼いにしたりする必要が生じる。これと同様のことは、肉用鶏や豚、乳牛、肉牛等についてもいえることである。つまり、家畜の正常行動発現の自由を尊重することは、家畜により広く、より自然な生活空間を与えることを意味する。このことは、畜産の在り方を工場方式から有機畜産や粗放的畜産へと変えることを意味する。もしもこのような変化が大規模に起こるならば、畜産は、工業化以前のように、地域の風土に即した循環型資源利用の一つに位置づけられることになる。そしてこのことは、動物資本の蓄積に対して持続可能性という長期的な利益を与えることになると考えられる。しかもこのような利益は、特殊に工業的な形態を持つ日本の畜産にとりわけ当てはまることである。

　日本では、牛の飼養についても、牛を終日牛舎内に繋いでおく工場方式が

多いが、中には牛の正常行動発現の自由を最大限に尊重している牧場もある。例えばある牧場では、牛の性質と日本の地理的条件についての合理的な判断に基づいて、山地での周年昼夜自然放牧を実践している[39]。牛は、搾乳の際に自ら牛舎内に入ってくる以外、年間を通じて終日、牧場内を自由に移動している。牛の繁殖は人工授精が普通であるが、この牧場では自然交配・自然分娩で子牛が生まれる。母牛と子牛の関係も自然に委ねられる。「母乳をふんだんに飲み、母親の愛情を一身に受け、野山を走り回った子牛は丈夫に育ち、十数年も生乳を出し続ける[40]」。例えばこの牧場では「2002年に、17歳の乳牛が出産した[41]」。しかもこの牛は「19歳で天寿を全うした[42]」。一般的な舎飼いの乳牛の場合、経済的寿命は6年から7年であるから[43]、この牧場の牛が生きている期間は十分に長いといえる。この牧場では、牛は正常行動発現の自由をほぼ完全に保障されているといえる。

　もちろんこの牧場においても、牛は搾乳され、牛肉にされるのであるから、この側面にのみ着目すれば、牛は人間によってエクスプロイトされているといえる。しかし、その一方で、牛は人間によって外敵から守られ、生活環境を整備され、使役されることもなく、正常行動発現の自由を与えられつつ長く生きることができる。こうした点に着目すれば、この牧場における牛と人間との関係は、牛の側に生じる利益も十分に大きなものであることが分かる。それゆえ、ここでの牛と人間の関係は、エクスプロイテーション関係というよりはむしろ、相利共生関係の方に近いものであると考えられる。

　またこの牧場の酪農方式は、より広い自然と人間との関係についても、それをエクスプロイテーション関係から相利共生関係の方へと動かす要素を持っている。例えば、この牧場では輸入飼料を使用しておらず、化学肥料も使用していない。これは、日本における物質循環の再構築という点で重要である。すでに見たように、日本の畜産は飼料を海外に依存しているため、一方では穀物自給率を低下させ、他方では過剰な窒素やリンを国土に蓄積して物質循環を攪乱している。適切な放牧はこうした問題を解決してくれる。また、適切な放牧は生物多様性を高める効果を持つ[44]。特に里山での放牧は、

第6章　産業動物のエクスプロイテーション

放牧エリアが人間と野生動物との緩衝地帯となり[45]、人間と自然との共生の可能性を高めてくれる[46]。

以上は、乳牛についての実例であるが、肉牛、豚、鶏に関しても放牧や放牧に近い形での飼養方式が試みられており、それが家畜と環境に良い作用を及ぼすことが報告されている[47]。

このように、アニマルウェルフェア倫理は、畜産を工業的な形態から自然共生的な形態へと変化させる要素を持っており、これによって動物資本の蓄積を土地の風土に適合したものとし、その持続可能性を高めることに貢献する、といえる。

とはいえ、放し飼い方式で生産された畜産物は、一般に高価である。上記の牧場で生産された牛乳も、通常の牛乳よりも高い価格で販売されている。店頭に並ぶ畜産物の価格に相違があれば、労働者階級の多くは安価な方を選択することになる。そしてそれは、畜産物の工業的生産方式を再生産することを意味する。

労働者階級の中に低所得層が多ければ多いほど、安価な動物性たんぱく質を供給する工業的畜産の必要性は高まることになる。言い換えれば、人間による人間のエクスプロイテーションの強化は、人間による家畜のエクスプロイテーションの緩和を阻害することになる。これに対して、経済の発展が労働者階級の所得と文化的欲求の着実な向上を伴う形で進むならば、自然共生型の農産物に対する需要も高まることが期待される。言い換えれば、人間による人間のエクスプロイテーションが大幅に緩和され、労働者の生活に十分な余裕が生じるとき、人間による家畜のエクスプロイテーションも緩和され、人間と自然との相利共生への道が開かれると期待できる。

注
1) マルクス『資本論』第2巻（全5冊）、資本論翻訳委員会訳、新日本出版社、1997年、376ページ。*Marx-Engels Werke*, Bd. 24, Berlin: Dietz Verlag, 1963, S. 239f.
2) 西田周作「日本畜産の歴史」『農業技術体系畜産編①畜産基本編馬』農山漁村文化

協会、1978 年、本 142 ページ。

3) 同上、本 167 ページ。

4) 前掲『資本論』第 2 巻、377 ページ。*Marx-Engels Werke*, Bd. 24, a. a. O., S. 240.

5) 西田周作「畜産の起源」『農業技術体系畜産編①畜産基本編馬』農山漁村文化協会、1978 年、本 26-27 ページ、および、ダニエル・T. マックス『眠れない一族――食人の痕跡と殺人タンパクの謎』柴田裕之訳、紀伊國屋書店、2007 年、59-62 ページ、参照。

6) ジム・メイソン、ピーター・シンガー『アニマル・ファクトリー――飼育工場の動物たちの今』高松修訳、現代書館、1982 年、19-21 ページ。Jim Mason and Peter Singer, *Animal Factories*, Rev. and updated ed., New York: Harmony Books, 1990, pp. 1-3.

7) 同上、33 ページ。Ibid., p. 10.

8) 本節の以下の記述は、拙稿「EU アニマルウェルフェア政策の思想的背景について――功利主義と perfectionism」『商経論叢』第 43 巻第 3・4 合併号、神奈川大学経済学会、115-138 ページ、の中の記述と重複する。

9) ルース・ハリソン『アニマル・マシーン――近代畜産にみる悲劇の主役たち』橋本明子・山本貞夫・三浦和彦訳、講談社、1979 年。Ruth Harrison, *Animal Machines: The New Factory Farming Industry*, London: Vincent Stuart Ltd, 1964.

10) 同上、24 ページ。Ibid., p. 3.

11) 同上、24-25 ページ。Ibid. 引用文中の……は引用者による省略部分を示す。

12) *Report of the Technical Committee to Enquire into the Welfare of Animals kept under Intensive Livestock Husbandry Systems*, December, 1965, London: Her Majesty's Stationery Office, Reprinted 1967, p. 13.

13) Mike Radford, *Animal Welfare Law in Britain: Regulation and Responsibility*, Oxford: Oxford University Press, 2001, p. 263.

14) John Webster, *Animal Welfare: Limping Towards Eden*, Oxford: Blackwell Publishing, 2005, pp. 12-13.

15) Ibid., p. 12. 邦訳は、佐藤衆介『アニマルウェルフェア――動物の幸せについての科学と倫理』東京大学出版会、2005 年、165 ページに記載されているものを使用した。ただし、各項目（①～⑤）の出現順序はウェブスターの前掲書に従って変更してある。

16) Terrestrial Animal Health Code（2007）.

17) これらの EU 指令は、次の文献でその日本語訳を読むことができる。『ALIVE 資料集№19 海外の動物保護法 5 畜産動物の福祉に関する欧州協定と主な EU 法』地球生物会議、2004 年。

18) 2012年1月以降、EUでは現実に鶏卵の生産量が低下し価格が高騰した。"EU poultry regulations lead to egg shortage, Easter quandary", *Japan Times*, April 2, 2012.
19) アリストテレス『政治学』山本光雄訳、岩波文庫、1961年、42ページ（1254b）。引用文中の……は引用者による省略部分を示す。
20) 同上、37ページ（1253b）。
21) 同上、33ページ（1252b）。
22) マルクス『資本論』第1巻a（全5冊）、資本論翻訳委員会訳、新日本出版社、335ページ。*Marx-Engels Werke*, Bd. 23, Berlin: Dietz Verlag, 1962, S. 210.
23) 同上。Ebd.
24) 青木人志『動物の比較法文化――動物保護法の日欧比較』有斐閣、2002年、181ページ。
25) アダム・スミス『国富論』（二）〔全4冊〕、水田洋監訳、杉山忠平訳、岩波文庫、2000年、162-163ページ。引用文中の……は引用者による省略部分を示す。
26) アダム・スミス『諸国民の富』（一）〔全5冊〕、大内兵衛・松川七郎訳、岩波文庫、1959年、117ページ。
27) カント『実践理性批判』波多野精一・宮本和吉・篠田英雄訳、岩波文庫、1979年、181ページ。*Immanuel Kant Werkausgabe*, Bd. Ⅶ, Herausgegeben von Wilhelm Weischedel, suhrkamp taschenbuch wissenschaft 56, Erste Auflage 1974, Frankfurt am Main: Suhrkamp, S. 210.
28) 『カント』世界の名著39、野田又夫責任編集、中央公論社、1979年、273ページ。Ebd., S. 60.
29) 佐々木義之編著『新編畜産学概論』養賢堂、2000年、371ページ、参照。
30) 動物資本の概念について、拙稿「政治経済学的概念としての動物資本について」（研究年報『経済学』東北大学経済学会、第64巻第4号、2003年3月）ではマルクスの資本概念に即してこの概念を規定したが、ここでは、松井匠作「動物資本を活用した経営の特性」（多摩大学大学院経営情報学研究科修士論文、2008年7月）に倣い、より広い意味でこの概念を用いることとした。
31) マーヴィン・ハリス『食と文化の謎』板橋作美訳、岩波現代文庫、2001年、62ページ。Marvin Harris, *Good to Eat: Riddles of Food and Culture*, 1985, Reissued 1998 by Waveland Press, Inc., Long Grove, Illinois, p. 53.
32) 同上、66ページ。Ibid., p. 56.
33) マーヴィン・ハリス『文化唯物論――マテリアルから世界を読む新たな方法』（下）、長島信弘、鈴木洋一訳、早川書房、1987年、48ページ。Marvin Harris, *Cultural Materialism: The Struggle for a Science of Culture*, New York: Random House,

1979, pp. 242-243. 丸括弧内の文言は引用者による挿入。
34) 『日本書紀』(五)〔全5冊〕、岩波文庫、1995年、124ページ。
35) 加茂儀一『日本畜産史——食肉・乳酪篇』法政大学出版局、1976年、149-150ページ。
36) 平林章仁『神々と肉食の古代史』吉川弘文館、2007年、192ページ。
37) 原田信男『歴史のなかの米と肉——食物と天皇・差別』平凡社、1993年、106ページ。
38) 前掲『日本畜産史——食肉・乳酪篇』132ページ。
39) 中洞正『幸せな牛からおいしい牛乳』コモンズ、2007年、および、『日本とEUの有機畜産——ファームアニマルウェルフェアの実際』松木洋一・永松美希編、農山漁村文化協会、2004年、96-113ページ。また、斎藤晶『牛が拓く牧場——自然と人の共存・斎藤式蹄耕法』地湧社、1989年、にも同様の放牧方式が描かれている。
40) 前掲『幸せな牛からおいしい牛乳』113ページ。
41) 古庄弘枝『モー革命——山地酪農で「無農薬牛乳」をつくる』教育史料出版会、2007年、16ページ。
42) 同上、17ページ。
43) 『ポケット畜産統計——平成21年度版』農林水産省大臣官房統計部、13ページ。
44) 『環境保全型農業事典』丸善、2005年、869ページ、参照。
45) 同上。
46) 本文で取り上げたのと同様の山地酪農を行っていた栃木県那須町の牧場が、2011年3月11日の福島第一原子力発電所事故による放射能汚染の影響で放牧の中止を余儀なくされた(『東京新聞』2011年10月31日)。また、福島県須賀川市で2011年3月24日、30年以上有機農業を続けてきた男性が、福島県産野菜の摂取制限指示が出された翌朝、自殺した(『朝日新聞』2011年3月29日)。この農家男性の自殺は東京電力に対する農民の抗議行動を引き起こし、原発を巡る世論の方向を変化させる契機となった(後藤康夫「2011年グローバルな占拠運動の人類史的意義:フクシマと世界を貫くネット新世界、主体、そして変革像」経済理論学会第60回大会記念講演・共通論題資料集、愛媛大学、2012年10月6・7日、74ページ)。自然共生型の農畜産業は、自然共生型であるがゆえに環境汚染の影響を最も受けやすい。逆に、自然共生型農畜産業の発展は環境汚染の回避を強く要請することになる。この種の産業に従事する人々の発言は、環境行政において特に重視されるべきである。
47) 前掲『日本とEUの有機畜産——ファームアニマルウェルフェアの実際』参照。

第7章

動物利用の経済倫理

■問題の所在

　前章では、現代ヨーロッパのアニマルウェルフェア倫理を取り上げ、その政治経済学的な含意と資本蓄積上の意義を検討した。この倫理に基づくアニマルウェルフェア政策は、直接的にはファクトリー・ファーミング（工場式畜産）に対する消費者の嫌悪感を和らげるために必要とされるものであるが、長期的には家畜を工場から解放し、畜産の在り方を有機畜産や粗放的畜産の方向へと変化させる要素をも持っている。こうした変化は、畜産部門を含めた農業全体における物質循環や生物多様性を向上させるものであり、これを通じて農業の持続可能性を高めることに貢献することになる。つまり、アニマルウェルフェア倫理は、単に産業動物の境遇を改善するだけでなく、長い目で見れば人間社会の再生産にとっても大きな利益となる可能性を秘めているといえる。

　倫理と経済的利益のこのような関係は、19世紀以降に進んだ労働者保護における両者の関係と類似したところがあるように思われる。本書の第5章で見たように、『資本論』第1巻第8章では、工場法による労働日の制限が、疲弊した土地にグアノを注ぎこんだのと同じ必然性によって行われたと述べられている。すなわち、労働者保護は単に労働者の利益のためだけに行われ

たのではなく、資本家側の経済的利益のためにも必要な措置だった、というのである。その後も、労働時間の短縮をはじめとする労働者保護のための法規制は20世紀を通じて強化され続けてきたが、その背景には、労働者のエクスプロイテーションの廃絶を善とする倫理思想がある一方で、労働力が保全されることにより、エクスプロイト可能な人的資本の蓄積が進むという経済的利益もあったと考えられる。

　労働者保護も動物保護も、共に資本主義的エクスプロイテーションの極端な強化に対する社会の側からの反作用であるとともに、長期的には人的資本と動物資本の蓄積に資する機能を持っていると考えられる。そして、もしそうであるならば、19世紀のイギリスで生まれた工場法が世界に伝播したように、同じくイギリスで生まれたアニマルウェルフェア倫理も、やがて世界の資本主義国に伝播し、動物エクスプロイテーションの緩和をもたらすことになると言えるかもしれない。とりわけ、畜産業が欧州以上に工業的な形態をとり、物質循環の攪乱が看過しえない問題となっている日本では、畜産の現状に変化をもたらすこのような倫理と政策の導入が必要とされていると思われる。

　しかし、人間と動物との関係は、イスラム社会の豚やヒンドゥー社会の牛の地位が示しているように、宗教を背景とした文化・伝統の相違に応じて著しく異なった様相を呈している。こうした文化・伝統の相違は、一社会を資本主義的生産様式が捉えた後にも、多かれ少なかれ残存し続けることが考えられる。前章で触れたように、日本の伝統的な動物倫理は欧州のそれとは著しく異なるものであった。それゆえ、もしもアニマルウェルフェア倫理が、欧州のキリスト教的な文化・伝統を背景として形成されたものであるのならば、それが日本社会の中に浸透するのには大きな困難が伴うことが予想される。

　西欧と日本は、資本主義的生産様式という共通の土台の上に立つ資本主義社会であると言える。土台と上部構造の社会理論を前提とするかぎり、経済的土台が共通していれば、倫理、政治、法律といった上部構造にも一定の共

通性が見られてよいはずである。しかし実際には、労働倫理や雇用慣行といった生産関係に属する領域においても、西欧と日本の間には顕著な相違があると思われる。このことは多くの研究者によって指摘されてきたものであり、しかもその背景に宗教の相違があることが示されている。おそらく人間と動物の関係は、このような資本家と労働者の関係よりも、より強く宗教の影響を受けている。それゆえ、動物倫理の異文化間相違は、労働倫理のそれよりも大きなものであることが推測される。しかし、もしそうであるとすれば、資本主義社会が文化の相違を越えて普遍的に要請する動物倫理を見出すことは、資本主義社会に普遍的な労働倫理を見出す作業に対しても重要な示唆を与えることになるはずである。果たして、欧州の産業動物保護政策を支えるアニマルウェルフェア倫理は、資本主義的エクスプロイテーションを制限する倫理として、文化横断的な普遍性を持つ倫理といえるであろうか。本章では、日本社会との関係に的を絞って、この点を検討する[1]。

■第1節　動物倫理における功利主義とカント的倫理

　EUのアニマルウェルフェア政策は、前章で触れたブランベル・レポートの重要性からも知られるように、生物学、動物行動学、畜産学等の自然科学的研究に基づいている。しかし、アニマルウェルフェア法の導入・強化を促すのは動物および環境保護団体の活動や一般市民あるいは消費者からの要請であり、そこに思想的基盤を提供しているのは動物倫理思想である。戦後の欧米における動物倫理研究の蓄積には瞠目すべきものがあり、日本にはこれに相当するようなオリジナルな研究はほとんど見られない。ここではまず、近年の動物倫理思想の発展に最も大きく貢献した二人の思想家の見解を取り上げる。

（1）ピーター・シンガー

　西欧および英語圏の動物保護運動に最も大きな影響を及ぼした思想家は、

ピーター・シンガーであるといわれている。彼は、自らの哲学的立場がベンサムに遡る功利主義であることを明確にしており、そこから自身の倫理学を構築している。彼の動物倫理学の基本原理は「利益に対する平等な配慮[2]」である。この基本原理は、一つの際立った特徴を持っている。それは、倫理的な配慮の対象を、利益を持つところの「個人」ではなく、個人が持つところの「利益そのもの」の方に設定している、という点である。「利益そのもの」が配慮の対象となるから、その利益を持つ個人がどのような人物であるのかは問題とならない。すなわち、その個人が白人であるのか黒人であるのか、男性であるのか女性であるのかということは考慮されない。

シンガーはこの立場をさらに進めて、利益の持ち主が、人間であるか人間以外の動物であるかも考慮の対象外であると主張する。利益の持ち主が動物であったとしても、そこに利益が存在する以上、その利益は平等な配慮の対象とならなければならない。もし利益の持ち主が人間ではないという理由でその利益が無視されるとすれば、それは種差別であり、人種差別と同様に許容されえない不正であるとしてシンガーは次のように主張する。

　「私は、平等な配慮という基本原則を他の種の成員に広げることを拒む理由は、エクスプロイトする側の特権を保持しようとする利己的な欲望のほかには何もないと思う[3]。」
　「もし特定の人が知的能力が高いからといって他の人間を手段として扱うことが許されるわけではないのなら、どうして人間が同じ目的で他の動物をエクスプロイトすることが許されるだろうか[4]？」

それでは、われわれはあらゆる生物の利益に配慮しなければならないのであろうか。あるいは、配慮の対象となるところの利益を持たない生物も存在するのであろうか。もし存在するとすれば、利益を持つ生物と持たない生物とを分ける境界は何によって決定されるのであろうか。シンガーは、この境界を sentience の有無に求めている。シンガーによれば、ここで sentience

という言葉が意味するのは「苦しんだりよろこびを享受したりする能力[5]」のことである。sentience を持つ生物は苦しむ存在であり、このような存在は利益を持つ存在である。苦しみからの解放はその存在にとっての利益であり、この利益はそれが人間のものであれ動物のものであれ等しく配慮の対象とされなければならない。このような見地からすれば、ファクトリー・ファームは、そこで飼養されている鶏や豚に苦しみを与えるものであるから、明らかに正義に反するものとなる。では、有機畜産や粗放的畜産ならば許容されうるのであろうか。

　畜産は屠畜を前提としている。シンガーによれば、家畜を殺すこと自体は、それが苦痛を与えることなしに行われるならば、古典的功利主義の見地からは不正とはならない。しかし、自分自身の立場は選好功利主義であると彼は言う。選好功利主義は、苦痛や快楽よりも選好の満足の方を重視する。もしもある生物が生き続けたいと選好しているにもかかわらず、それを殺すならば、この殺害行為は不正である。では、鶏や豚のような畜産動物は、生き続けたいという選好を持っているのであろうか。シンガーがここで着目するのは、自己意識の有無である。意識は持っていても自己意識を持たない存在は「自分自身の存在のイメージを未来に投影して見る欲求はない[6]」であろうし、「彼らの意識の状態が時間を越えて内的に結び付けられること[7]」もない。ここからシンガーは、次のような生命の代替可能性の議論をする。

　「もしも魚が意識を持たなくなるとしたら、意識を失う前に魚は、その後に起こるであろうことに対しては何の期待も欲求も持たないであろうし、もし魚が意識を取り戻しても、魚は自分が以前存在していたことの意識を全く持たない。それゆえ、もしこの魚たちが無意識の間に殺されて、この最初の魚の群れが殺されたという理由でのみ創り出され得る、同数の他の魚に代替されるならば、魚の意識という観点から見れば、同じ魚が意識を失い、また取り戻す場合とこの場合とでは何の違いもないであろう[8]。」

シンガーのこの議論は、魚の養殖については、それを倫理学的に正当化するものとなっている。すなわち、魚は自己意識がないので、魚の個体群Aの死滅は個体群Bの誕生によって埋め合わせることが可能となる。われわれは一定数の魚を殺して食べても、その代わりに同数の魚を誕生せしめるならば、魚の意識は同じように存在し続けることになり、魚に不正を働くことにはならない、というわけである。これに対して、自己意識のある存在は「自分たちを過去と未来を持ち、他とははっきり異なる存在として意識している[9]」から、そこには「単に生物学的なだけではなく伝記的な生活[10]」が成立しているのであり、したがって彼らは他者による代替が不可能なかけがえのない存在である、とシンガーは言う。彼は、チンパンジーとゴリラはこのような自己意識的存在であるから、これらの健康な動物を殺すことは、重度の知的障害者を殺すことよりも悪いと述べている[11]。そしてさらに、牛や豚や羊も自己意識的存在であろうと述べている。一方、鶏については、はなはだ疑問であるとしながらも、食用目的に殺すことを代替可能性の議論によって正当化する可能性を残している[12]。

　さて、以上のようなシンガーの議論の中でまず第一に注目すべきは、彼がsentienceに着目し、sentientな存在の苦しみの除去に倫理的重要性を見出した点である。この点は、彼が1975年に『動物の解放』でこの見解を主張して以来、欧米の動物保護思想全般に大きな影響を及ぼしてきたと思われる。sentientな存在の苦しみへの配慮は、アニマルウェルフェア政策に対してもその根拠の一つを提供しているといってよいであろう。1997年のアムステルダム条約（欧州共同体を設立する条約）の「動物の保護およびウェルフェアに関する議定書」[13]にも「sentientな存在としての動物のウェルフェアの尊重」という文言が明記されている。この文書は、EUが行う政策に対して基本理念を提供する性格を持つものであることから[14]、EUのアニマルウェルフェア政策はsentienceを重視する思想に基づいて設計されていると捉えてよいと考えられる。

　第二に、功利主義に基づくシンガーの動物倫理学は、本書第6章第1節で

見たアニマルウェルフェア政策の基本原則である「5つの自由」と共通する部分が多い、という点が注目される。「5つの自由」の中の4つの項目、すなわち①空腹および渇き、②不快、③苦痛、損傷、疾病、④恐怖および苦悩は、何れもすべて苦しみ（suffering）であり、これら4項目は、これらの苦しみからの解放を求めるものとなっている。「5つの自由」の作成者たちが、シンガーの議論を意識しつつこの4項目を定式化したのか否かは不明であるが、これら4項目の哲学的基礎は何かと問われれば、われわれはそれを功利主義に求めて大過ないと思われる。言い換えれば、これら4項目を哲学的に基礎づけようとすれば、動員される哲学理論は功利主義が最も適切であろうと考えられる。

　シンガー自身は読者にベジタリアンになることを奨励しており、上で見た彼の代替可能性の議論は哺乳類を食用目的に屠畜することを否定するものである。とはいえ、最低限の倫理的対応として彼が読者に求めているのは、ファクトリー・ファームで飼養された家畜の肉の購入をやめることである[15]。苦痛の除去を正義とみなす彼の功利主義の立場はアニマルウェルフェア政策を否定するものではなく、むしろそれを促進するものであるといえる。

（2）トム・レーガン

　トム・レーガンは、ピーター・シンガーの功利主義を批判することを通じて、自身の動物倫理思想を展開している[16]。彼はまず、功利主義における個人の価値と総計主義の問題に着目する。シンガーは、倫理的配慮においては、個人が持つ利益そのものを配慮の対象にすべきであり、個人がどのような存在であるかは度外視されるべきであるとした。シンガーにおいては、個人それ自体は容器のようなものであり、その容器に入る快楽や選好の満足こそが平等な配慮の対象とされるべきものであった。レーガンによれば、このことは、倫理的に価値があるのは快楽や選好の満足であって、容器としての個人の方には倫理的価値がないということを意味する。しかし、もし個人そ

れ自体に価値がないのであれば、他者の利益のために個人が犠牲になるという事態が生じうる。実際、功利主義は、人が何らかの決定をする場合、それによって影響を受ける全ての人々の利益を総計し、その総額が最大になるような選択肢を選ぶことを求めるから、利益の総額が最大になるのであれば、特定の個人を犠牲にするような判断も正当化されてしまうことになる。これに対してレーガンは、個人には固有の価値（inherent value）があり、これを上のような功利主義的計算によって蹂躙してはならないと主張する。レーガンのこのような主張の土台となっているのはカントの倫理学である。

　カントは、人を手段としてのみ取り扱ってはならず、目的としても取り扱わなければならない、と述べた[17]。そういう意味で、人は固有の価値を持つ存在であり、尊敬を持って取り扱われるべき存在である。しかし、この場合の人とは理性的で自律的な存在者としての人格のことである。それゆえカントは、動物は人格ではないから手段としてのみ取り扱ってもよいと記した[18]。もちろん、レーガンはこの点を認めない。ここで彼がカントを批判する際に取り上げるのは、幼児や知的障害者の存在である[19]。幼児や知的障害者もカントが言う意味では人格ではない。そうであるならば、彼らを単なる手段としてのみ用いることも許されるのであろうか。それは我々の常識に著しく反する、とレーガンは言う。彼は、幼児や知的障害者も理性的な大人と同じように固有の価値を持つ存在であると主張する。カントの意味での人格は、固有の価値の有無を判定するための基準にはならないというのである。では、どのような存在が固有の価値を持つのであろうか。レーガンによれば、それは subject-of-a-life としての存在である[20]。

　人は単に世界の中にあるだけでなく、世界の中で様々なことを知覚し経験しながら生きている。人生においては、うまくいっている fare well こともあれば、うまくいっていない fare ill こともある。このような意味で、人は経験されるところの welfare を持っている[21]。subject-of-a-life としての存在とは、このようにウェルフェアを持つ存在のことであり、そしてこのような存在は固有の価値を持つとレーガンは主張する。では、人以外の動物はどう

なのであろうか。レーガンによれば、動物も subject-of-a-life である。少なくとも哺乳類と鳥類は subject-of-a-life であると彼は言う[22]。それゆえ、哺乳類と鳥類は固有の価値を持つ存在であり、尊敬を持って取り扱われるべき権利を有する存在である、ということになる。もし哺乳類と鳥類のウェルフェアを損なうことがあれば、それは彼らに対する権利の侵害なのである。しかも、レーガンによれば、人間、人間以外の哺乳類、および鳥類が持つ固有の価値は、その価値の大きさに差異はなく、賢者も愚者も、人も豚も、すべて等しい価値を持つ。彼はこの論点を、アリストテレスやニーチェの perfectionist theory of justice（卓越主義正義論）と対比することで正当化している[23]。すなわち、この正義論は、知性や芸術的能力の点で卓越した者に対しては、劣った者に対してよりも、より多くの物が与えられるのが当然であり、劣った者は卓越した者に対して奉仕するのが当然であると主張するが、ここから出てくるのは奴隷制やカースト制度であるとレーガンは言う。もし、各個体が持つ固有の価値に大小を認めれば、それはこのような差別的な正義論に道を開いてしまうことになる。よって、各個体は、彼らが置かれた状況がどのようなものであろうと、すべて等しい固有の価値を持つべきであるとレーガンは主張する。

　レーガンの以上のような動物権理論の立場からすれば、ファクトリー・ファーミングは廃止の対象にしかならないことは明らかである。さらにレーガンによれば、有機畜産や粗放的畜産においてどれほど家畜が人道的に取り扱われていようとも、それが利益目的で商業的に行われているかぎり、そうした産業は廃止されなければならない。というのは、商業的畜産では、家畜は再生可能な資源のようなものとして[24]、単なる手段としてのみ使用されており、権利が著しく侵害されているからである。それゆえ、この領域で彼が提出する対策は、改良ではなく、廃止である。彼は自らの立場を次のように述べている。

　「私はアニマルライツ（animal rights）の主張者であり、アニマルライ

ツ運動の中で活動してきた。この運動は、私の理解するところでは、その志向において廃止主義である。それは、動物への対応をより人道的にすることで動物がエクスプロイトされる仕方を改善しようとするものではなく、動物のエクスプロイテーションを廃止しようとするものである[25]。」

こうした主張は、通常のアニマルウェルフェア政策を直接支持するものではない。アニマルウェルフェアとアニマルライツはしばしば区別して用いられるが、ここに記されているように、レーガンの議論は専ら後者に対してその理論的基礎を提供するものである。

とはいえ、レーガンの思想がアニマルウェルフェア政策と無関係であるとはいえない。というのは、subject-of-a-life として動物が人間と等しい権利を持つという思想が人々に支持されるようになったとしても、この権利論に基づいて商業的畜産業が即座に全廃される可能性は極めて低いと言ってよく、アニマルライツの信奉者も、さしあたりはアニマルウェルフェア政策を促進することで満足せざるをえないであろうからである。これと似たような事情は、社会学者のテッド・ベントンが指摘しているように、女性やマイノリティの権利論においても見られるものである[26]。女性が男性と同等の権利を持つことは広く了解されており、法令等にも明記されているが、しかし女性が実際に男性と同様の社会的地位を得ようとすると、社会生活の様々な局面に残存する障害に阻まれ、当初の目的を実現できないことが少なくない。その結果、男女同権が謳われながらも、男女間に社会的経済的格差が生じてしまう。つまり、権利の形式的承認とその実質的行使との間に際立った乖離が生じてしまうことがあるのである。この点に関してベントンは、レーガンの権理論を検討しつつ次のようなことを述べている[27]。権利の行使には、経済的、社会的、文化的基盤が必要であり、これらの基盤が不平等に分配されている社会では、権利の行使も不平等にならざるをえない。ファクトリー・ファーミングに関連する現代の食品産業は巨大な経済力を持っており、様々なメディアを通じた世論形成や政府の産業政策に対して大きな影響を及

ぼすことができる。こうした社会的経済的現状の中では、動物の権利を主張するアプローチの有効性は、食品産業と家畜との間に現存する社会的経済的権力の著しい非対称性ゆえに、限定的なものとならざるをえない。ベントンのこのような認識は、おそらく妥当なものであろう。

それゆえ、原理主義的な過激派を別とすれば、動物権利論の信奉者は、最終目標としては商業的畜産の廃止を掲げ、消費者に対してベジタリアンになることを訴えかけるとしても、産業界や行政、政治家への働きかけにおいては、当面の戦略としてアニマルウェルフェアや有機畜産を推進する政策を支持することにならざるをえないであろう。実際、動物保護団体で活動する人々の中には、このような人々が少なくない。われわれは、アニマルウェルフェア政策の背景に、このような動物の権利論者がいることも見落としてはならないであろう。

■第2節　正常行動発現の自由とアリストテレス的倫理

ピーター・シンガーとトム・レーガンは、比較的早い時期から動物の取り扱いに関する倫理思想を発表してきたので、彼らの思想がこの問題をめぐる欧米社会の世論形成に影響を及ぼしてきたことは否定できないと思われる。とりわけ功利主義に基づくシンガーの議論は、すでに見たように、アニマルウェルフェア政策に対してその哲学的基礎を提供するものとなっているといえる。とはいえ、シンガーの思想は、「5つの自由」のうち、苦痛や恐怖に関する4項目にはうまく適合するものの、「正常行動発現の自由」に対しては、これに正確に対応するものとはなっていない。この最後の1項目は、功利主義とは異なる倫理思想が背景となっていると考えられる。それは、レーガンの廃止主義とも異なるものである。では、それはどのような思想であろうか。

この「正常行動発現の自由」の基礎となる倫理思想を知るために、われわれは第4章で取り上げたマーサ・ヌスバウムの思想をここでもう一度取り上

げる。2000 年代以降、ヌスバウムはケイパビリティ・アプローチを動物にも適用し、動物正義論を展開するようになった。これは、EU で採卵鶏と豚についてのアニマルウェルフェア法が整備されて以降のことであるから、彼女の動物倫理思想がアニマルウェルフェア政策の推進に寄与したということはできない。しかし、彼女の議論は、「正常行動発現の自由」の背景思想を特定するという作業に対して極めて有益な見通しを与えてくれるものである。

ヌスバウムのケイパビリティ・アプローチの主たる出発点は、アリストテレスの人間機能論であり、perfectionist theory of happiness といえるものである。アリストテレスの perfectionism（卓越主義、完全主義）は、先にレーガンの議論においても言及されていたが、幸福論におけるその骨子は第 4 章に記した通りであり、またこの幸福論とケイパビリティ・アプローチの関係についても第 4 章で述べた。ここでの問題は、このような思想にとって人間以外の動物がどのような意味を持つのか、という点である[28]。

アリストテレスは自身の幸福論を人間にのみ限定し、動物には幸福な生活というものはないと述べた。これに対してヌスバウムは、それぞれの種に応じて、動物にも動物にとっての善があり、動物固有の機能の発現が動物にとっての善（good）であると言う。つまり、動物にも「よく生きている」という状態があるのである。そして、動物固有の機能の発現が何かによって妨害され、その動物にとっての「繁栄した生（flourishing life）」が失われるとすれば、それは悲劇であり、正義に反する事態であると彼女は主張する[29]。さらに彼女はケイパビリティのリストを動物にも適用し、その各項目についてコメントを加えている。ただし動物の場合、彼らに実践理性の行使を期待することはできないのだから、ケイパビリティではなく機能そのものを対象としたパターナリズム的対応が必要となると述べている。ヌスバウムのこのようなアプローチからは、功利主義に対する次のような批判が出てくる。

経済学では、適応的選好という現象が知られている。これは低水準の生活を続けていると、選好がその生活水準に適応してしまい、より高い生活に対

する選好を持たなくなってしまう、というものである。ヌスバウムによれば、同様のことは動物にも当てはまる。狭い檻の中で孤立して生きてきた動物は、屋外を自由に歩き回ったり、仲間と遊んだりしたいと思わないかもしれない。しかし自由に歩き回ることや仲間と遊ぶことは、たとえその動物が、そのようにできないことを苦痛として意識していないとしても、動物にとっては価値あることであり、よいことなのである[30]。それゆえ、動物自身の欲求や選好にかかわらず、動物の生活にとって中心的な機能を発現させることは正しいことであり、そうすることが正義の見地から必要とされている、とヌスバウムは主張する。こうした考え方を第6章第1節で見た採卵鶏の例に当てはめてみれば、鶏が移動できること、止まり木に止まれること、砂浴びができること、巣に卵を産めることは善いことであり、その一方で、従来型のバタリーケージで飼養されてきた鶏が、こうした鶏にとっての中心的機能を発現できないことは悪いことだ、ということになろう。

　さて、以上のようなヌスバウムの思想で注目されるべき点は、彼女の考え方が、「5つの自由」の中の「正常行動発現の自由」の根底にある考え方と明らかに一致しているということである。もちろん、ケイパビリティ・アプローチと「正常行動発現の自由」とは、それぞれ全く独立に形成されたものであり、直接の影響関係はないといわなければならない。とはいえ、結果として成立している思想には顕著な共通性がある。おそらく、この共通性をもたらしているのは、両者の背景にあるアリストテレス的倫理思想である。

　「正常行動発現の自由」とアリストテレス的倫理思想との関係は、ヌスバウムの議論とは別に、次のような「5つの自由」それ自体に即した考察によっても探し当てることができる。

　「5つの自由」のうち、①空腹および渇き、②不快、③苦痛、損傷、疾病、④恐怖および苦悩からの自由は、動物の感覚・意識に着目し、知覚される苦痛や不快から動物を解放することを目的としている。前節で見たように、このような立場は哲学的には功利主義によって基礎づけられうるものである。

　一方、「5つの自由」のうちの⑤正常行動発現の自由は、同じ自由であっ

ても自由の方向が異なっている。すなわち、①〜④が freedom from（〜からの自由）であるのに対し、⑤は freedom to（〜への自由）であり、前者が解放であるのに対して後者は実現を意味する。こうした自己実現が善であるという見地は、西洋思想史的にはアリストテレスに由来する思想である、ということができる。さらに、正常行動発現の自由がアリストテレス的であり、かつ非功利主義的であるということは、「5つの自由」の提唱者であるウェブスターが、ベン・メファムの議論に依拠しつつ[31]、次のように述べていることからも知ることができる。

「人間以外の動物の自律性の尊重は、それが相互性を持ちえないが故に（動物は我々に対して道徳的義務を感じないと仮定してよい）、より困難な概念である。しかしそれにもかかわらず、この原理は、動物の『テロス』、すなわち動物の根本的な生物学的および心理学的本質、簡単にいえば『豚の豚性』を我々に認識させてくれる。豚の正常行動発現の自由を否定することは、たとえ我々が身体的または情動的ストレスを功利主義的原理で証明できないとしても、豚の自律性に対する侮辱なのである[32]。」

この引用文の中で注目されるのは、「テロス」というアリストテレス哲学を代表する用語である。ここで「テロス」とは、古典ギリシア語で「終わり」を意味する語であるが、この場合の「終わり」とは動物の死を意味しているのではない。そうではなくて、それは生物がそれを目指して生成変化するところの目的、すなわち完成形態を意味している。例えば、蝶によって産みつけられた卵は幼虫、蛹と生成変化して成虫としての蝶になる。その際、成虫としての蝶は、卵にとってはそれへと向かって生成変化するところの目的であり、完成形態である。このように、「テロス」とは「終わり」ではあるが、それは目的の実現、言い換えれば本質の実現としての「終わり」であるから、それは「善」でもある。というのは、卵が生成変化して成虫になり、成虫として活動することは、この生物にとって善いことだからである。もし

も卵が成虫になり損なったとすれば、それはこの生物にとって明らかに善くないことであろう。アリストテレスによれば、自然物はすべて、何かに妨害されることがなければ自分自身が持つ原理によって生成変化し完成する自己目的的存在、自己実現的存在なのである[33]。こうしたテレオロジーが、生物学から倫理学・政治学にまで至るアリストテレスの思想体系を貫く基本的見地となっている。そしてわれわれは、「5つの自由」という倫理原則においても、本質の実現が「善」であるというアリストテレス的倫理が、その思想的背景の一つを構成しているのを見るのである。

　アニマルウェルフェアの基本原則である「5つの自由」は、生物学や動物行動学や畜産学等の自然科学的研究成果に基づいているとはいえ、他方では以上のような西洋の伝統的な倫理思想を背景として機能する倫理原則でもある。それでは、このようなアニマルウェルフェア倫理は、日本社会においても容易に受容されうるような性格を持っていると言えるであろうか。節を改めてこの点を検討する。

■第3節　アニマルウェルフェア倫理と日本社会

　前章で見たように、江戸時代までの日本は仏教の不殺生戒に基づく強固な動物倫理を持っていた。この倫理は、大衆の間に深く浸透していたため、明治維新後の肉食解禁後も、たやすく消失してしまうようなことはなかった。とりわけ牛馬を所有する農民の間には、牛馬の殺生を忌避する倫理観が長く残ったといわれている[34]。農民は、耕耘や採肥、運送等に牛馬を使い続けていたのであり、この経済活動が伝統的動物倫理を再生産する機能をある程度維持していたと考えられる。しかし、1960年代に耕耘機、トラクター、化学肥料、自動車等が急速に普及し、役畜としての牛馬の役割はほとんどすべてこれらの工業製品に取って代わられた。これによって、伝統的動物倫理の経済的基盤も消滅することとなった。現在、仏教の不殺生戒に基づくかつての動物倫理は、ほぼ完全にその実質的効力を失っているといえる。肉食の

忌避は、もはや一般的な食習慣とはいえない。

 とはいえ、かつての動物倫理の名残は、日本人の宗教的・心情的傾向性の中に今もなおとどまっており、それはキリスト教世界の人々のそれと大きく異なったものとなっている。例えば、佐藤衆介の『アニマルウェルフェア』には、日本とイギリスの獣医師に対するアンケート調査が紹介されているが、それによれば「動物に魂を認める人は日本での77パーセントに対し、イギリスではたった19パーセントにすぎなかった[35]。」また、「健康な動物なのに飼い主の希望で安楽死させるという行為を肯定する人は、イギリスでの74パーセントに対し、日本では32パーセントにすぎなかった[36]。」ここには、日本人とイギリス人の宗教的・心情的傾向性の相違が明確に表われている。イギリスとは違い、日本では獣医師という科学者ですら殺生に対して罪悪感のようなものを感じていることが分かる。日本の食肉処理場には屠畜された動物の霊を慰めるために畜魂碑が設けられているが、おそらく西欧には存在しないこのような石碑に違和感を持つ日本人はほとんどいないと言ってよい[37]。こうしたことは、動物に関する日本の宗教的・倫理的風土が、いまもなお西洋のそれとは異なっていることを示している。一方、アニマルウェルフェアは西洋で生まれた倫理と政策である。だとすれば、アニマルウェルフェアは西洋の文化的伝統の中で、とりわけキリスト教によって形成された倫理や慣習の中で、より効果的に機能するような性格を身に付けているかもしれない。

 アニマルウェルフェア倫理は、日本の市民社会に浸透し、家畜の資本主義的エクスプロイテーションの緩和に寄与しうる性格を持っていると言えるであろうか。

 まず、「5つの自由」のうちの4項目に対応している功利主義を検討してみよう。功利主義はイギリスで生まれ発展した哲学であるが、この哲学はキリスト教倫理とは基本的な発想を異にしている。特にピーター・シンガーはキリスト教を正面から批判しており、人間だけが不死の魂を持つというキリスト教の思想が種差別を助長したと考えている。彼はこの種差別の現われと

して古代ローマ帝国に及ぼしたキリスト教の影響の仕方を挙げている。すなわち、古代ローマ人は人間や動物の殺し合いを見物するのを好んだが、帝国のキリスト教化により「人間同士の死を賭した格闘は、完全に禁圧された[38]」一方で、「野生動物との格闘はキリスト教の時代になってもつづけられ[39]」た、というのである。さらにシンガーによれば、聖トマス・アクィナスは、植物は動物のために、動物は人間のために存在するというアリストテレスの思想に依拠して種差別を神学化した。

「アクィナスは、後世の人びとに影響を与えた。十九世紀のなかばになっても、ローマ教皇ピウス九世は人間が動物に対して義務を負っているという考えを認めるわけにはいかないという理由で、ローマに動物虐待防止協会を設立することに許可を与えなかったほどであった[40]。」

シンガーは、アクィナスの種差別が現在もローマ・カトリック教会の中に保持されていることを指摘している。しかし、一方で19世紀の西洋には、キリスト教的な人間の神聖視を否定する思想が生まれた。ダーウィンの進化論である。

「知的には、ダーウィン革命は純粋に革命的なものであった。人間は今や、自らが、神のかたちにつくられ、動物から切り離された、神の特別な被造物ではないということを知った[41]。」

シンガーの動物解放論に功利主義と並ぶもう一つの礎石を提供しているのは、ダーウィンの進化論である。このような思想、すなわち人間と動物を截然と区別するキリスト教的世界観を否定する一方で、ダーウィニズムを積極的に肯定し、人間と動物との共通性を主張する倫理思想は文化の枠を越えた普遍性を持っており、日本的精神風土との間に摩擦を引き起こすようなものではない。むしろ、功利主義における他者の苦しみに配慮するという基本原

理は、日本の仏教的伝統とも親和的であるといえる。

　いうまでもなく、日本仏教は大乗仏教の系譜に連なる仏教であり、慈悲の思想が強調される。すなわち、他者を慈しみ他者の苦を取り除くことが理想的な行為とされ、ここから、殺生と肉食が小乗仏教以上に強く禁止されることにもなった。明治になって、この食肉戒は放棄されたが、苦しんでいる生き物を憐れむ慈悲の思想それ自体は、日本仏教が大乗仏教であるかぎり維持されているはずである。上で見たように、殺生に対する抵抗感が日本人に特徴的な感性として残っているとすれば、慈悲の思想に由来する倫理もかなりの程度残存していると考えて大過ないと思われる。そしてもしそうであるなら、シンガーのような功利主義思想は日本の宗教的・倫理的風土に親和的であり、したがってアニマルウェルフェア原則の「5つの自由」のうち、功利主義哲学による基礎づけが可能な4項目については、それが日本社会に受容され、家畜の飼養管理の在り方に変化をもたらす力を持っていると言うことができるであろう。特に鶏の嘴の切断、豚の歯や尾の切断、鶏の強制的絶食等を規制するウェルフェア政策は、家畜に加えられている強い苦痛を除去する措置であるため、多くの人々によって違和感なく受容されるであろうと考えられる。

　一方、「5つの自由」のもう一つの項目、すなわち「正常行動発現の自由」についてはどのようなことが言えるであろうか。先に見たように、「正常行動発現の自由」を哲学的に基礎づける倫理思想を求めるとすれば、それはアリストテレス的倫理に行き着く。アリストテレス自身は奴隷制を正当化し、動物を人間の目的に資する存在としたことから、ピーター・シンガーやトム・レーガンのような動物倫理学者からは敵と見なされている。しかし、アリストテレスの生物観、すなわち生物個体は自分自身の内に実現すべき目的を持つ自己目的的存在であり、この目的の実現こそがその生物にとっての善であるというテレオロジーは、いったん平等主義や理想主義と融合するならば、アニマルウェルフェアを推進する倫理の基礎ともなる。その端的な表われが、前節で見たマーサ・ヌスバウムの見解である。鶏としての自然な行動

の発現は、その鶏に内在する目的因に起因するものであり、鶏をバタリーケージで飼養することは、鶏の内的目的の実現を阻害するがゆえに悪なのである。このような思想は、アリストテレス主義の長い伝統を持つ西洋社会にとっては異質なものではない。むしろ、このようなアリストテレス主義はローマ・カトリック神学と融合したことによって、西洋社会の極めて深いところにまで浸透していると考えるべきである。そして実際にも「正常行動発現の自由」を阻害するファクトリー・ファーミングに対しては、キリスト教会の内部から、それを「罪」として非難する議論が現われている。キリスト教神学者のチャールズ・C. カモシーは、トマス・アクィナスのテレオロジーに言及しつつ次のように述べている。

　「人間以外の動物の生存と繁栄（flourishing）は神の栄光をたたえるだけでなく、それは動物たちを独自なテロス——彼ら自身の本質——へと向けて動かしもする。人間がこれらの諸目的を冒瀆し挫折させる仕方は多くあり、……ファクトリー・ファーミング——それは人間以外の動物が固有のテロスを発現することを妨げている——はその明白な事例である[42]。」
　「動物虐待は、たとえそれが単にファクトリー・ファームに金を出すことであっても、真に罪深い行為である[43]。」

　ピーター・シンガーはキリスト教を、それが人間と動物との間に断絶を設けることによって種差別を助長したとして非難しているが、しかしキリスト教神学は、畜産それ自体は否定しないがファクトリー・ファーミングは否定するという構えの議論においては、大きな力を発揮しうる。ローマ・カトリックの神学は聖トマス・アクィナスを通じてアリストテレス化されており、アリストテレス的なテレオロジーが上のような議論を可能とするからである。
　これに対して、切支丹禁圧の長い歴史を持ち、キリスト教が少数派にとどまり続けてきた日本社会には、西洋のようなアリストテレス主義の伝統はないといってよい。もちろん、アリストテレス哲学は明治以降日本でも少なく

ない数の研究者によって研究され続けているが、アリストテレス主義が日本社会の中で重要な位置を占めたり、日本の神道や仏教や儒教に何らかの実質的影響を及ぼしたという事実はない。また、アリストテレス的なテレオロジーを日本の神仏儒の中に確認することもできない。現在の日本には「正常行動発現の自由」の背景思想と考えられるアリストテレス的な倫理は、社会の現実を動かす実質的要素としては、存在していないように思われる。そしてもしそうであるとすれば、アニマルウェルフェアの核心ともいうべき「正常行動発現の自由」の尊重は、現在の日本では重要視されない可能性が高いと言わざるをえない[44]。

　とはいえ、このことは、アリストテレス的倫理が文化横断的普遍性を持たないということを意味しているのではない。言うまでもなく、アリストテレス自身はキリスト教出現以前の人であり、彼の倫理学も宗教的色彩の強いものではない。この倫理学は客観的見地に立つ一つの倫理理論であって、その現代的形態は、本書第4章で見たように、資本主義的エクスプロイテーションを制限するための理論として普遍的な意義を持っている。しかもこの倫理学の内容は、日本社会にとって異質なものであるだけに、かえって現在の日本社会に必要とされているものでもある。しかし、この論点、すなわち日本社会にとってのアリストテレス的倫理の異質性と必要性という論点は次章で異なった角度から改めて研究する。以下では、これまでの考察を踏まえつつ、西欧起源のアニマルウェルフェアが日本社会の中で実際にどのような反応を引き起こしたのかを見ておきたい。

　現在の日本には、EUが具備しているようなアニマルウェルフェア法は存在しない[45]。日本では、「動物の愛護及び管理に関する法律」に基づいて「産業動物の飼養及び保管に関する基準」が定められているが、この基準は、ほとんどの条文が「努めること」で終わる抽象的な努力義務を定めているにすぎない。日本の産業動物は、EUとは全く異なる法的環境の中に置かれているのである。しかし、国際獣疫事務局（OIE）によってアニマルウェルフェアに関する指針が導入されたことにより、現在、アニマルウェルフェア

はEUの枠を越えて、世界に広がろうとしている。このような状況を受けて、日本でもアニマルウェルフェアに対応する何らかの指針を整備する必要が生じた。その一つの表われが、社団法人畜産技術協会による飼養管理指針の作成である。

畜産技術協会は、2011年に「アニマルウェルフェアの考え方に対応した採卵鶏の飼養管理指針」をはじめとする家畜種別の飼養管理指針を作成し発表している。これは、農林水産省やこの分野の専門家が関与した文書であることから、アニマルウェルフェア関連の指針としては現在の日本で最も影響力のあるものと考えられる。そこで、ここではこの文書を素材として、日本がアニマルウェルフェアに対してどのように反応したのかを見てみたい。

まず、この文書で注目されるべき点は、その表題に示されているように、これがアニマルウェルフェアの考え方に「基づいた」ではなく、それに「対応した」指針であるということである。このことの意味は、一般原則の2「わが国の畜産とアニマルウェルフェア」の中にある次の文章によって知ることができる。

「今後ともわが国の畜産が安定的に発展していくためには、家畜の生産性の向上を図っていくことが重要な課題である。家畜の飼養管理を行う上で、家畜を快適な環境で飼うことは、家畜が健康であることによる安全・安心な畜産物の生産につながり、また、家畜の持っている能力を最大限に発揮させることにより、生産性の向上にも結びつくものである[46]。」

ここから分かるのは、この指針が生産性の向上を阻害しない限りでアニマルウェルフェアの考え方を採用するという性格を持っているということである。これが、アニマルウェルフェアに対する日本の反応の基本姿勢であるといえる。

第二に注目されるべきは、アニマルウェルフェアの基本原則である「5つの自由」に対するこの文書の反応である。この指針の一般原則の3「国際的

な動向」に、「(参考)」として「5つの自由」に対する見解が付されている。この見解は、西欧起源の考え方に対する日本の反応という点で、極めて興味深いものである。まず、われわれが功利主義思想との関連を見出した4つの項目については、次のように記されている。

「その中には、『①飢餓と渇きからの自由』、『②苦痛、傷害又は疾病からの自由』、『③恐怖及び苦悩からの自由』、『④物理的、熱の不快さからの自由』のように、家畜の健康及び生産性と密接に関連することから、わが国でも受け入れられやすいものもあり、これらについては本指針でも考慮して作成を行っている[47]。」

実際、この指針は、家畜に直接的な苦痛を与える処置、例えば、鶏の嘴の切断や鶏に対する絶食・絶水の強制、豚の歯切り、断尾、去勢、耳刻等に対しては、比較的大きなスペースを割いている。またこの指針は、管理者による家畜の観察や健康チェックを繰り返し求めている。このことは、この指針の作成者たちが、家畜が被る苦痛や病気に対しては、かなりの程度高い関心を持っていたということを示している。一方、われわれがアリストテレス的倫理との関連を見出した「正常行動発現の自由」については、次のように記されている。

「『⑤正常な行動ができる自由』、例えば、採卵鶏における砂浴び行動等は、鶏の中に強い行動欲求があることが知られており、アニマルウェルフェアを考える上で重要な要素である。一方で、これらの行動に対応する飼養方式への変更にはコストがかかり、最終的には消費者負担の上昇を招かざるを得ないことや生産性との関連は必ずしも明らかでないこと等から、産業としてわが国の畜産を考えた場合、どのように位置づけていくべきか、今後、さらに議論や研究が必要である[48]。」

ここでは、「正常行動発現の自由」については、この指針の作成において考慮されていないことが遠回しに記されている。そして実際にもこの指針は、EUで廃止の対象とされた採卵鶏の従来型バタリーケージや豚のストール飼いを見直すことはせず、むしろこれらを当然の前提とするものになっている。すでに見たように、この指針は生産性上昇の範囲内でアニマルウェルフェアの向上を目指すものであるから、生産性に資することのない項目が放棄されているのは自然であるといえる。とはいえ、アニマルウェルフェアの起源ともいえるブランベル・レポートで重視されていたのは、この「正常行動発現の自由」であり、したがってこの項目は現行版の「５つの自由」においてもその中心に位置するものである。それにもかかわらず、アニマルウェルフェアを冠した指針の中にこの項目が全く反映されていないのは、やはり刮目に値する事態であるというべきである。日本社会には、この項目の受容に必要な思想的素地が欠落しているのではないか、というわれわれの見方の妥当性を強める事実である。

　しかし、以上のような日本のアニマルウェルフェア指針の立場は、逆に次のような疑問を改めて生じさせるものでもある。すなわち、なぜEUでは畜産の生産性を低め消費者負担を高めてまでも「正常行動発現の自由」を求めるのであろうか、というのがそれである。現代の畜産は資本主義的な一産業であるから、常に生産性の向上を促す力に駆り立てられている。それにもかかわらず、EUでは家畜の「正常行動発現の自由」のために、生産性にとってマイナスに作用する可能性が高い措置を生産者に強制している。このことの背後では、よほど強力な倫理的力が作用していることが考えられる。われわれはこの倫理をアリストテレス的倫理と見なしたが、この見解は妥当であろうか。次章では、異なった角度から、西洋社会におけるアリストテレス的倫理思想の位置づけについて改めて検討するとともに、現代の日本社会において、あるいは資本主義社会一般において、この思想が持つところの反エクスプロイテーションの倫理としての意義をより立ち入って考察する。

注

1) 本章は拙稿「EU アニマルウェルフェア政策の思想的背景について——功利主義と perfectionism」『商経論叢』第 43 巻第 3・4 合併号、神奈川大学経済学会、115-138 ページ、と重複する部分を多く含む。
2) ピーター・シンガー『動物の解放』戸田清訳、技術と人間、1988 年、8 ページ。Peter Singer, *Animal Liberation*, 2002 Edition, New York: HarperCollins, 2002, p. xxi. ピーター・シンガー『実践の倫理［新版］』山内友三郎・塚崎智監訳、昭和堂、1999 年、24 ページ。Peter Singer, *Practical Ethics*, Second Edition, Cambridge: Cambridge University Press, 1993, p. 21.
3) 前掲『動物の解放』11 ページ。*Animal Liberation*, op. cit., p. xxiii.
4) 同上、30 ページ。Ibid., p. 6.
5) 同上、32 ページ。Ibid., pp. 8-9. 前掲『実践の倫理［新版］』70 ページ。*Practical Ethics*, op. cit., p. 58.
6) 前掲『実践の倫理［新版］』153 ページ。*Practical Ethics*, op. cit., p. 126.
7) 同上。Ibid.
8) 同上。Ibid.
9) 同上、134 ページ。Ibid., p. 111.
10) 同上、153 ページ。Ibid., p. 126.
11) 同上、143 ページ。Ibid., p. 118.
12) 同上、161-162 ページ。Ibid., p. 133.
13) Protocol annexed to the treaty establishing the European Community on protection and welfare of animals（1997）.
14) 松木洋一「EU の家畜福祉の政策と実態」『畜産の研究』養賢堂、第 62 巻・第 1 号、10-16 ページ、参照。
15) 前掲『動物の解放』211 ページ。*Animal Liberation*, op. cit., p. 170.
16) Tom Regan, *The Case for Animal Rights*, Berkeley and Los Angeles: University of California Press, 1983, pp. 200-231.
17) 『カント』世界の名著 39、野田又夫責任編集、中央公論社、1979 年、274 ページ。*Immanuel Kant Werkausgabe*, Bd. Ⅶ, Herausgegeben von Wilhelm Weischedel, suhrkamp taschenbuch wissenschaft 56, Erste Auflage 1974, Frankfurt am Main: Suhrkamp, S. 61.
18) 動物の倫理学的地位についてのカントの論述の抜粋が次の文献に掲載されている。*Animal Rights and Human Obligations*, Edited by Tom Regan and Peter Singer, Second Edition, Englewood Cliffs, New Jersey: Prentice-Hall, 1989, pp. 23-24.

19) *The Case for Animal Rights*, op. cit., pp. 182-185.
20) Ibid., p. 243.
21) Ibid., p. 120, p. 244.
22) Tom Regan, *Empty Cages: Facing the Challenge of Animal Rights*, Lanham: Rowman & Littlefield Publishers, 2004, pp. 59-61.
23) *The Case for Animal Rights*, op. cit., pp. 233-237.
24) Ibid., p. 343.
25) Carl Cohen and Tom Regan, *The Animal Rights Debate*, Lanham: Rowman & Littlefield Publishers, p. 127.
26) Ted Benton, *Natural Relations: Ecology, Animal Rights and Social Justice*, London: Verso, 1993, p. 95.
27) Ibid., pp. 118-120, pp. 160-161.
28) 以下の彼女の見解は、Martha C. Nussbaum, *Frontiers of Justice: Disability, Nationality, Species Membership*, Cambridge, Massachusetts: The Belknap Press of Harvard University Press, 2006, pp. 325-407. から。
29) ヌスバウムのこのような見解は、マルクス主義の立場から動物疎外論を論じたテッド・ベントンの見解と類似している。ベントンは、動物と人間の連続性を前提し、各々の種の生活様式には単なる生存の状態と繁栄した（flourishing）状態とを区別できると主張する。その上で彼は、マルクスの「各人にはその必要に応じて」の原則に基づきつつ、この「必要」を繁栄した生活のために必要な状態と解釈し、この「必要」の充足が正義の基準として動物にも適用されるべきことを主張している（*Natural Relations*, op. cit., pp. 203-204.）。おそらくこのような類似は、両者がマルクスの『経済学・哲学草稿』の疎外論に依拠しており、マルクスの疎外論がアリストテレスの人間機能論に依拠していることに由来するものであろう。
30) *Frontiers of Justice*, op. cit., pp. 343-346. この点に関しては、トム・レーガンも同様の趣旨のことを述べている。*The Case for Animal Rights*, op. cit., pp. 97-98.
31) Ben Mepham, "Ethical analysis of food biotechnologies: an evaluative framework", in *Food Ethics*, Edited by Ben Mepham, London and New York: Routledge, 1996, pp. 101-119.
32) John Webster, *Animal Welfare: Limping Towards Eden*, Oxford: Blackwell Publishing, 2005, p. 18.
33) 『アリストテレス全集3 自然学』出隆・岩崎允胤訳、岩波書店、1968年、44-81ページ（192b-200b）。
34) 加茂儀一『日本畜産史——食肉・乳酪篇』法政大学出版局、1976年、ⅲページ、

『日本食肉文化史』財団法人伊藤記念財団、1991 年、235 および 353 ページ参照。
35) 佐藤衆介『アニマルウェルフェア——動物の幸せについての科学と倫理』東京大学出版会、2005 年、4 ページ。
36) 同上。
37) 同上、6 ページ、参照。
38) 前掲『動物の解放』240 ページ。*Animal Liberation,* op. cit., p. 192.
39) 同上。Ibid.,
40) 同上、245 ページ。Ibid., p. 196.
41) 同上、258 ページ。Ibid., p. 206.
42) Charles C. Camosy, *Peter Singer and Christian Ethics: Beyond Polarization*, New York: Cambridge University Press, 2012, p. 113.
43) Ibid., p. 135.
44) 日本には不殺生と並んで放生の伝統がある。放生は、動物を野生に戻すことであるから、動物に行動の自由を与えることではある。しかし、放生はそもそも畜産を否定するものであり、畜産を前提とした家畜のウェルフェア思想とは一致しない。
45) 2012 年 8 月に「動物の愛護及び管理に関する法律」の改正が成立したが、これは主にペットの犬猫に関する規制の強化であり、産業動物は対象外とされた。
46) 「アニマルウェルフェアの考え方に対応した採卵鶏の飼養管理指針」社団法人畜産技術協会、平成 23 年 3 月、1 ページ。
47) 同上、2 ページ。
48) 同上。

第8章

労働時間の経済倫理

■問題の所在

　欧州社会も日本社会も、資本主義的生産様式が支配的であるという点では同一である。しかし、資本主義的にエクスプロイトされている産業動物の生活条件は、その社会が持つ倫理の相違によって著しく異なった様相を呈してくる。第6章と第7章では、欧州のアニマルウェルフェア倫理が、鶏や豚などの家畜の生活条件を大きく変化させつつあることを見た。特に、家畜に対して正常行動発現の自由を与えるという措置は、欧州の動物倫理の独自な点であり、日本にはこれに相当するような倫理思想が見られない。もしも現在の状況が長く続くとすれば、欧州の家畜と日本の家畜は、大きく異なった環境の中で、著しく異なった生活を送ることになる。

　これと類似したことは、労働者の生活条件についても言えるように思われる。おおよそどのような社会であっても、資本主義の発展に伴って労働者保護のための法令が整備される。しかし、実際の労働者の生活条件は、国や社会の相違に応じて異なった様相を呈している。とりわけ多くの人々に注目されてきたのは、日本の労働者の労働時間の長さである。年次有給休暇の取得率が低いのに加えて時間外労働が多く、サービス残業といわれる不払いの時間外労働すら普通に見られてきた日本の労働者の実労働時間は、フランスや

ドイツのような西欧諸国と比べて極端に長い。西欧の労働者が、長い自由時間の中で人間としての多様な行動を発現できているのに対して、長時間労働に従事する日本の労働者の多くは、労働という一行為以外の所では、人間的機能の発現を十分に達成できているようには見えない。

労働の領域でのこのような相違は、西欧諸国と日本との資本主義の形成・発展に関わる様々な要素を背景とするものであり、このことは特に言うまでもないことであろう。しかしそのような諸要素の中でも、これまで多くの人々によって注目されてきたものの一つは、やはり倫理的な要素である。

人間を労働に駆り立てる資本主義的労働倫理については、ヴェーバーの『プロテスタンティズムの倫理と資本主義の精神』以来、厖大な研究蓄積がある。しかし、ここでの問題関心は、資本主義的エクスプロイテーションの強化に対して反対に作用し、労働時間を制限するところの倫理である。前章では、産業動物の正常行動発現の自由を促進する倫理としてアリストテレス的倫理に注目したが、労働時間を制限し、労働者の正常行動発現の自由を推進する倫理についても同様のことが言えるのではないであろうか。本章ではこの点を検討する。

労働力市場は倫理的な要素によって拘束される特殊な市場である。このことを強調した代表的な論者の一人に森嶋道夫がいる。本章では森嶋の所論、特に彼の日本的労働市場の倫理を取り上げ、これに準拠しつつ論を進める。

■第1節　長時間労働の経済倫理

はじめにまず、森嶋道夫の所論の前提となっているヴェーバーの学説を振り返っておきたい。

マックス・ヴェーバーは、『プロテスタンティズムの倫理と資本主義の精神』第1章第2節で「資本主義の精神」を説明しているが、その際、一つの顕著な事例として出来高賃金率の上昇に対する労働者の反応を取り上げている[1]。これによれば、賃金率の上昇に対して労働支出を減らし、以前と同額

の賃金で満足する労働者の反応は「伝統主義」であって、資本主義がその発展のために克服しなければならなかった生活態度である。これに対して、「資本主義の要求」は、「労働を自己目的、すなわち》Beruf《『天職』と考えるべきだ」というものである[2]。ヴェーバーが言うように、もしも労働が自己目的とされるのであれば、そこから帰結するのは労働支出の増大であるはずだから、このような生活態度は資本主義的エクスプロイテーションの強化にとって好都合である。ただしヴェーバーによれば、このような生活態度として現われる「資本主義の精神」は、人間に生得のものではなく、「高賃銀や低賃銀という操作で直接作り出すことができるものでもなくて、むしろ、長年月の教育の結果としてはじめて生まれてくるもの[3]」である。彼は、「資本主義の要求」に応えるこのような「精神」を、プロテスタンティズムの倫理が作り出したと考え、この倫理によって近代資本主義の発達が促されたことを論じたのであった。

　このようなヴェーバーの議論にとって、また、このような問題意識を引き継ぐ議論において、日本における資本主義の発達は特別に取り上げる必要性の高い題材ではない。というのは、日本は西洋で確立した近代資本主義を取り入れたのであり、西洋における「資本主義の精神」の発生には何の貢献もしていないからである。しかし、西洋起源の資本主義を取り入れたアジア諸国の中で、日本がいち早く資本主義の発達を実現したことは注目されるべき事実である。しかも、日本の労働者は、プロテスタントではないにもかかわらず、労働が自己目的であるかのように献身的に労働するので有名である。このような日本人の生活態度は、日本における資本主義の急速な発達に寄与したと考えられる。そしてもしそうであるとすれば、この生活態度を生み出した倫理に関心が集まるのは自然である。日本の労働者の労働倫理は何に由来するのであろうか。

　森嶋道夫は、このような問題に対して明快な解答を与えた。森嶋によれば、日本の資本主義の精神は日本的儒教によって形成されたものである。彼は、日本的儒教が本家本元の中国儒教とは異なっていると考え、その顕著な例と

して軍人勅諭を挙げている。すなわち、日本の軍人勅諭では、「儒教的徳目のうち忠、礼、勇、信、質素の五項目が強調され[4]」ているのに対し、「蔣介石軍では智、信、仁、勇、厳が軍人精神の主項目と考えられて[5]」いる。森嶋によれば、ここから分かるのは日本的儒教における仁の軽視と忠の重視である。しかもこの忠の概念は「身を捨ててまで君に尽くす[6]」という独自の意味を付与されて日本において特に重視された。儒教は江戸時代までは支配階級の道徳であったが、明治政府は義務教育によってこの日本的儒教を庶民の間にも広め、日本は儒教社会になった。この日本的な儒教社会について森嶋は次のように述べている。

> 「儒教社会では各人は、自分が所属している社会には忠勤をはげまなければならない。忠勤の程度は、どの程度自己犠牲を行おうとしているかによって測られる[7]。」

忠を重視する儒教は、企業においては労働者による所属企業への忠誠心を生み出す。ここから森嶋は、長時間労働の心理的動因を次のように描いている。

> 「社員は、自分が会社への忠誠心を特別に発揮したと思ったときに仕事からの満足感を感じるから、正規の時間内での勤務より残業の方が仕事からの満足感の度合が大きかった[8]。」

さらに、忠を重視する日本的な儒教社会では、「資本主義の要求」も度を越したものとなる。

> 「日本では、社員が定められた労働をするだけでなく、起きているあいだの全時間を会社に捧げることが要求される[9]。」

このような森嶋の日本的儒教資本主義論は、仏教の影響を考慮していない点で若干の疑問も残るが[10]、大企業に所属する労働者の生活態度についてはこれを良く説明しているといえる。年次有給休暇の取得率が低く、進んで残業し、しばしば不払の時間外労働すら行う労働者の行動様式が戦前の儒教教育によって生み出されたという森嶋の所論は、この種の議論の中では最も明快で説得力に富むものである。日本的儒教が、日本における資本主義の発達にどの程度有利に作用したのかという問題は別として、それが日本的労働様式の形成に寄与したということについては、これを積極的に肯定して大過ないと考えられる。

ところで、ヴェーバーのプロテスタンティズムの倫理も森嶋の日本的儒教の倫理も、労働者に労働支出の増大を促し、資本主義の発達を促進するように作用する。このような倫理は、われわれの立場から見るならば、資本主義的エクスプロイテーションを有利に進めるための倫理であるということができる。このような倫理の必要性は、すでにマルクスによって次のように指摘されていたものである。

「資本主義的生産が進むにつれ、教育、伝統、慣習によって、この生産様式の諸要求を自明の自然法則として承認するような、労働者階級が発展する[11]。」

資本主義的エクスプロイテーションの前提は生産手段の偏在であるとはいえ、労働者に資本家の権威を受容させ、エクスプロイテーションを効率的に行うためには「教育、伝統、慣習」すなわち倫理が不可欠である[12]。しかし、その一方で社会には、このエクスプロイテーションを弱める方向に作用する倫理もあるように思われる。このことは、19世紀イギリスの工場法をはじめとして、資本主義各国で労働時間を制限する法令が導入されたという事実が示すものであり、しかも実労働時間の長さが資本主義各国によって違っているという事実によってさらに強められるものである。

労働時間の無際限な延長は、労働者の肉体的・精神的健康を直接的に損なうことになるから、このような状況は、おそらくどのような種類の倫理的立場によっても否定の対象となる。また、労働者の健康の毀損は、労働力の再生産に支障を来すことになるから、資本主義的生産の発達のためにも回避されるべき事態である。したがって、ある程度の労働者保護は、資本主義社会の存続にとって不可欠であるといえる。しかし、労働時間を制限する法令がある程度整備されてしまえば、それ以上の労働時間の制限は、国や社会の相違に応じて異なってくると考えられる。そしてそれは、その社会が持つ倫理や慣習の特性によっても異なってくるはずである。もしもある社会の人々が、労働時間の制限を強く要請するような倫理的伝統を持っているならば、その社会は他の社会に比べてより短い労働時間とより長い自由時間を持つことになると思われる。そこで、われわれの問題関心からは、次のような問いが出てくる。

　西欧の労働者が日本の労働者に比べてより長い自由時間を享受しているとすれば、西欧社会には、プロテスタンティズムの倫理とは逆に、自由時間の享受を促進する方向に作用するような伝統的倫理もあるのではないであろうか。もしあるとすれば、それはどのような倫理であろうか。

　次節では、この点を検討する。

■第2節　自由時間の倫理思想

　マルクスは、労働時間の短縮を熱心に主張し、後世に大きな影響を及ぼした思想家の一人である。彼は、1865年にロンドンで行った講演の中で次のように述べている。

　「時間あってこそ人間は発達するのである。勝手にできる自由な時間のない人間、睡眠・食事・などによる単なる生理的な中断は別として全生涯を資本家のための労働によって奪われる人間は、牛馬よりも憐れなもので

ある。彼は、からだを毀され、心をけだもの化された、他人の富を生産するための単なる機械である[13]。」

またマルクスは、『資本論』第3巻第48章で、本来の物質的生産に従事する活動について、この領域では「アソシエイトした生産者たち」が自分たちと自然との物質代謝を合理的に規制することにのみ自由があると述べた上で、次のように記している。

「しかし、これはやはりまだ必然性の国である。この国のかなたで、自己目的として認められる人間の力の発展が、真の自由の国が、始まるのであるが、しかし、それはただかの必然性の国をその基礎としてその上にのみ花を開くことができるのである。労働日の短縮こそは根本条件である[14]。」

自由時間について述べられたマルクスの文としては、この他に『経済学批判要綱』のものが有名であるが、ここでは、この二つの文を糸口として西欧社会における自由時間の倫理、または労働時間短縮の倫理を考察してみたい。
　まず第一の文であるが、ここには自由時間を持てないことによる「人間の動物化」が記されている。ここですぐに思い出されるのは、本書第4章で検討した『経済学・哲学草稿』における「人間の動物化」への言及である。『経済学・哲学草稿』では、「人間の機能」というアリストテレスに由来する思想に基づいて「人間の動物化」が指摘されていた。しかし、『経済学・哲学草稿』における「人間の動物化」は労働に即しての指摘であり、労働者から労働それ自体が疎外されていることの帰結としての現象であった。これに対して上記引用文においては、視点が労働時間ではなく自由時間の方に移されており、「人間の動物化」は、人間的発達のために必要な自由時間が労働者から剥奪されていることの帰結として生じることが述べられている。この点で、上記引用文のマルクスは、『経済学・哲学草稿』の時よりも、よりア

リストテレス的になっているといえる。というのは、人間の発達の条件を、労働ではなく自由時間に求めることがアリストテレス倫理学の特徴だからである。

　第二の文には、より色濃くアリストテレス的な価値観が現われている。この文では、人間による人間のエクスプロイテーションが廃絶されたとしても、人間の活動が物質的生産の領域で行われる限り、そこには真の自由はないのであって、真の自由は、自由時間における自己目的としての活動の中にこそあることが述べられている。この自己目的重視の価値観は明らかにアリストテレス的であり、ここにわれわれは、西欧思想におけるアリストテレス的伝統の根深さを垣間見ることになる[15]。内田弘は、『経済学批判要綱』の詳細な研究に基づいてマルクスを「アリストテレスの批判的継承者[16]」と位置づけているが[17]、われわれは内田弘のこの指摘を改めて重く受け止める必要があると思われる。というのは、アリストテレスの倫理学は西欧の伝統的倫理の有力な源泉の一つであるが、日本においてはそうではないからである。われわれはここでアリストテレの倫理学の特徴を改めて振り返るとともに、それが西欧社会の中でどのように継承されてきたのかを確認しておく必要がある。

　本書第4章で見たように、アリストテレスの倫理学は「人間の機能」を明らかにするところから始まっている[18]。アリストテレスは、彫刻家には彫刻家としての固有の機能があり、眼や手や足には身体の各部分としての固有の機能があるように、人間にも人間としての固有の機能があると主張し、「ことわり」に即しての魂の活動、すなわち理性的な活動が人間固有の機能であると述べた。彼は、この人間機能論に基づいて倫理学を展開し、さらに理想的な国制について論じている。彼によれば、政治の究極目的は最高善の実現であり、最高善とは幸福である。その際、彫刻家としての善が彫刻家として卓越していることにあるように、人間としての善は理性的活動において卓越していることにある。そこで、卓越性（あるいは徳）に即した魂の活動ということが、アリストテレスにとっての幸福の意味内容となる。

彼は、この幸福論に基づいて理想的な国制を次のように構想した[19]。まず、国は幸福に与りうる自由人と幸福に与りえない奴隷等に二分される。自由人は軍事、立法、行政、司法、神事等に従事する人々であり、彼らは商業のような賤しい職業や心身を損なうような肉体労働に従事してはならないだけでなく、農耕にも従事してはならない。というのは、「徳が生じてくるためにも、政治的行為をするためにも閑暇を必要とするから[20]」である。ここに、物質的生産活動を劣位に置き、閑暇すなわち自由時間における活動を優位に置くところの倫理的価値づけが明確に表われている。物質的生産活動は本来奴隷の役目であって、自由人が行うべき仕事ではないのである。さらに彼は、自由人が従事すべき望ましい活動として政治家としてのそれと哲学者としてのそれを挙げ、両者の優劣を考察している。彼によれば、政治は覇権や名誉や国民の幸福など、政治活動それ自体とは別のものを目的とし、それを獲得するために行われるのに対して、哲学は、哲学することそれ自体以外のいかなる目的も追求するものではなく、自己目的である。それゆえ、哲学者の生活の方が優れている。「人間にとっては理と理知とが本性のテロスである[21]」ゆえに、これに即した生活、すなわち哲学者の生活こそ最も幸福な生活となるのである。これは、物質的生産活動を劣位に置くアリストテレスの倫理学にとって自然な結論というべきであろう。

　このようなアリストテレスの倫理思想は、「人間にとっての善」を人間が行う一定の活動それ自体に求めるものであり、個人の欲求や選好を重視する主観的倫理理論とは異なるものである。このような性格を持つ倫理思想は、前章でも見たようにしばしば英語でperfectionismと呼ばれ、日本では完全主義または卓越主義と訳されている[22]。トーマス・フルカは、著書"Perfectionism"において、人間本性の発達の中に人間にとっての善を見出す見地をperfectionismと呼び、この見地に立つ思想家の名前をリストアップしている[23]。それにはアリストテレスと聖トマス・アクィナスが含まれるだけでなく、マルクス、ヘーゲル、ブラッドレー、さらにニーチェ、プラトン、スピノザ、カント、グリーン、ボザンケも含まれる。このリストをわれ

われの立場から見るならば、われわれはこれに、これまで取り上げてきたサン‐シモンとサン‐シモニアン、およびヌスバウムの名前も付け加えることができるであろう[24]。

Perfectionism は、このような思想家たちに共有されていることから見て、西欧社会の中で大きな位置を占める倫理的立場であるといってよいと思われる。しかもわれわれがここで注目すべきは、これらの思想家の先頭に聖トマス・アクィナスの名前があることである。アリストテレス哲学とトマス神学との密接な関係は取り立てて言及するまでもない教科書的事実であるとはいえ、キリスト教徒でない日本人が『神学大全』を繙くとき、改めて驚かされるのはアリストテレス哲学の特別な位置づけである。トマスは最高善としての幸福を、現世において達成できる不完全な幸福と、来世において達成される完全な幸福とに分けた上で次のように述べている。

「アリストテレスが『倫理学』において語っているのは、この世において持つことのできる不完全な幸福についてなのであり、このことについては上に述べられた[25]。」

つまり、トマスは現世における幸福な生活についてはアリストテレスの立場を採用しているのであり、哲学者の自己目的的な観照的活動に幸福を見出しているのである。それゆえトマスにおいても、幸福は、観照のための時間を奪うところの「諸般の用務[26]」によって失われるものなのである。

このように、アリストテレスの倫理学はトマスの神学を通じてキリスト教の中に深く浸透することとなった。このことは、アリストテレスの倫理学がキリスト教を通じて西欧社会の中に深く浸透することになったということを意味している。それは、仏教倫理や儒教倫理がかつて日本国民全体に共有されていたように、キリスト教に媒介されることによって、支配と被支配の両階級に共通する社会的な倫理基盤となっていたと考えられる。その後、プロテスタンティズムの勃興や近代自然科学の進歩により、西欧社会におけるア

リストテレスの地位は大きく揺らぐことになるが、それでもやはりアリストテレス倫理学は西欧における不可欠の伝統思想であり、現代においてもその継承者が再生産され続けている。それは日本の仏教・儒教倫理に対応するようなものとして隠然たる力を持っているものと考えられる[27]。

　このような思想的伝統を持つ社会では、自由時間が重要な意味を持ち、その価値が高く評価されることになる。そのような社会で、労働組合が労働時間短縮の必要性を主張した場合、この主張は、労働者を自由人とみなす限り様々な社会階層の中に位置する人々の倫理観とも一致することになるから、その主張がその社会の中で受け入れられる可能性は高くなると考えられる。また、この思想の perfectionism としての性格も、労働時間の短縮には有利に作用すると考えられる。確かに perfectionism は、一定の活動を善と見なすところの客観的倫理理論であることから、個人の自由を尊重する見地からは批判の対象とされることになる。というのは、個人の欲求や選好とは別に、一定の活動それ自体を善とすることは、自由主義的な見地からは善の押し付けや強制と見なされるからである。しかし、ある社会が労働時間の短縮を進めようとしている場合、こうした性格の倫理が浸透していることは、この政策の実現にとって有利に作用するはずである。というのは、法令による労働時間のさらなる制限も、労使間の契約の自由への介入であり、基本的には善の押し付けとしての性格を持っているからである。時間外労働をも制限するEU（欧州連合）の労働時間規制は、長時間の時間外労働の自由を認める日本の労働基準法と比べると、極めて perfectionism 的であるといえる。

　西欧社会には、プロテスタンティズムの倫理とは逆に、資本主義的エクスプロイテーションを和らげ、自由時間の延長を促進する方向に作用するような伝統的倫理があると思われるが、そのような倫理の一つとして、われわれは以上のような性格を持つアリストテレス的倫理に注目すべきであると考える。

　ところで、日本には長時間労働を促進する方面においては、西欧のプロテスタンティズムの倫理に相当するものとして日本的儒教倫理があるが、自由

時間を拡大する方面においてはどうであろうか。日本にも、西欧のアリストテレス的倫理に対応しうる余暇思想があると言えるであろうか。もちろん日本人においても、長時間労働を苦痛と感じ、より長い余暇を求めるのが自然な心情ではあろう。また、かつての貴族や武士は余暇における自己目的的な活動を享受していたであろう。しかし、アリストテレス倫理学のように労働を嫌悪しつつ余暇活動に価値を置き、しかも支配的な宗教組織の教義と結びついた倫理思想ということになると、それを日本史の中に見出すのは困難であるように思われる。日本社会にはアリストテレス的倫理に対応しうるような積極的余暇思想が無いのではないであろうか。そしてもしそれが無いとすれば、日本の資本主義社会には一つの倫理的空隙が存在していることになるのではないであろうか。自由時間の拡大を求める労働者には、その主張のための倫理的根拠が必要であるが、彼らはそれを日本の伝統思想の中から取り出してくることができないのである。それでは、その空隙を上で見たようなアリストテレス的倫理が埋めるべきであろうか。

アリストテレス倫理学はキリスト教神学と融合することによってローマ・カトリック世界の支配的倫理学となったが、いうまでもなくアリストテレス自身はキリスト教徒であるわけはなく、彼の倫理学は諸宗教団体の諸教義を超える普遍的な内容を持っている。このことは、彼の倫理思想が無神論を標榜したマルクスにも取り入れられていることが明らかに示すところである。日本社会がキリスト教文化圏に属していないことは、アリストテレス的倫理の浸透にとって不利な要素であるとはいえ、それは別の経路を通じたこの倫理思想の受容を妨げるものではない。しかも、近年の日本社会における労働環境の変化は、この種の倫理思想に基づく規範をより強く必要とするようになっている。

節を改めて、アリストテレス的倫理思想の性格をより立ち入って検討したい。

■第3節　自由時間の倫理と奴隷制

　はじめにまず、アリストテレス的倫理とはおよそ異質な性格を持つ日本的儒教倫理における自由時間の理想を見ておこう。

　森嶋道夫は、先にわれわれが取り上げた著書の中で、戦前に形成され戦後にも引き継がれた大企業労働者の生活を次のように描いている。すなわち彼らの生活は、年功賃金、終身雇用、企業別労働組合の下で、ほとんどその全てが企業の中で営まれる。彼らは所属企業に対して忠誠心を持ち、自発的に残業し、休日の企業行事にも進んで参加する。彼らに必要な職業訓練は企業の中で企業の費用で行われたから、彼らは自分の労働能力を高めるための教育を企業の外で受ける必要はなかった。また、本来は自由時間に属すべき趣味や教養や自己啓発も、企業の中に用意された。

　　「大企業は企業内で技術訓練をするだけでなく、人格の陶冶や教養をつけること、統率力の養成にまで及んだから、文芸クラブやスポーツクラブや茶道や生花のクラブが企業内に設立された[28]。」

　森嶋が描写するこのような大企業労働者の生活様式においては、労働時間と自由時間は、どこかある部分で混合してしまっており、両者の区別が不明瞭になっている。会社内で行われる運動会や慰安旅行や趣味のクラブは、労働時間内の人間関係の延長上で行われる活動であるが、これらを楽しみにしている者も多く、自己目的としての活動という側面も有している。このような自己目的的活動の共有は、労働者間の人間関係を単なる業務上の機能的な関係以上のものにし、労働時間内の業務の遂行にも共同的な色彩を加味する。労働は、外的目的としての業務命令の単なる遂行ではなく、目的を共有した共同体的活動の一環としての側面も持つことになる。このことは、日本的な儒教倫理が、労働時間と自由時間との区別を曖昧にする傾向を持つことを意味している。言い換えれば、日本的儒教倫理は、労働時間と自由時間とを融

合させる方向に作用する力を持っていると言える。

　これに対してアリストテレスの倫理学は、労働時間と自由時間とを分離させる方向に作用する力を持っている。このことは、『政治学』第7巻に記された最善の国制についての記述が明らかに示すところである[29]。そこでは、農業、工業、商業等のような生活必需品の生産に関わる活動と、軍事、立法、行政、司法、神事、哲学等の支配者的な活動とを截然と区別し、前者は国にとって不可欠ではあるが国民とは見なされない奴隷等に割り当てられ、後者は財産を持つ自由人であるところの国民に割り当てられている。つまり、ここでは労働時間と自由時間は空間的に分離されており、前者は奴隷に、後者は自由人に属する時間となっているのである。アリストテレスによれば、このような階級区分は、最高善であるところの幸福の実現のために必要とされるものである。幸福とは、卓越性に即した理性的な活動であり、具体的には政治や哲学における卓越した活動のことであるから、幸福のためには労働から解放された自由時間が必要なのである。一方、奴隷は理性において劣るため、元々幸福には与りえない存在である。衣食住のために必要な生活必需品は、この奴隷の労働によって供給されるべきである、というのがアリストテレスの見解である。

　このような最善の国制についてのアリストテレスの所論は、彼が生きた時代の奴隷制という現実に即しつつ、自由人としての望ましい在り方を記した倫理学であるといえる。この倫理学は、労働時間と自由時間を明確に区別し、前者を後者のための手段とする。このことは、奴隷と自由人を明確に区別し、前者を後者のための手段とすることの言い換えとなっている。アリストテレスの倫理学は本来、奴隷制を前提として構築された奴隷所有者のための倫理学である。われわれは、このような倫理学が、マルクスのような平等主義的な思想家の根本思想の中にも引き継がれているのを見て、西洋における奴隷制の経験の重大さに改めて気づかされることになる。

　マルクスにとって、アリストテレスの奴隷論は、彼の根本思想の形成に関わる本質的な問題であったように思われる。彼の土台と上部構造の理論は、

「アリストテレスのような大思想家でさえ奴隷労働の評価で誤った[30]」のはなぜか、という問いに対する一つの答えとなっている。マルクスは『資本論』第1巻第1章の核心的部分でアリストテレスに言及し、彼が価値実体の解明にあと一歩のところまで迫りながら結局それを果たせなかったのは、彼の思考が古代社会の経済的土台に制約されていたからだという趣旨のことを述べている[31]。また『資本論』第1巻第13章の機械論では、アリストテレスの奴隷論を直接的に取り上げ、次のような印象深い一節を記している。

　「古代のもっとも偉大な思想家アリストテレスは、『もしも』と次のように夢想した——『もしも、ダイダロスの彫像がひとりでに動いたり、またヘファイストスの鼎状座席が自発的に神の仕事にはいったりしたように、それぞれの道具が、人の命令によってであれ、人の意を察してであれ、自分のなすべき仕事を完成することができるとすれば、こうしてもし杼がひとりでに織るとすれば、親方には助手はいらないし、主人には奴隷はいらないであろう』と。また、キケロ時代のギリシアの詩人アンティパトロスは、穀物をひくための水車製粉機の発明——すべての生産的な機械のこの基本形態——を、女奴隷の解放者および黄金時代の建設者として、歓迎した！『異教徒たちだ、まさしく異教徒たちだ！』りこうなバスティアが、またすでに彼以前にもっと賢いマカロックが発見したように、彼らは、経済学とキリスト教についてはなにも理解しなかった。彼らは、とりわけ機械が労働日延長のためのもっとも確かな手段であることを理解しなかった。彼らは、たぶん、一方の人の奴隷状態を、他方の人の完全な人間的発達のための手段として容認したのであろう。しかし、幾人かの粗野な、または教育の浅い成り上がり者を『優れた紡績業者』や『大規模なソーセージ製造業者』や『有力な靴墨商人』にするために、大衆の奴隷化を説教するには、やはりまだ、彼らには、特殊なキリスト教的な器官が欠けていた[32]。」

土台と上部構造の社会理論に基づけば、アリストテレスの思想は、古代的土台の上に立つ最も偉大な社会的意識形態ということになるであろう。この理論は、古代的生産力に対応する生産関係が奴隷制であることを示唆している。この理論が言うように「人間が立ちむかうのはいつも自分が解決できる課題だけである[33]」とすれば、アリストテレスに与えられた課題は、奴隷制の廃絶ではなく、これを前提として最善の国制を構想することであった、ということになる。そこで彼は、「一方の人の奴隷状態を、他方の人の完全な人間的発達のための手段として容認した」のであった。しかしこの容認は、肉体労働に強く依存するところの古代的生産力を前提としてのものであり、もしも機械のようなものが生産に利用されるようになれば、奴隷はいらないとアリストテレスは考えたのであった。

　マルクスは、上記の引用文で、機械が資本家によって労働日延長のための手段として利用されていることを述べているが、別のところでは、資本主義の下で発展しつつある機械制大工業を、人々の奴隷状態を廃絶するための可能的な手段であると考えてもいる。

　「資本がこの剰余労働を、奴隷制・農奴制などの以前の諸形態のもとでよりも、生産諸力の発展にとって、社会的諸関係の発展にとって、またより高度の新たな社会形態のための諸要素の創造にとって、いっそう有利な様式と諸条件とのもとで強制するということは、資本の文明化的側面の一つである。こうして資本は、一方では、社会の一部分による、他の部分を犠牲にしての、強制と社会的発展（その物質的および知的諸利益を含む）の独占化とが見られなくなる一段階をもたらす[34]。」

　機械制大工業を通じて生産力が上昇し、必要労働時間が大きく短縮されれば、人々は、生活必需品の生産に従事しながらでも、完全な人間的発達のために必要な自由時間を享受することができるであろう。マルクスは労働日の短縮が真の自由のための根本条件であると述べたが、その自由とは、奴隷所

有者が享受していたのと同じ自由、すなわち人間の完全な発達を達成できるという自由である。この自由は、古代社会においては奴隷を所有することで得られた自由であるが、将来社会においては社会が機械制大工業を所有することで万人が得られる自由である。マルクスが述べた真の自由の国とは、このようなアリストテレス的な自由人の倫理が万人に対して開かれる社会のことであると考えられる。

 とはいえ、生産手段の所有形態の変革がなくても、言い換えれば資本主義的生産様式の下でも、生産力が目に見えて上昇するならば、それに応じた労働日の短縮は不可能ではない。そして、もしそれが実現するならば、マルクスおよびマルクスの信奉者は、資本主義の下での労働日の短縮を進んで支持することになる。実際に19世紀以降の歴史的現実のなかで起きたことは、このようなことであった。また、労働日の短縮を支持したのは、もちろんマルクス主義者だけではない。アリストテレス的倫理の伝統を受け継ぐ論者たちは、労働日のより進んだ短縮を支持した。例えば、イギリスの社会思想に大きな影響を及ぼした哲学者のトーマス・ヒル・グリーンはそのような人々の一人である[35]。彼は「自由」の意味を、束縛や強制からの自由としての「自由」と、価値あることをするポジティブな力としての「自由」とに区別し、後者の「自由」のために、すなわち「人間的諸能力の自由な行使[36]」「人間的諸能力の自由な発達[37]」のために、国家が労使間の「契約の自由」に干渉すべきことを主張し、工場法を支持したのであった。さらに、自由時間を重視するアリストテレス的倫理は、このような理想主義的な思想家だけではなく、社会の様々な階層に属する人々にも共有されていたから、労働日の短縮は社会各層にその支持者を見出すことができたはずである。つまり、労働日短縮の主張は、西欧社会ではその実現を担保するような社会的・倫理的基盤の上で行われてきたのである。

 ところで、以上のようなアリストテレス的倫理思想は、キリスト教との密接な関係という要素以外にも、日本社会にとって異質なもう一つの要素を含んでいることが分かる。すなわち、奴隷制との密接な関係という要素がそれ

である。アリストテレスは最大の奴隷制擁護論者であったがゆえに、マルクスのような近代以降のアリストテリアンは最も強く奴隷制に反対する。このことは、典型的な奴隷制を経験した文化が、最も強く奴隷制的なものに反対するということとパラレルである。日本社会は、この点でも西洋とは異なった歴史を持っている。

西洋においては、人々は自らの文化の源泉の一つを古代ギリシアに求めており、自らの古典古代が奴隷制社会の時代であったことを自覚している。しかも西洋では近代においても奴隷の売買と使役が活発に行われていたから、アリストテレス倫理学は長期にわたって西洋社会の現実と対応し続けた思想であったといえる。このことは、アリストテレスの奴隷論がスペインによるアメリカ先住民支配の正当化に利用されたという事実が端的に示しているところである[38]。

西洋では過去に奴隷制が大規模に行われ、とりわけ古代アテネが奴隷制社会であったことは自明の事実であって、これを否定する議論が社会の主流を形成するようなことは考えられない。ところが日本においては、過去における奴隷制社会の存在は、自明の事実とはなっていない。例えば、2003年刊行の『歴史学事典』には「奴隷（日本の）」という項の中に次のような記述が見られる。

　「日本史上では少なくとも弥生時代から戦国時代までを奴隷身分合法化社会とみなしうるのは確実であるが、奴隷制社会の存否問題となると、その定義・要件と事実認識をめぐる意見の相違が大きいまま研究は充分に進んでいない[39]。」

この文の執筆者である磯貝富士男は、2007年刊行の『日本中世奴隷制論』では次のように述べている。

　「日本においては少なくとも弥生時代から戦国時代までは奴隷制が存

し続けていたのは確実であるが、その奴隷制が社会全体に対してどのような意義を持って存在していたのかということになると、未だ不明確なままの認識段階にあるわけである[40]。」

つまり、日本にも奴隷制は確かに存在したが、それが現代社会における資本‐賃労働関係と同じような支配的生産関係として、過去の日本社会を規定していたか否かについては諸説があり確定していないということである。日本の奴隷制に関してマルクス主義の立場から書かれた一般向けの書籍を取り上げてみれば、安藤貞夫の『社会発展史入門』に次のような記述がある。

「ギリシャやローマ、古代エジプト、古代中国、インド、日本の飛鳥、天平、白鳳、平安などの古代文化は、こうした奴隷的生産関係の土台のうえに咲いた花だったのです[41]。」

ここからは、古代ギリシア・ローマのような奴隷制社会が日本の古代においても成立していたという主張が読み取れるように思われる。ただし安藤はこの文に続けて、アジアではギリシャやローマとは違って「奴隷制は特殊性をもって[42]」いたことを付言し、日本の古代については「国家的奴隷制というべきものでした[43]」と述べている。一方、同じくマルクス主義の立場に立つ論者によるものであっても、太田秀通の『奴隷と隷属農民――古代社会の歴史理論』には次のような異なった認識が示されている。

「古典古代的生産様式においてはその発展の頂点において奴隷制が主要生産関係となり、封建的生産様式においてはその発展の一定段階で農奴制が主要生産関係となったが、アジア的生産様式においては、奴隷制も農奴制も支配的な生産関係になったことはなく、主要生産における圧倒的多数の直接生産者は貢納・賦役制によって専制君主に収奪される共同体成員であった。彼らは奴隷でも農奴でもなかった[44]。」

> 「古典古代的生産様式に帰属するのは、ギリシアではミケーネ的国家の成立から、ローマではセルウィウス・トゥリウスの改革から、西帝国では少なくとも帝国滅亡まで、東帝国ではユスティニアヌス大帝までで、その中で奴隷制社会といえるのは、古典期・ヘレニズム期のアテネ型ポリスと、共和政後期から帝政初期にかけてのローマ社会とに限定されなければならない[45]。」

このような認識からすれば、マルクスによって示された奴隷制に基づく古代的生産様式は、古代ギリシア・ローマに限定されることになる。日本の古代はアジア的生産様式に属するものとして分類されるから、日本の古代は奴隷的生産関係が支配的な奴隷制社会ではないと見なされる。

論者がマルクス主義とは立場を異にする場合、この論点についての認識は否定的な含意がより強いものとなる。例えば和辻哲郎は次のように述べている。

> 「上代にも奴隷はあったではないか、と人はいうかも知れない。それに対してわれわれは否と答える。ギリシア・ローマにおけるごとき奴隷は日本には存しなかったのである[46]。」
>
> 「奈良朝を奴隷経済時代と呼ぶごときは、全く正気の沙汰とは思えない[47]。」

もちろん、このように述べたからといって和辻が奴婢の実在を否定していたわけではない。日本にも奴隷的身分や人身売買は存在したが、それは古代ギリシア・ローマの奴隷制とは質的・量的に全く異なるものだ、というのが彼の見解である。また、森嶋道夫も次のように述べている。

> 「奴隷売買の経験のない国（例えば日本）では、無神経に奴隷的要素が導入される[48]。」

このように、古代日本を古代ギリシア・ローマと同様の奴隷制社会と見なす見解は、日本では有力な学説とはなっていない。むしろ、日本史上の奴隷については、ヨーロッパとの相違が強調されるのが普通である。しかも、和辻哲郎や森嶋道夫といった20世紀の日本を代表する倫理学者と経済学者が、日本における奴隷経済の不在を前提としてものを考えていた、この事実は重要であると思われる。少なくとも多くの人々の意識の上では、日本は奴隷経済の経験を持たない国なのである。このような意識は、古代ギリシア・ローマを自らの古典古代と見なす欧米人の意識と著しく異なる点であり、先進資本主義国の中での日本の特殊性を示すものである。

　とはいえ、比較の対象を世界史全体に広げてみるならば、労働従事者の主要部分が奴隷であるところの奴隷経済ないし奴隷制社会は、上で見た引用文の一つに述べられているように、むしろ特殊な現象であったともいえる。『歴史学事典』においても「奴隷人口が20％を超えていたという点で、奴隷制社会というふうによぶことができる[49]」社会については、古典期のアテネ、ローマ帝政初期のイタリアやシチリア、近代植民地時代のブラジルとカリブ海の島々、19世紀前半のアメリカ合衆国南部が挙げられているだけである[50]。アリストテレスが倫理学や政治学を講じていた古代アテネは奴隷制社会であり、奴隷市場が整備され、奴隷売買が活発に行われていたが[51]、このような状況は世界史的にも珍しい現象であった。であるとすれば、古代ギリシアという特殊な社会状況を反映するアリストテレスの倫理学が日本社会において異質な響きを持つことは、むしろ自然な現象であるというべきであろう。

　しかし、近代資本主義が、その文化的源流を古代ギリシア・ローマに求めるところの西洋で発達し、それが現代の日本および世界を席巻していることは、これもまた否定しえない世界史的事実である。キリスト教世界では、資本主義的生産様式の発達の背後でもアリストテレス的倫理が一定の影響力を持ち続けてきたとすれば、日本社会の中に奴隷制と深い関わりを持つこの種の倫理がないことは、やはり日本資本主義の文化的特徴の一つであると言え

る。節を改めて、奴隷制の経験と労働時間の倫理の関係、および、現代の日本社会におけるアリストテレス的倫理の意義について、森嶋道夫の所論に準拠しつつ考察してみたい。

■第4節　奴隷制と労働時間の倫理

　古代ギリシア・ローマのような奴隷制経済は日本には存在しなかった。また、19世紀まで続いた黒人奴隷売買にも日本は関与しなかった。つまり、日本に本格的な奴隷制は存在しなかった。多くの日本人の意識の上では、このような認識が成立している。この点は、奴隷制への関与の明白な歴史を持つ欧米人との大きな違いである。そしてこの意識上の相違は、日本と西洋の労働倫理の相違に大きな影響を及ぼしていると考えられる。前節の最後に引用した森嶋の一文には次の文が続いている。

　　「例えば『終身雇用』は日本では労働者の忠誠心と企業者の親心をあらわす美徳――封建的であるかもしれないが、とにかく美徳――と考えられがちだが、ヨーロッパではこういう一生にわたる固縛は、奴隷的と見なされる[52]。」

　また別のところでは、森嶋はヒックスの議論を利用して次のように述べている。

　　「われわれの『忠勤労働』はヒックスの奴隷労働に、『雇兵労働』は彼の自由労働に、それぞれ非常によく似ている[53]。」

　ここで森嶋がいう「忠勤労働」とは、前節の冒頭で取り上げた日本の大企業における労働者の労働様式のことである。森嶋によれば、日本の労働力市場は「忠勤労働」の市場と「雇兵労働」の市場に二重化されており、前者は、

賃金は高いが全生活を一企業に捧げる労働者の市場であり、後者は、賃金は低いが自由に企業間を移動する人々の市場である。一方、ヒックスの奴隷労働とは、古代ギリシアや古代ローマ、そして近代のアメリカで使役された文字通りの奴隷の労働であり、自由労働とは『資本論』に登場するような賃労働のことを意味する[54]。森嶋は、日本の大企業労働者の生活様式は、端的な意味での奴隷に似ていると指摘しているわけである。

　森嶋によれば、一生に一度だけ学校卒業時に就職先を選択し、その後はその企業に終身雇用され、労働組合や教育訓練や趣味の活動すらも所属企業内で行われる大企業労働者の生活には、社会選択の自由がない。つまり自分が所属するコミュニティを選択し移動する自由がない。森嶋は次のように述べている。

　「社会を選ぶ自由がないところでは、思想と表現の自由も信教の自由もほとんど存在しないに等しい[55]。」

　このような自由を持たない人々は、欧州では奴隷に似た存在と見なされることになる。これに対して、欧州の労働市場については森嶋は次のように述べている。

　「近代的な雇用は、人間を時間ぎめで売り買いする行為であり、奴隷売買の経験があった国では、労働市場は奴隷市場の代替物ないし近代版であると意識される。したがってそれらの国では、できるだけ奴隷の記憶を呼び起こさないように、労働市場、したがって労使関係がつくられている。それゆえ労働者の自由を保障することが至上命令なのである[56]。」

　このような森嶋の分析が正しいとすれば、欧州における奴隷制の経験は資本主義社会における労働時間の短縮に対して有利に作用していると考えられる。現代の欧州は奴隷制の否定を前提としているから、労働力市場の硬直性

だけでなく、労働者を奴隷的に見せる長時間労働についても、それを否定の対象とせざるをえないのである。

　欧州では労働者の福利の向上を求める運動は、奴隷制の否定と緊密に結びついて発展してきた。本書の初めで見たように、サン‐シモニアンは端的な奴隷制を「直接的な人間による人間のエクスプロイテーション[57]」と呼んだ。彼らによれば、近代以降の労働者の境遇は、端的な奴隷よりは改善されたとはいえ、いまだに奴隷的な状態が続いているから、近代の賃労働制度は「直接的ではない人間による人間のエクスプロイテーション[58]」なのであった。『資本論』のマルクスはこのような見地を継承し、剰余労働の必要労働に対する比を「労働力のエクスプロイテーション度」と呼ぶとともに、蓄積論では「ローマの奴隷は鎖によって、賃労働者は見えない糸によって、その所有者につながれている[59]」と述べ、欧州の賃労働を「隠蔽された奴隷制[60]」米国の黒人奴隷を「"露骨な"奴隷制[61]」と記した[62]。しかもすでに見たように、マルクスの思想は奴隷制の積極的な否定の上に立つところの平等主義化されたアリストテレス主義とでも呼べるものである。欧州で生まれた社会主義思想は、奴隷制的なものの否定を一つの重要な推進力として発展してきたということができる。

　しかし、日本には欧州のような奴隷制はなかったということになっているため、社会主義思想が日本に導入され、日本社会で大きな勢力を持つようになっても、社会主義の反奴隷制的要素は日本ではそれほど重視されることはなかった。日本では社会主義は計画経済、あるいは官僚による経済の国家管理として意識された。それゆえ、長時間労働とその帰結としての過労死が頻出しているにもかかわらず、戦後の日本は成功したある種の社会主義国であると言う人々も少なくなかった[63]。しかし本来、過度な長時間労働と社会主義は両立しないはずである。

　前節で見たように、森嶋道夫は日本には奴隷制がなかったがために、かえって奴隷的な要素が無神経に横行していると考えている。この場合、奴隷的というのは奴隷売買に従事した欧州の基準で見ての判断である。もちろん

儒教的倫理を身に付けた日本人は自分自身を奴隷的であるとは見なさなかったはずである。明治維新後に作られ、その後民間に払い下げられた官営企業は、その労働者の多くをかつての武士階級から調達した[64]。これらの労働者は、奴隷の使用者でこそあれ、奴隷として使役されているという意識は持つはずもない。森嶋が言うように、彼らは新しい主君としての企業に忠誠を尽くしているのであり、忠勤労働それ自体が彼らの内的目的なのである。長時間労働は、このような儒教的理想の実現としての性格を持ち、それ自体が善と見なされる。儒教的倫理を持ち、身分が保障され、賃金が高ければ、全生活を一企業に捧げるような労働形態は、奴隷的な取り扱いとは見なされないだけでなく、むしろ幸福な生活なのである。

しかしながら、これは過去の日本人労働者の姿である。現在では労働者の内面は大きく変わっている。

森嶋によれば、このような日本的労働の理想は、第二次大戦後の教育改革にもかかわらず、1980年代くらいまで続いた[65]。学校教育はGHQによって自由主義と個人主義を理念とするアメリカ的な倫理に置き換えられたが、企業内では戦前に儒教教育を受けた人々が指導的地位にあり続けたから、彼らが社内教育によってアメリカ的な倫理を再度儒教的倫理に置き換えていた。森嶋によれば、日本の高度成長を実現したのは、戦前に儒教教育を受けた戦前派の人々である。しかし、1990年代になると戦前派の人々は引退し、戦後派の人々が企業の指導的地位に就くようになった。21世紀半ばには、戦後教育しか受けていない純粋戦後派の無気力な人々が政官財界のトップの位置に就いている。このことをもって森嶋は、日本資本主義の没落を予言するに至る[66]。

つまり、森嶋によれば、長時間労働に喜びを見出す日本的儒教倫理は21世紀の現代ではすでに失われているのである。

1990年代以降の日本経済は、森嶋の予言通り没落しつつあるように見えるが、労働者の長時間労働は依然として続けられている。儒教的倫理という内的駆動力が消え去ったのちも、それによって形成された資本主義的エクス

プロイテーションの日本的な外枠は維持され、労働者を長時間労働へと駆り立てている。しかも、終身雇用される労働者が減少し、非正規に雇用される労働者が増えたことで、労働者を長時間労働へと駆り立てる外的な圧力はむしろ強まっている。すなわち、正規雇用労働者は同じ身分の同僚の減少に伴う労働量の増加と自らの地位の保全のために、以前にもまして長時間の労働へと駆り立てられている。こうした長時間労働は、かつてのような倫理的自発性に基づくものではなく、経済的必要に迫られてのものである[67]。かつて長時間労働から得られた倫理的満足感は、現在では多くの場合その反対物に転化しているといえる。

　日本には本格的な奴隷制がなかったために、かえって奴隷的要素が生き残っている。このような森嶋の指摘は、少なくとも長時間労働については、現在でも正しい指摘であり続けていると考えられる[68]。もちろん、労働者の福利を構成するのは自由時間の長さだけではない。それには、雇用の確保をはじめとして職場の物理的・社会的環境や賃金が購入しうる消費財の質、さらには医療、公衆衛生、治安等々が含まれ、平均寿命の長い日本はこうした領域においては西欧と同様の、あるいは項目によっては西欧以上の水準を達成してきたと言えるかもしれない。しかし、人間としてのよりよき生は、寿命の長さだけで測られるものではないであろう。ここでわれわれは、第6章と第7章で見た資本主義的畜産工場の家畜を思い出してみるべきである。彼らが生得の本質的行動を発現しつつ生活するためには、空間的自由の拡大が必要であった。狭いケージやストールから解放されて初めて、彼らは正常行動発現の自由を享受することができるのであった。では、資本主義的賃金労働者の場合、彼らが生得の本質的行動を発現しつつ生活するためには何が必要なのであろうか。賃金労働者は奴隷ではないから移動の自由を持っている。だから彼らに必要なのはより広い空間ではなく、より長い自由時間であると言わなければならない。十分な自由時間はアリストテレスやトマスがいう観照的活動を考慮の外に置くとしても、やはりすべての人間にとって必要な要素である。十分な自由時間は労働力の維持と向上のために必要であり、

人間的な家族関係の健全な維持のために必要である。またそれは自治的活動への参加のために必要であり、したがって地域社会や地方自治、そして国政の健全な維持と発展のためにも必要である。つまり十分な自由時間は、たとえ労働者諸個人の中にそれを選好しない人々が少なからずいるとしても、それでもやはりすべての労働者にとって必要不可欠だ、ということである。

現在、日本の国土上で飼養されている家畜に正常行動発現の自由がないとすれば、それは日本社会を構成する多くの人々が正常行動発現の自由を持っていないからであるとも考えられる。十分な自由時間を持っていない人々は、家畜の生活の質にまで考えを及ぼし、それを立法へと反映させるような余裕もないであろうし、また、人間が正常行動発現の自由を抑制されている一方で、家畜がその自由を謳歌しているというのも奇妙であろうから。テッド・ベントンは資本主義的畜産工場における家畜の生活様式が、マルクスが疎外の概念で把握した労働者の生活様式とパラレルな関係にあることを指摘しているが、日本における長時間労働の実態に即してみても、これはやはり正しい指摘であろうと思われる[69]。

現在の日本の畜産業は、19世紀以降の欧米に学び、そこから取り入れた生産技術を基礎として発達してきたものである。これと同様のことは、日本の近代化全般についても言える。森嶋が強調するように、資本主義的な生産様式の発達は、日本では概ね和魂洋才によって実現されてきたのである。その際、日本社会は資本主義的エクスプロイテーションを効率的に作動させるために必要な倫理的要素を持っていたが、それに反対に作用する要素については、これを十分な仕方では持っていなかった。この倫理的欠落は、家畜および労働者の生活様式が日本と欧州との間で異なることの一因となってきたと考えられるものであり、近年この日欧間の相違がますます顕著になっている。近代の資本主義的な生産技術が西欧で確立し、それをわれわれが西欧から学んだのだとすれば、この生産様式の行き過ぎを規制するための倫理的要素についても、これを改めて西欧から学び直すことは自然であると思われる。

日本社会が家畜の正常行動発現の自由を尊重し、従来型バタリーケージを

廃絶することは、小さな変革ではあるが、思想史的に大きな意味を持つことになる。

■小　括

　本章では、資本主義的エクスプロイテーションに対して反対に作用する倫理について考察してきた。

　西欧では、このような倫理的要素としてアリストテレス的倫理が機能してきたと考えられる。アリストテレス哲学は西欧の学問の源泉であるだけでなく、キリスト教と融合することによって西欧社会に深く浸透した倫理思想でもある。西欧社会には元々、資本主義的エクスプロイテーションの強化に対して反対に作用する倫理的要素が存在しており、資本主義はこの要素と対抗しながら発展してきたと言うことができる。

　これに対して日本には、西欧のアリストテレス的倫理に対比しうるような伝統的倫理思想がない。すなわち、余暇の倫理的意義を称揚し、長時間労働に反対するところの規範が、日本の伝統的倫理思想の中にはない。少なくとも明治以降現在までのところ、長時間労働に対する有力な批判が、仏教や儒学や国学等の伝統思想に基づいて行われたということはない。日本で労働時間の短縮を主張し続けてきたのは、やはり社会主義者であったのであり、その思想的基盤はいうまでもなく西欧起源である。

　ある時期までの日本では、社会主義は何よりもまず計画経済のイデオロギーとして受容されてきたといえる[70]。しかし、計画経済は「人間による人間のエクスプロイテーション」を防ぐための一つの手段である。より重要なのは、いうまでもなくこの目的の方である。これまで見てきたように、「人間による人間のエクスプロイテーション」の廃絶は「人間の能力の発達」「人間の完全な発達」というアリストテレス的な幸福の達成のために必要とされるものである。この平等主義化されたアリストテレス的倫理が、サン-シモニアン以来の社会主義思想の中心に位置しているのである。

第 8 章　労働時間の経済倫理

　奴隷制の否定の上に立つ平等主義化されたアリストテレス的倫理は、過度な長時間労働が横行する現代の日本社会にとって、おそらく最も必要とされている倫理思想の一つである。キリスト教が常に少数派にとどまってきた日本社会は、アリストテレス自身の倫理学を受容し、根付かせ、繁茂させるのに好都合な歴史的・文化的土壌を持たない。しかし、社会主義思想の構成要素としてのアリストテレス的倫理は、マルクス等によって脱キリスト教化され、その結果として一般的倫理といえるものになっている。すなわちそれは、資本主義的エクスプロイテーションに反対する倫理として文化横断的な普遍性を持つに至っている。日本にはアリストテレス主義の伝統がなく、アリストテレス主義は日本の歴史と伝統にとって異質な倫理思想であるが、むしろそうであるからこそ、この思想に基づく普遍的な反エクスプロイテーションの倫理は、この社会においてより重要な意味を持っていると考えられる。

注

1)　マックス・ヴェーバー『プロテスタンティズムの倫理と資本主義の精神』大塚久雄訳、岩波文庫、1989 年、63-66 ページ。Max Weber, *Die protestantische Ethik und der Geist des Kapitalismus*, Köln: Anaconda Verlag GmbH, 2009, S. 48-50.
2)　同上、68 ページ。Ebd., S. 52.
3)　同上、67 ページ。Ebd., S. 51.
4)　森嶋道夫『なぜ日本は「成功」したか？――先進技術と日本的心情』TBS ブリタニカ、1984 年、16 ページ。
5)　同上。
6)　同上、17 ページ。
7)　同上、148 ページ。
8)　同上、147 ページ。
9)　同上、148 ページ。
10)　近世の商人の経済倫理と仏教との関係は、多くの論者によって指摘されてきたものである。例えば、R. N. ベラー『徳川時代の宗教』池田昭訳、岩波文庫、1996 年、芹川博通『環境・福祉・経済倫理と仏教――現代を生きるための叡智』ミネルヴァ書房、2002 年、参照。
11)　マルクス『資本論』第 1 巻 b（全 5 冊）、資本論翻訳委員会訳、新日本出版社、

1997 年、1258 ページ。*Marx-Engels Werke*, Bd. 23, Berlin: Dietz Verlag, 1962, S. 765.
12) 労働者による資本家の権威の受容については、川村哲也「資本主義的労働過程と権威」神奈川大学経済貿易研究所『経済貿易研究』No. 30、2004 年、61-69 ページ参照。
13) カール・マルクス『賃銀・価格および利潤』長谷部文雄訳、岩波文庫、1981 年、99 ページ。*Marx-Engels Gesamtausgabe*（MEGA）, Ⅰ. Abt., Bd. 20, S. 180.
14) 『マルクス＝エンゲルス全集』第 25 巻第 2 分冊、大月書店、1967 年、1051 ページ。*Marx-Engels Werke*, Bd. 25, Berlin: Dietz Verlag, 1964, S. 828.
15) 「周知の『必然の王国』・『自由の王国』という区分は、明らかにアリストテレス的枠組みであり、『必然』には労働が対応し、『自由』には自由時間たる余暇が対応している。」有江大介『労働と正義——その経済学史的検討』創風社、1990 年、14 ページ。
16) 内田弘『自由時間——真の〈豊かさ〉を求めて』有斐閣、1993 年、69 ページ。
17) 内田弘『『経済学批判要綱』の研究』新評論、1982 年、では、自由時間論が『経済学批判要綱』の主題として位置づけられており、また、四原因論を中心にアリストテレスのマルクスへの影響が述べられている。
18) アリストテレス『ニコマコス倫理学』（上）〔全 2 冊〕、高田三郎訳、岩波文庫、1971 年、32-33 ページ（1097b-1098a）。
19) アリストテレス『政治学』山本光雄訳、岩波文庫、1961 年、第 7 巻（1323a-1337a）。
20) 同上、329 ページ（1329a）。
21) 同上、350 ページ（1334b）。
22) ジョン・ロールズ『正義論』矢島鈞次監訳、紀伊國屋書店、1979 年では、この語は「完全主義」と訳されている（例えば 248 ページ）。一方、塩野谷祐一『経済と倫理——福祉国家の哲学』東京大学出版会、2002 年、133 ページではこの語が「卓越主義」と訳されており、橋本努『経済倫理＝あなたは、なに主義？』講談社、2008 年、81 ページや青木孝平『コミュニタリアン・マルクス——資本主義批判の方向転換』社会評論社、2008 年、128 ページ、松井暁『自由主義と社会主義の規範理論——価値理念のマルクス的分析』大月書店、2012 年、40 ページでも「卓越主義」が使用されている。おそらく perfectionism の訳語としては「卓越主義」が定着しつつあるものと思われ、また、拙稿「労働力利用の倫理と卓越主義」（福島大学経済学会『商学論集』第 75 巻第 2 号、2007 年 3 月、21-38 ページ）でもこの訳語を用いたことがあるが、なお違和感も残るので本書では英語表記のままとした。
23) Thomas Hurka, *Perfectionism*, New York: Oxford University Press, 1993, p. 3.

24) 前掲『経済と倫理—福祉国家の哲学—』では、ヌスバウムのケイパビリティ・アプローチが卓越主義に近接する見地として取り上げられている（132-133ページ）。川本隆史『現代倫理学の冒険—社会理論のネットワーキングへ—』創文社、1995年では、微妙な表現によってではあるが、ヌスバウムの見地が卓越主義と見なされている（89ページ）。Kimberly A. Yuracko, *Perfectionism and Contemporary Feminist Values*, Bloomington: Indiana University Press, 2003 では、ヌスバウムが perfectionism の代表的人物として取り上げられている。
25) トマス・アクィナス『神学大全』第9冊、高田三郎・村上武子訳、1996年、83ページ（第2−1部第3問題第6項）。
26) 同上、134ページ（第2−1部第5問題第4項）。
27) バートランド・ラッセルは、次のように述べている。「トマス・アクィナスは最大のスコラ哲学者とみなされている。現在、哲学を教えるカトリックのあらゆる教育機関においては、彼の体系を唯一の正しい体系として教えねばならないことになっている。このことは、1879年にレオ十三世が法王答書を出して以来、遵守すべき規則となってきた。したがって聖トマスには、歴史的な興味があるだけではなく、プラトンやアリストテレス、カント、ヘーゲルと同じように、彼は現在に生きている一つの感化力なのであり、実際には後の二人よりも影響力が大きいのである。きわめて多くの点でアクィナスは、厳密にアリストテレスに従っているために、このスタゲイラ人はカトリック教徒の間で、初代教父たちの一人であるかのような権威をもっている。そして純粋に哲学的な事柄についてアリストテレスを批判することが、ほとんど不信仰であるかのように考えられるにいたっている。（原注）わたしがラジオ放送でアリストテレスを批判した時、カトリック教徒のひとびとからおびただしい抗議が舞いこんできた。」バートランド・ラッセル『西洋哲学史——古代より現代に至る政治的・社会的諸条件との関連における哲学史』2〔全3冊〕、市井三郎訳、みすず書房、1970年、446-447ページ。
28) 前掲『なぜ日本は「成功」したか？——先進技術と日本的心情』145ページ。
29) 前掲『政治学』第7巻。
30) マルクス『資本論』第1巻a（全5冊）、前掲、139ページ。*Marx-Engels Werke*, Bd. 23, a. a. O., S. 96.
31) 同上、101-103ページ。Ebd., S. 73f.
32) マルクス『資本論』第1巻b（全5冊）、前掲、702-703ページ。Ebd., S. 430f.
33) マルクス『経済学批判』武田隆夫・遠藤湘吉・大内力・加藤俊彦訳、岩波文庫、1956年、14ページ。*Marx-Engels Werke*, Bd. 13, Berlin: Dietz Verlag, 1961, S. 9．
34) マルクス『資本論』第3巻b（全5冊）、資本論翻訳委員会訳、新日本出版社、

1997 年、1439-1440 ページ。*Marx-Engels Werke*, Bd. 25, Berlin: Dietz Verlag, 1964, S. 827.

35) イギリスの政治や立法に及ぼしたグリーンの影響については、河合榮治郎『トーマス・ヒル・グリーンの思想體系』下巻、日本評論社、1930 年、第十三章、参照。また、行安茂『近代日本の思想家とイギリス理想主義』北樹出版、2007 年、参照。

36) T. H. Green, "Lecture on 'Liberal Legislation and Freedom of Contract', " in *Lectures on the Principles of Political Obligation and Other Writings*, Edited by Paul Harris and John Morrow, Cambridge: Cambridge University Press, 1986, p. 202.

37) Ibid., p. 203.

38) L. ハンケ『アリストテレスとアメリカ・インディアン』佐々木昭夫訳、岩波新書、1974 年、参照。

39) 尾形勇責任編集『歴史学事典』第 10 巻「身分と共同体」弘文堂、2003 年、475 ページ。

40) 磯貝富士男『日本中世奴隷制論』校倉書房、2007 年、65 ページ。

41) 安藤貞夫『社会発展史入門』改訂版、新日本新書、1977 年、64 ページ。

42) 同上。

43) 同上、68 ページ。

44) 太田秀通『奴隷と隷属農民——古代社会の歴史理論』青木書店、1979 年、51 ページ。

45) 同上、53 ページ。

46) 和辻哲郎『日本倫理思想史』(一)〔全 4 冊〕岩波文庫、2011 年、136 ページ。

47) 同上、220 ページ。

48) 森嶋道夫『思想としての近代経済学』岩波新書、1994 年、69 ページ。

49) 尾形勇責任編集『歴史学事典』第 10 巻、前掲、478 ページ

50) 同上、477 ページ。

51) 中川洋一郎『ヨーロッパ経済史 I ——ムギ・ヒツジ・奴隷』学文社、2011 年、121-128 ページ参照。

52) 前掲『思想としての近代経済学』69-70 ページ。

53) 前掲『なぜ日本は「成功」したか?——先進技術と日本的心情』156 ページ。

54) J. R. ヒックス『経済史の理論』新保博/渡辺文夫訳、講談社学術文庫、1995 年、207-237 ページ。John Hicks, *A Theory of Economic History*, New York: Oxford University Press, 1969, pp. 122-140.

55) 前掲『なぜ日本は「成功」したか?——先進技術と日本的心情』152 ページ。

56) 前掲『思想としての近代経済学』69 ページ。

57) *Doctrine de Saint-Simon. Exposition. Première année. 1828.‒1829.*, Troisième édition, Paris: Au bureau de l'Organisateur, 1831, p. 7．
58) Ibid.
59) マルクス『資本論』第 1 巻 b（全 5 冊）、前掲、979 ページ。*Marx-Engels Werke*, Bd. 23, a. a. O., S. 599.
60) 同上、1295 ページ。Ebd., S. 787.
61) 同上。Ebd.
62) 「剰余労働は、支配隷属関係が人身的であるか経済的であるかに関係なく、本質的に強制労働である。」「マルクスによれば、奴隷労働は『直接的強制労働』であるのにたいして、賃労働は商品交換によって『媒介された強制労働』をなし、ここに両者のあいだによこたわる同一性と差別性が統一的に表現されている。」頭川博『資本と貧困』八朔社、2010 年、104 ページ。
63) 例えば、竹内靖雄『「日本」の終わり――「日本型社会主義」との決別』日本経済新聞社、1998 年、参照。
64) 前掲『なぜ日本は「成功」したか？――先進技術と日本的心情』122、135-136 ページ。
65) 森嶋道夫『なぜ日本は没落するか』岩波書店、1999 年、20-26 ページ。
66) 同上、14-15 ページ。
67) 森岡孝二編『貧困社会ニッポンの断層』桜井書店、2012 年、第 1 章参照。
68) この点に関し、経済理論学会第 60 回大会（2012 年 10 月 6 日愛媛大学）において阿部弘駒澤大学教授から、奴隷の資産としての地位が確立していた欧州に比べ日本における奴隷の社会的地位はより低く、むしろこのことが日本における奴隷的なものの残存の背景ではないかという趣旨の指摘を頂いた。本書では森嶋道夫の所説に説得力を認めこれを採用している。この論点については別稿で改めて検討したい。
69) Ted Benton, *Natural Relations: Ecology, Animal Rights and Social Justice*, London: Verso, 1993, p. 42, 145.
70) 社会主義と計画経済の関係については、沢田幸治『再生産論と現状分析――日本資本主義の戦前と戦後』白桃書房、1999 年、の補論 1 を参照。

終章

　本書では、搾取とエクスプロイテーションの相違、自然と動物と労働力の利用の倫理、およびアリストテレス的倫理について論じてきた。最後に、これらの諸論点を方法論的観点から再検討しておきたい。

■第1節　用語とその意味の探究をめぐる方法論議

　19世紀に、奴隷の使役と売買の長い歴史を持つ欧州で、奴隷使用と奴隷貿易が禁止された。奴隷制の反倫理性が確定し、奴隷制が非合法化され、奴隷制の否定が社会の基本原理となった。このことは、人間の社会的諸関係の在り方を評価する新たな基準が導入されたことを意味している。すなわち、奴隷制が絶対的な否定の対象であるならば、奴隷制ではないが奴隷制に近い要素を持つ社会関係は、その近さの度合いに応じて否定的な意味合いを帯びることになる。

　19世紀はじめのフランスでは、新しい無産階級が勃興しつつあった。プロレタリアと呼ばれるようになった人々である[1]。サン‐シモンの弟子たちは、この階級の生活実態に着目した。いうまでもなく、この階級の人々は奴隷ではない。しかし、サン‐シモニアンの目には彼らが奴隷と共通する要素を持つように見えた。彼らはこの共通性に一つの言葉を与えた。すなわちエ

クスプロイテーションがそれである。奴隷制を「人間による人間のエクスプロイテーション」と規定するならば、現代の賃労働制についても、やはりこれを「人間による人間のエクスプロイテーション」と規定しなければならない。というのは、奴隷は軍事力によって支配され、賃金労働者は経済力によって支配されるという違いはあるとはいえ、やはり支配隷属関係の中で使役される存在であるという点では同一であるからである。

　マルクスは、このような認識を剰余労働の概念によって経済学的に基礎づけたといえる。奴隷の労働はすべて剰余労働であるかのように見え、賃金労働者の労働はすべて必要労働であるかのように見えるが、実際にはどちらの労働も必要労働と剰余労働から成り、この点では同一である。すなわち賃労働においても、剰余労働という強制労働の部分が実在するのである。そして彼は、剰余労働の必要労働に対する比を「労働力のエクスプロイテーション度」と呼んだ。

　エクスプロイテーションという語は、このように、支配隷属関係と強制労働に着目する用語であるといえる。

　日本にマルクス主義関連の文献が輸入されたとき、エクスプロイテーションの訳語として当初用いられたのは「掠奪」「駆使」「虐使」等の幾つかの日本語であった。しかしその後、「労働力のエクスプロイテーション」という場合には「搾取」という語が使われるようになり、最終的にこの語がエクスプロイテーションの訳語として定着するに至った。戦後の日本では、すべての邦訳版で「労働力のエクスプロイテーション」が「労働力の搾取」と訳されている。

　しかし、「搾取」は「しぼりとる」という大和言葉の語源的意味を強力に発出しているため、日本語の表現としては「労働力の搾取」や「労働力を搾取する」という表現よりも「剰余価値の搾取」や「剰余価値を搾取する」といった表現の方が落ち着いた印象を与える。「労働者から労働力を搾取する」という文は奇妙であるが、「労働者から剰余価値を搾取する」という文は日本語として自然である。かくして、マルクス経済学の解説書や研究論文の中

でも「剰余価値の搾取」や「剰余価値を搾取する」という表現が普通に用いられるようになった。

　本来『資本論』の剰余価値論では、エクスプロイテーションの対象は労働力または労働者である。しかし、日本語世界では、「搾取」の対象は剰余価値である場合が多い。つまり、ヨーロッパ語のエクスプロイテーションと日本語の「搾取」との間に、意味のズレが生じているのである。エクスプロイテーションが人間を対象とし、支配隷属関係と強制労働に着目する語であるのに対し、その訳語である「搾取」は人間の外の剰余価値や剰余生産物を対象とし、物の移動に着目する語となっている。「搾取」という語は、日本語話者の関心を剰余価値や剰余生産物や金銭に向かわせるため、労働者が余儀なくされつつある強制労働それ自体に対しては、これへの関心を弱める傾向がある。「搾取」はエクスプロイテーションの訳語ではあるが、しかし「搾取」とエクスプロイテーションとは、重なりつつもそれぞれ異なる意味領域を指示する用語として機能しているのである。これが本書の第1章と第2章で述べたことであった。

　しかし、このような議論に対しては、次のような反論が予想される。すなわち、用語は考察対象に貼り付けられるラベルであり、事実を記述するための単なる手段なのであって、用語それ自体の意味を穿鑿するのは科学的な研究方法とはいえない、というのがそれである。このような主張は、カール・ポパーが方法論的本質主義という用語の下で展開している議論と一致するものである。ポパーの議論は本書の他の部分の論述内容にとっても重要な意味を持つので、以下では彼の方法論的本質主義批判に導かれながら本書の諸論点を再検討したい。

　カール・ポパーは科学方法論における反証主義の提唱者として著名であるが、彼は、自身の科学理論に基づいてマルクス主義をはじめとする社会科学を批判的に検討し、その成果を『ヒストリシズムの貧困』[2]と『開かれた社会とその敵』[3]の中に盛り込んだ。方法論的本質主義（methodological essentialism）は、ヒストリシズム批判の一論点として、これらの書の中で

取り上げられているものである。ポパーによれば、方法論的本質主義とは「アリストテレスによって創建された[4]」思想学派であり、この立場は主として次のような三つの研究方法から成り立っている。すなわち、(1)用語の真の意味を問うこと、(2)現象の背後に本質を問うこと、(3)事物の変化を本質の実現として把握すること、の三つである。ポパー自身は自らの議論をこのように明示的に三区分しているわけではないが、彼の本質主義批判は事実上これら三要素の中のいずれかの側面からなされているといえる[5]。本節で問題となるのは、いうまでもなくこの中の第一の要素である。

ポパーよれば、本質主義とは何よりもまず、問いを「…とは何か」という仕方で立てる立場である。この「…とは何か」という問いに対する答えが問われたものの本質であり、本質を記述する言明が問われたものの定義となる。その際、「…とは何か」という問題設定の仕方には二つの問いが含まれる。例えば、「子犬とは何か」という設問には、①子犬という用語で指示されるものの本質を問うこと、②子犬という用語の意味を問うこと、という二種類の問いが含まれている。ポパーによれば、この二つの問いについては、その区別よりも共通点に注意が向けられるべきであり、その共通点とは「定義において、左辺にある語によって提起され、右辺にある定義子によって答えられる[6]」という定義文の構造である。「小犬とは若い犬である」という定義が与えられた場合、本質主義はこれを「左辺から右辺へ読む[7]」ことになる。これが本質主義の特徴である。ところが、と、ポパーは次のように主張する。

「現代科学においては定義が標準的に使用される時、定義は後から前へ或いは右辺から左辺へ読まれねばならないと言うことができる。なぜならば定義は定義子から始まるのであり、それに対する簡便な貼り札を求めるものだからである。かくして『小犬とは若い犬である』という定義についての科学的見解は、「小犬とは何であるか」という問題に対する答えであるよりも、むしろ『われわれは若い犬を何と呼ぶべきか』という問いに対する答えということになろう[8]」

ポパーは、このような「科学的な定義の用い方」を、定義の「アリストテレス的あるいは本質主義的解釈」から区別して、定義の「唯名論的解釈」と名づけた[9]。彼は、本質主義による用語の意味や本質の追究が「辞句の末梢に拘泥する空虚な煩瑣主義[10]」をもたらしてしまうとして批判するとともに、用語の真の意味を定義によって確定しようとする試みは定義の無限背進に陥ってしまうこと、定義の正しさを保証するものが知的直観であるという本質主義者の主張は支持しえないこと、これらを指摘して本質主義を否定した。そして、近代科学においては「定義は何ら重要な役割を担[11]」っておらず、それは「長い物語を短かくする[12]」ための「任意の速記的なラベル[13]」にすぎないのであり、諸科学の進歩の度合いはアリストテレス的な本質主義からの解放の度合いに比例している、と主張した。つまり、本質主義の影響下にある社会科学の大部分は、自然科学とは異なり未だ中世に属している、というのである[14]。

　このようなポパーの主張のうち、定義の唯名論的解釈についての説明は、自然科学や純理論的な社会科学の領域における定義の用い方を適切に表現していると考えられる。『資本論』においても、不変資本や可変資本、剰余価値率といった用語については、この解釈が当てはまる。すなわち、これらの用語の定義は、右辺ないしは定義子から始まり、左辺ないし被定義語へと至っており、事実上、定義の唯名論的解釈が採用されているといえる。例えば、不変資本という用語は次のように導入されている。

　　「資本のうち、生産諸手段すなわち原料、補助材料、および労働手段に転換される部分は、生産過程でその価値の大きさを変えない。それゆえ私は、これを不変資本部分、または簡単に不変資本と名づける[15]。」

　ここでは、不変資本という用語は定義子を指示する名として導入されており、「長い物語を短かくする」ための「任意の速記的なラベル」といえるものである。この定義文は、「不変資本とは何か」という問いに対する答えと

して導入されたものではなく、本質主義的な性格を持っていない。『資本論』でも純理論的な部分を構成する学術的専門用語に対しては、このように、ポパーがいうところの「科学的な定義の用い方」が採用されているのである。しかし、これまで本書が研究対象としてきたエクスプロイテーションという用語については、事情が異なっている。

　本書第1章で見たように、エクスプロイテーションは『資本論』においても科学的に定義された学術的専門用語としては導入されていない。本書第3章で見たように、エクスプロイテーションを学術的専門用語と見なせる部分もあるが、それは理論的に想定された一定の範囲内でのことであり、マルクス自身はこの範囲を越えてエクスプロイテーションという語を使用している。しかも定義されていると考えられるのは「エクスプロイテーション度」であって「エクスプロイテーション」ではない。エクスプロイテーションは不変資本や可変資本といった専門用語とは異なり、唯名論的な定義なしに導入されているのである。エクスプロイテーションは、「長い物語を短かくする」ための「任意の速記的なラベル」といえるものではなく、何か別の役割を担う独自な用語なのである。それでは、この語はどのような性格を持つ語なのであろうか。この問いは、本書第1章の論題であったが、ここでは別の角度からこの点をもう一度検討してみたい。

　社会とその歴史についてのサン・シモニアンの認識は次のようなものであった。

> 「人間による人間のエクスプロイテーション、これが過去における人間関係の状態であった。人間と手を結んだ人間による自然のエクスプロイテーションこそ未来が示す姿である[16]。」

　本書第2章で見たように、エクスプロイテーションは元来、森林や鉱山といった自然物を対象とするものである。であるから、「人間による自然のエクスプロイテーション」は全く自明な表現であるのに対して、「人間による

人間のエクスプロイテーション」は不安定で異様な表現となる。日本語で「大豆の圧搾」が自然な表現であるのに対して、「人間の圧搾」が異様な表現であるのと同様の事情である。つまり「人間による人間のエクスプロイテーション」という表現は元来、比喩である。サン・シモニアンは、奴隷制を「直接的な人間による人間のエクスプロイテーション[17]」と規定し、近代の賃労働制を「直接的ではない人間による人間のエクスプロイテーション[18]」と規定したが、この比喩的な表現によって、奴隷制の異様さを示し、さらに賃労働制も奴隷制的な異様さを持っていることを示したのである。そして、この異様な社会関係を廃絶し、アソシエイトした人間による自然のエクスプロイテーションを推進することを主張したのである。ここから、次のようなことが分かる。

　第一に、人間を対象とする場合の「エクスプロイテーション」は、メタファーとして導入されたものであり、科学的用語として導入されたものではない。言い換えれば、「エクスプロイテーション」は生産関係の本質を効果的に表現するために選ばれた特別な語であって、「任意の速記的なラベル」ではない。例えば不変資本という用語は「長い物語を短くする」ためのラベルであり、別の語が用いられていたとしても何の支障も生じなかったであろうが、エクスプロイテーションという用語は、まさにこの語でなければならなかったのである[19]。この語であるからこそ「人間による人間のエクスプロイテーションから、人間による自然のエクスプロイテーションへ」という標語が適切に機能するからである。

　第二に、エクスプロイテーションという用語は、それが人間を対象とする場合、倫理的および政治的な色彩を強く発する語であり、しかも否定的な意味でそうである。「人間による人間のエクスプロイテーション」という句は、現在の生産関係にも奴隷制的な要素が残存していることを告発し、「人間によるエクスプロイテーション」が普遍的アソシエーションとしての将来社会において「自然」に向けられるべきことを主張するものである。「エクスプロイテーション」は、サン・シモニアンにおいて、彼らの歴史観、現状批判、

将来社会像の結節点となる用語である。本書第3章と第5章で見たように、マルクスは「労働力のエクスプロイテーション度」という指標を新しく考案する一方で、「自然のエクスプロイテーション」については異なった見解を持っていたと考えられるが、その他の点ではサン・シモニアンの「エクスプロイテーション」論を踏襲しているといえる。

エクスプロイテーションという語の以上のような性格は、次のような問題を生じさせる。

第一に、エクスプロイテーションの概念に科学的、数学的定義を与えようとする試みは、用語の意味をめぐる反論を招来する。すなわち、そのような試みは、そこで示されたエクスプロイテーションの定義が、本来のエクスプロイテーションの概念とは異なるという異論に遭遇することになる。「人間による人間のエクスプロイテーション」は元来、奴隷制的な要素の残存を批判するためのメタファーである。そもそも奴隷制を定義すること自体、困難な作業である[20]。奴隷制的な要素となると、その明快な定義はさらに困難である。しかもそれを数学的に定式化しようとすれば、そのプロセスで奴隷制的な要素の幾つかを捨象することになる。マルクスの「労働力のエクスプロイテーション度」は、そうした試みの最初のものであるといえるが、これは理論的に限定された一定の範囲内でのみ十分に機能する指標であり、しかもマルクス自身はこの範囲を越えて「エクスプロイテーション」の概念を使用していたのである。近年の「労働搾取」をめぐる数理的議論においても、最後の段階ではやはり用語の意味をめぐる論争が出現している[21]。

第二に、「エクスプロイテーション」が元来メタファーであり、かつ批判のための語であることは、この語の非ヨーロッパ言語への翻訳を困難にしている[22]。翻訳においてこの語を既成の非ヨーロッパ語に直すことは、エクスプロイテーションという語が持っている批判的効果とは異なる批判的効果をもたらしてしまう可能性を孕んでいる。すでに見たように邦訳語の「搾取」にこのことが当てはまる。自然のエクスプロイテーションの一例として鉱業を取り上げるならば、フランス語動詞の exploiter の目的語は鉱山ある

いは鉱脈であって、鉱物ではない。対象が鉱物である場合、動詞には例えばextraire が使用される。ところが日本語の「搾取する」の場合、「鉱山を搾取する」よりも「鉱物を搾取する」という言い方のほうが自然に響く。このことにより、この語が人間に対して使用される際にも、次のようなズレが生じる。すなわち、「労働者の exploitation」という表現が指示するのは労働者自身であり、批判の対象はこの労働者が強制労働を余儀なくされているという事態である。ところが、「労働者の搾取」という日本語表現は「労働者からの剰余価値の搾取」という表現を自然に招来し、読者の目を剰余価値という労働者自身ではない物に向かわせ、批判の対象を物の一方的な移動という事態に設定する。前者が強制労働批判であるのに対して、後者は物を「掠め取る[23]」ことに対する批判となっている。両者のこのような相違は、批判的な現状分析において得意領域の相違とでもいうべきものを招来する。exploitation は長時間労働批判において有効に機能するが、「搾取」はそうとは言えない。日本の長時間労働を主題とするマルクス経済学の文献においても、「搾取」という用語が効果的に使用されることは多くない。一方、「搾取」は低賃金や収入格差を批判的に論じる際に効果的に機能しうる。これらの例として、ここでは次の二つの書を取り上げておきたい。

　森岡孝二の『企業中心社会の時間構造――生活摩擦の経済学』は、日本の長時間労働の実態を分析した書として最も優れたものの一つである。同書はマルクス経済学的な立場から書かれており、本文中には『資本論』への言及もある。しかし、同書全体を通して「搾取」という語は一度も用いられていない。同書には例えば次のような記述がある。

　「近代的な労働契約では労働をすればその対価として賃金が払われるのが当然だが、企業は金にこだわって労働者に時間外のただ働きを強制し、他人の貴重な時間を奪っておきながら、労働者には『金にこだわるな』というのが日本の企業である[24]」

　「過労による急性心筋梗塞で亡くなった八木俊亜さんのケースを取り上

げる。……八木さんは、自分の日々の生活に重ねて、日本のサラリーマンの毎日をこう描写している。『……かつての奴隷たちは奴隷船につながれて新大陸へと運ばれた。超満員の通勤電車のほうがもっと非人間的ではないのか。現代の無数のサラリーマンたちはあらゆる意味で、奴隷的である。金にかわれている。時間で縛られている。上司に逆らえない。賃金もだいたい一方的に決められる。ほとんどわずかの金しかもらえない。それも、欲望すら広告によってコントロールされている。肉体労働の奴隷たちはそれでも家族と食事をする時間がもてたはずなのに。』[25]」

マルクスであれば、このような文脈では Exploitation を使いたくなるところであろう。しかし、森岡は「搾取」を一切使っていない。日本語の「搾取」は、超長時間労働批判についての論述において適切に機能しえないからであると思われる。

橋本健二の『階級社会——現代日本の格差を問う』は、労働時間短縮の意義を分かりやすく示してくれる良書である。同書では「搾取」という語が極めて印象的な仕方で用いられているが、それは長時間労働の分析ではなく収入格差の分析においてである。その際、橋本が用いる「搾取」概念はマルクスやサン・シモニアンの EXPLOITATION の概念とは著しく異なるものである。橋本は次のように述べている。

「時間あたりの収入が全体平均より高い階級は搾取しており、低い階級は搾取されていると考えてみることにする。つまり、労働時間あたり収入が等しい状態を搾取のない状態とみなして、ここからのズレを問題にしようというのである。ここには、同じように労力を払って働いている以上、収入は同じであってもいいはずだというある種の規範的な仮定がある。これはあまりにも単純な画一平等論だと思われるかもしれないが、人々の日常感覚にはある程度まで合致する。『職業に貴賤はない』という人々の『常識』は、どのような職業も同じように尊重されるべきだという信念を

表明するものである。だとすればすべての職業に、時間あたりで同じ報酬が与えられてもいいはずだ[26]。」

このような前提に基づく搾取論は、マルクスのExploitation論からは遠く隔たっている。複雑労働と単純労働の相違を度外視する議論について、マルクスは「賃銀の平等を要求する叫びは謬見に基づいているのであって、決してみたされえない気ちがいじみた願望である[27]」と述べている。マルクスのExploitation論は、資本主義の現実を前提するものであるが、橋本の搾取論は反資本主義的規範に基づいて立論されている。また、橋本は上の文に続けて次のようにも述べている。

「私は、『搾取は悪だ』と主張するつもりもない。搾取の全廃は人々の能力の開花を妨げ、現在搾取されている人々の生活水準をさらに悪化させる危険があるからである。このことは、卓越した才能をもつ技術者が、時間あたりの報酬は誰でも同じという状況を前にやる気をなくし、他の人々と同じようにしか働こうとしなくなった場合を考えれば容易に理解できよう[28]。」

サン・シモニアンの場合、これとは全く逆に、まさに人々の能力の開花のためにこそexploitationの廃絶が主張されているのであり、exploitationが廃絶された普遍的アソシエーションおいては「すべての人はその能力に応じて評価され、その働きに応じて酬われる[29]」のである。もちろん、搾取概念の内容は、論者に応じて相違することがありうるものであり、ここで意図しているのは橋本の搾取概念を批判することではない。そうではなく、フランス語のexploitationと日本語の「搾取」の相違が、現状分析的研究にどのような影響を及ぼしているかを示すことである。橋本のいう搾取の廃絶は、サン・シモニアンのいうexploitationの廃絶と正反対の結果をもたらすことになるが、このような鮮やかな相違の背景で作動しているものの一つは、フ

ランス語の exploitation とは異なる日本語の「搾取」の語源的意味ではないかと思われる。

■第２節　ヒストリシズムとテレオロジー

　前節では、エクスプロイテーションという用語について、その真の意味をめぐる論議の意義をカール・ポパーの本質主義批判に依拠しつつ検討した。その際われわれは、ポパーの本質主義批判のうち、その第一の要素に即して論を進めたが、本書のこれまでの論述を方法論的観点から整理するためには、事物の変化を本質の実現として把握するところの本質主義の第三の要素も重要である[30]。というのは、この要素は本書で主な論述対象の一つとなったアリストテレス的倫理思想の基本性格を捉えたものだからである。本節と第３節では、ポパーによる本質主義批判の再検討を糸口として、この倫理思想の意義、およびこの倫理思想とエクスプロイテーション概念との関係を検討する。

　ポパーによれば、元来「本質主義は、変化する事物の内に同一性を探知することを可能ならしめる、という根拠から導入されたもの[31]」である。すなわち、「そもそも変化について語るためには、われわれは変化したものが何であるかの同一的認定ができなければならない[32]」が、本質こそ「変化の間にも変らないでとどまるもの[33]」であり、この変化しない本質を前提することによって、われわれは変化や発展についてはじめて語ることができる。しかし、他方で「本質はまた変化を前提にし、そのことによって歴史を前提と[34]」しもする。というのは、本質主義によれば「本質というものは当の事物に内在しているさまざまな潜在性向の総和、もしくは源泉だと解釈することができるのであり、またさまざまな変化（もしくは運動）というものはその本質がもつ隠れた潜在性向の実在化、あるいは現実化だと解釈することができる[35]」からである。したがって、「ある事物、つまりその変化しない本質は、その事物の諸変化を通じて初めて認識しうるのだ[36]」という

ことになる。

　ポパーによれば、変化についてのこのような考え方はアリストテレスのテレオロジー（目的論）に由来する。彼はアリストテレスのこの理論を次のように記している。

　「アリストテレスは、感知されうる事物はその目的因または終点に向かって運動していくとし、そして目的因や終点を感知されうる事物の形相または本質と同一視する。また彼は生物学者として、感知されうる事物は、自分自身のうちに潜在的にその最終状態または本質のいわば種子を宿している、と仮定する。……アリストテレスにとって、あらゆる運動や変化は、事物の本質に内在する幾つかの潜勢力の実現（または「現勢化」）を意味する[37]。」

　ポパーは、ここから彼の有名なヒストリシズム批判を展開する。すなわち、ポパーによれば、アリストテレスの上記のような本質主義は「壮大なヒストリシズムの哲学を綿密化するために必要なあらゆる要素を含んでいた[38]」のだが、これを十二分に利用したのが「現代のすべてのヒストリシズムの源であるヘーゲル[39]」であった。ヘーゲルは人間の本質を精神、精神の本質を自由と捉え、精神の自己実現過程として世界史を叙述した。本質主義は「社会諸科学が歴史的方法を採用しなければならないという主張、すなわちヒストリシズムの主張を支持するもっとも強力な議論のいくつかを、提供するもの[40]」であるとポパーは主張する。

　ここで、ポパーのいうヒストリシズムとは、「歴史的な予測が社会諸科学の主要な目的[41]」であるとする「社会諸科学に対する一つの接近法[42]」であり、「歴史は特有の歴史的ないし進化的諸法則に支配されており、それを発見すれば人間の運命の予言が可能になるだろうという教説[43]」である。この教説がポパーによって『ヒストリシズムの貧困』および『開かれた社会とその敵』で批判の主要な標的とされたのである。

ポパーによるヒストリシズム論は概ね以上のようなものであるが、これをわれわれの立場から改めて検討してみることにする。そうすると、まず目につくのはヘーゲルの位置づけである。ポパーはヘーゲルを「現代のすべてのヒストリシズムの源」と位置づけている。しかし、ヘーゲルは未来を予言した人ではない[44]。というのも、ヘーゲルは精神の自由の実現を「世界の究極目的[45]」と見なしたが、彼にとってこの究極目的はすでに実現されているからである。彼は、「わたしたちは、歴史の最終段階であるわたしたちの世界、わたしたちの時代にやって[46]」来ていると述べている。ヘーゲルにとって世界史は終局に到達しているのであって、彼は歴史の終わり（テロス）から過去を振り返り、歴史過程を目的論的（テレオロジカル）に構成しただけなのである。ポパーは、ヘーゲルが当時のプロシアを事実上歴史の最終段階とみなしていることに言及している[47]。また彼は「ヒストリシズムは、革命家あるいはさらに改革者に対してよりも、保守的弁護者にいっそう適合する見解であると言わざるをえないであろう」と記し、「実際、ヒストリシズムは、ヘーゲルによってそうした傾向で利用された」と述べている[48]。しかし彼は、アリストテレス・ヘーゲル的テレオロジーのこの事後的で非予言的な性格を重視しなかったようであり、この点について立ち入った検討を加えていない。このことは、彼のヒストリシズム批判において看過しえない欠落部分となっていると思われる。一方、テレオロジーの事後的・非予言的性格は、必ずしも「保守的弁護者にいっそう適合する見解」というわけではなく、むしろ現状批判において有効に機能する要素を持っている。実際、これまでの諸章で見てきた「正常行動発現の自由」という現状批判のための規範は、テレオロジーに基づくものである。そこで本章の以下の部分では、テレオロジーの事後的・非予言的性格とそこに内在する倫理的なものの内容をわれわれの立場から整理しておきたい。
　アリストテレスによれば、学的認識（エピステーメー）とは普遍的で必然的なものを対象とし、それらの原因を概念的に把握することである。その際、原因にはそれが生成・消滅する事物である場合、①事物の基体であり事物が

それから生成するところの質料因、②事物がそもそも何であるか（本質）に対応する形相因、③事物の生成の始まりである始動因、④事物の生成の終わり（テロス）であり善であり事物が「それのために」であるところの目的因、の四種類がある。だが、これら四原因のうち②③④はしばしば一つにされ、形相によって代表される。また、事物の生成は、デュナミス（能力、可能性、可能態）においてあるものがエネルゲイア（働き、活動、現実活動、現実性、現実態）またはエンテレケイア（完全現実態）においてあることとして規定される。だから、事物の本質は質料においてデュナミスがエネルゲイアへと展開することの内に存することになるが、このとき、事物の生成は本質すなわち目的を前提としており、デュナミスの現実化は目的の実現を意味する。つまり、生成するものは目的すなわちテロスに向かって進展するのであり、エネルゲイアはテロスなのである。『形而上学』第9巻には、このことが次のように記されている。

> 「働き（エルゴン）は終り（テロス）であり、そして現実態は働きである、だからまた現実態（エネルゲイア）という語も、働き（エルゴン）という語から派生し、完全現実態（エンテレケイア）を目指しているのである[49]」

このように、エネルゲイアはテロスである。であるとすれば、デュナミスはエネルゲイアのために存在するといえる。これに関してアリストテレスは次のような例をあげている。

> 「人々が建築技能をもつのは、建築活動をなさんがためにであり、理論的な研究能力をもつのは、理論的な研究をなさんがためにである[50]」

アリストテレスは、ここからデュナミスとエネルゲイアの先後関係について論究し、デュナミスよりもエネルゲイアの方がより先にあると主張する。

すなわち彼によれば、エネルゲイアとデュナミスの先後関係については、①ロゴス（定義、説明方式）においても、②時間においても、③実体においても、エネルゲイアのほうがデュナミスに先行する。すなわち、第一に①定義上、ある能力が何であるかは、その発揮としての活動が何であるかを前提している。例えば、建築能力は、建築という活動を前提している。第二に②時間の流れの中で、ある特定のものを見てみれば、デュナミスがエネルゲイアに先行しているといえる。例えば精子（デュナミス：可能態）がある特定の人間（エネルゲイア：現実態）に先行している。しかし、精子には、それに時間的に先だって現実の人間である父親が存在していたのであり、種族として見ればやはりエネルゲイアがデュナミスに先行する。最後に③実体においては、生成において後のものがより先のものとなる。すなわち、生成するものはすべてある終わり（テロス）に向かって進行するが、この終わりはそのもののエネルゲイアであり、より先のものである。例えば、人が建築能力を身につけるのは、現実に建築活動を行うためである。

このようなアリストテレスの議論は、『資本論』における「労働力」と「労働」の相違を思い起こすとより分かりやすい。マルクスは労働力と労働の関係について次のように記している。

　「労働力の売り手は、労働することによって、"現実に"自己を発現する労働力、労働者となるが、彼はそれ以前には"潜勢的に"そうであったにすぎない[51]。」

マルクスのドイツ語原文では、引用文中の"現実に"はエネルゲイアに対応するラテン語の actu が、"潜勢的に"はデュナミスに対応するラテン語の potentia が用いられている。すなわち、マルクスはアリストテレスの基本概念であるエネルゲイアとデュナミスに即して労働と労働力を区別しているのである。労働と労働力の先後関係は次のようになる。

第一に、定義ないし説明方式においては、労働が労働力に先行する。なぜ

なら、労働力とは労働することの可能なことであり、したがって、労働とは何かについての規定が労働力とは何かについての規定に対して前提となっているからである。

　第二に、個別の労働者を時間の流れの中で見てみれば、労働力が労働に先行しているといえる。なぜなら、子供は学校で一定の技能を身に付けた後、はじめて現実に労働するようになるからである。とはいえ、労働者を階級の観点から見るならば、やはり可能的な労働者（子供）よりも現実の労働者（親）の方が先である。なぜなら、子供は親から生まれるからである。

　第三に、労働能力を身に付ける目的は、現実に労働することである。労働力の価値規定には労働力の養成費も入ってくるが、特定の労働力の養成のためには特定の労働部門における現実の労働の存在が前提となる。この現実の労働が目的（テロス）として設定され、しかる後に労働能力の修得が行われるのであり、したがって労働が労働力に先行する。

　このように、アリストテレス的なテレオロジーにおいては、運動の帰着点であるテロス（終わり）が論理的な先行者となる。したがって、テレオロジーによる運動の説明はテロスが判明していることによって初めて可能となる。言い換えれば、事物の生成の必然性を本質主義的に説明する場合、その説明はより先のものであるテロスから遡っての説明となる。つまり、テレオロジーは結果論としての構造を持っているのである。

　マルクスは、このテレオロジーを用いて経済理論を論述している。彼は『資本論』第1巻第1章で「貨幣形態の発生を立証[52]」しているが、この立証が完了した後で次のように記している。

　「人間の生活の諸形態についての省察は、したがってそれらの科学的分析もまた、一般に、現実の発展とは反対の道をたどる。この分析は"あとから"始まり、それゆえ発展過程の完成した諸結果から始まる[53]。」

　マルクスは、価値尺度、流通手段、貨幣蓄蔵、支払手段と論を進め、そし

て最後の世界貨幣に至って「貨幣の定在様式はその概念にふさわしいものになる[54]」とヘーゲルふうに述べている。貨幣はその概念すなわちテロスを実現し完成してしまっていたので、マルクスはそれを「科学的」に分析し、その生成の必然性をテレオロジカルに示すことができたのである[55]。

　テレオロジーの論理構造が以上のようなものであるとすれば、この立場は本質的に非予言的であらざるをえない。この立場は一種の結果論だからである[56]。したがって、ヘーゲルがアリストテレスのテレオロジーを歴史哲学に適用したとき、それが現在から過去を振り返る終わりからの説明となったことは当然の帰結であった。そして、ヘーゲルが歴史予言をしなかったのは、方法的に正当な処理だったといえる。テレオロジーを前提するかぎり、予言には学的認識の対象となる何の現実態もないからである。

　しかし、ヘーゲルが予言者的な人ではなく、そうした意味でのヒストリシズムの体現者ではなかったとしても、マルクスには未来先取り的な傾向が多分にあり、おそらくサン・シモニアンには、より多くそれがある。サン・シモニアンのアソシエーション論は、ポパーがいうヒストリシズムによく当てはまる。彼らは、「人類にその未来を確信を持って示すこと[57]」が社会科学の任務であると明確に主張している。本書第1章で見たように、ハイエクはマルクスの歴史解釈の諸側面がヘーゲルよりもむしろサン・シモンに似ていることを指摘している。アソシエーションとしての将来社会を展望していることにおいて、マルクスはサン・シモニアンと共通している一方、帝政プロシアを事実上歴史の最終段階と見なしたヘーゲルとは共通するものを持っていない。ヒストリシズムにおける影響関係の認識については、ポパーよりもハイエクの方に分があるように思われる。

　とはいえ、上で見たように、マルクスは『資本論』の理論的展開においては、アリストテレス・ヘーゲル的なテレオロジーを採用している。それでは、非予言的なテレオロジーと未来希求的なアソシエーション論とは、どのような媒介項によってつながるのであろうか。節を改めてこの点を検討する。

■第3節　テレオロジーに基づく現状批判とエクスプロイテーション概念

　アリストテレスのテレオロジカルな自然観においては、自然物にはテロスすなわち目的因が内在しており、何かに妨げられることがない限り、自然物はその目的の実現へ向かって進展する。もし何かによってそれが妨げられたとすれば、その自然物は自分自身のうちに内在していた目的を実現できなかったことになる。すなわち、目的の実現に失敗したことになる。このことは、その自然物にとってはその障害が取り除かれた方が善かった、ということを意味している。目的すなわちテロスが、その自然物にとっての「善」でもあることの所以である。

　一方、テレオロジカルな自然観とは異なり、自然現象を機械的な因果連鎖の帰結として、すなわち歯車Ａが動けば歯車Ｂが動きそしてさらに歯車Ｃがというような外的必然性の結果として現象を把握する立場からすれば、自然現象の中に失敗や不善を見出すのは馬鹿げたことであろう。しかし、実際には多くの人々が自然現象の中に失敗や不善を認識することがある。アリストテレス研究者として著名な岩田靖夫は、そうしたケースについて次のように述べている。

　「たとえば、カドミウムで汚染された川から背骨の曲った鮒が釣れた場合、この鮒は、全く法則的に、全く正確に、全く必然的に、鉄のごとき自然法則に従って背骨を曲げられているのであり、このレヴェルでものごとを考えるならば、すなわち合法則性という点からだけでものごとを見るならば、この鮒は清流で真直ぐな背骨をもって泳いでいる鮒となんら区別されえない。だが、鮒とは本来真直な背骨をもつべきもの、多量の重金属を吸収すべからざるものなのであり、このべきがあるから正常と異常の区別が生ずるのである[58]。」

われわれは誰でも、生物世界において奇形が存在することを知っている。奇形の存在それ自体は倫理的判断の対象にはならないが、奇形の出現が工場からの廃水によるものである場合、多くの人々はこの事態を公害として認識し、工場排水の流出を望ましくないものと見なす。このとき、人々の思考にはテレオロジーが出現している。すなわち、ここでテレオロジーは、第一に奇形という認識の基礎として機能しており、第二に、その奇形が人為的に引き起こされたものである場合、倫理的判断の基礎としても機能している。公害現象に直面したとき、われわれは、物事をテレオロジカルに考えているのである。すなわち、鮒には鮒としての本来の姿があり、この本来の姿を持つことが鮒にとって善いことである、と考えているのである。

　近代科学の勃興とその後の発展は、アリストテレス的テレオロジーを否定し、機械論的な世界観に徹することを通じて成し遂げられたといえる。しかし、20世紀後半以降の深刻な環境破壊とそれに伴う多くの動植物の死滅や奇形化は、少なくない人々にテレオロジカルな自然観の健全性を再認識させるに至っている[59]。こうした点に関して、岩田は次のように述べている。

　「いまや自然破壊が本当に重大問題になったということは、機械論的な自然観が問われている、ということなのである。もし、すべてが機械論的に生起しているだけならば、破壊ということはありえない。すべては等価である。オゾン層に穴が開こうが、熱帯雨林が消滅しようが、奇形の魚が釣れようが、機械論的に見れば、すべては起こるべくして起こっているだけだ。だが、自然には自然本来の在り方があり、自然は自己自身のうちに自己実現の力を持っており、人間がみだりにこれに暴力を加え、この自己実現の力を冒してはならない、ということが解ったことが、自然破壊の問題の自覚なのである。すなわち、自然破壊の問題の自覚とは、自然の合目的的構造の再認識なのであり、アリストテレスの言うように、『あたかも自然のうちに熟慮する理性が内在しているかの如くに』、自然が合目的的に（善のために）生成消滅していることの了解に他ならないのであ

る[60]。」

　本書で、最初にわれわれがテレオロジーを明示的に取り上げたのは、産業動物の資本主義的エクスプロイテーションを論じた場面においてであった。すなわちわれわれは、ファクトリー・ファームにおける家畜飼養の在り方が、家畜の正常行動の発現を阻害していること、言い換えれば家畜の奇形化をもたらしていることを見たが、このような側面からのファクトリー・ファーム批判としてトマス・アクィナスのテレオロジーに基づく立場があった。またわれわれは、家畜の「正常行動発現の自由」を尊重する立場がアリストテレスの倫理思想、すなわちテロスの実現を善とみなす思想に由来するものであることを見た。さらにわれわれは、人間における「正常行動発現の自由」を研究し、この自由を尊重する立場の中にもアリストテレス的倫理思想を見出した。そこでわれわれが取り上げた perfectionism は、テレオロジーの別名ということができるものである。テレオロジーは世界を把握するための一つの方法であるが、そこには倫理的要素が内在している。テレオロジーは、ポパーが指摘したように、「保守的弁護者」によって現状の合理化に利用される側面を持つ一方で、現状に対する憤怒やラディカルな批判をももたらす。岩田靖夫は次のように述べている。

　「砒素入りの毒ミルクによって多数の身体障害者が世に送り出され、サリドマイド睡眠薬によって短肢の児童が生み出されたりした時、このような事件が許すべからざる非人道的犯罪として糾弾されるのは、人間が本来それへと向かって育つべき本来的存在形態が損なわれたからである。このこと、すなわち、異常、畸型、障害があり、それに対する憤怒があるということは、人間には、存在様式としての目的因があるということを証明しているのである。もし、そうではなくて、すべては機械的因果の必然性に従って生起するだけだと考えるのならば、なぜ怒るいわれがあろうか。正常も異常も、健康も病気も、平安も苦痛もすべて全く法則的な出来事であ

り、その限りこれらの区別は消失してしまうからである。こうして、自然的存在者とりわけ生物のうちにはそれぞれの存在者に固有の本質があり、この本質の活動がその存在者の自己展開の根源力(アルケー)であり、やがて、その存在者の本来的存在形態としての完成態(テロス)(目的)へと開花すべき力であることが、略々明らかにされたと思われる[61]。」

岩田は、マルクス主義とは立場を異にする論者であるが、アリストテレスという共通の基盤の上に立つため、以上のような人間論にはマルクスのそれとの類似性が現われている。すなわち、現状批判の根拠を成すものが、人間の本来的存在形態の毀損に求められている点で、両者は共通している。本書第4章で見たように、マルクスの『経済学・哲学草稿』に現われる「人間的な諸機能」という概念は、アリストテレスの人間機能論に由来するものであると考えられる。であるとすれば、マルクスの人間疎外論は、テレオロジーに基づく資本主義社会の現状批判であるということができる。テレオロジーは、差別的な思想と結合するならば奴隷制を擁護する手段ともなりうるが、平等主義的な思想と結合するならば、社会の現状を批判する強力な手段ともなりうるものである。われわれは第4章で、『経済学・哲学草稿』で示された思想の現代的発展形態としてマーサ・ヌスバウムの思想を取り上げたが、テレオロジーが持つ倫理的批判力の性格を明らかにするために、ここでもう一度、彼女の議論を見ておきたい。

マーサ・ヌスバウムは、「アリストテレス的社会民主主義」と題する論文で自身の立場を論文名のように規定し、その立場の独自な意義を『経済学・哲学草稿』の労働者を事例として以下のように述べている。

『経済学・哲学草稿』においては、賃金労働者が、飲食や生殖といった「動物的な諸機能」においてのみ自発的に行動していると感じ、「人間的な諸機能においては、ただもう動物としてのみ自分を」感じる存在として描かれている。ヌスバウムによれば、労働者のかかる状態をどう評価し、それにどのように対応するかという点に関して、自身のアリストテレス主義と功利主

義、およびロールズ的なリベラリズムはそれぞれ異なった結論を導き出す。

　まず、功利主義は「その労働者が自分の生活をどのように感じ何を欲しているか[62]」を問題とする。このため、功利主義は、「労働者の物質的状態のラディカルな批判[63]」に至ることはありそうもない。というのは、「欲求は生活習慣との関連の中で形成される[64]」ものであり、「深刻な窮乏の中で生活してきた人々が別の在り方に対して欲求をもたないということはよくあること[65]」だからである。「境遇が彼らの想像力を制限してしまう[66]」のである。しかし、「欲求のこのような奇形は、マルクスにとって、こうした状態の最悪の形態の一つ[67]」なのである。

　一方、リベラリズムは「労働者がどのように感じるかだけでなく、実際にどんな資源を使いこなしているか[68]」を問題にする。それゆえ、この立場は、「労働者が剥奪されているかぎり、彼の物質的状態の強い批判[69]」へと至り、彼により多くを与えるための資源の再分配を結論づけることになる。とはいえ、この立場は、労働者が諸物を十分に持つようになれば、「彼は平等な取り扱いを受けたと判断[70]」してしまい、そこからさらに進んで、「彼の生活が、与えられた資源を真に人間的な仕方で使用することができるようなものであるかどうか[71]」を問題とすることはない。

　これに対して、アリストテレス主義は、まさにこのことを問題にする。すなわち、この立場は「労働者が何をすることができ何でありうるか[72]」を問題とし、「この市民と完全に人間的な機能との間に立ちはだかるあらゆる障害を取り除く[73]」ことを政府の行うべき作業とみなす。このため、このような作業は「ラディカルな制度的および社会的変革を必然的に含むことになるであろう[74]」とヌスバウムは言う。

　われわれは、ヌスバウムのこのような主張の中に、テレオロジーが持つ現状批判的側面とそこから出てくる未来志向的要素を見出すことができる。すなわちそれは、個々の人間にとって、あるいは個々の生物にとって、それら自身に内在するテロスの実現が善であり、社会はこの実現を阻むあらゆる障害を取り除くべきであるという倫理的要請である。それは功利主義やリベラ

リズムよりも強い現状批判となり、であるがゆえに未来希求的な性格を帯びることになる。学的認識（エピステーメー）の方法としてのテレオロジーは非予言的であるが、倫理学的立場としてのテレオロジーは未来希求的要素を持っているといえる。

　アリストテレスは、人間的諸機能の完成を自由人にのみ求めた。奴隷は自由人の自己実現のための単なる手段であった。これに対して、人間的諸機能の完成を万人に求めるならば、そこでは社会制度の大掛かりな変革が必要となる。そこでは、何よりも人間による人間のエクスプロイテーションが廃絶される必要がある。なぜなら、社会の多数の人々の自己実現を妨げてきたものが、自由人による奴隷の、領主による農奴の、資本家による労働者のエクスプロイテーションであったからである。

　人間による人間のエクスプロイテーションが廃絶された社会のことをサン・シモニアンは普遍的アソシエーションと呼んだ。マルクスがいうアソシエーションも、人間による人間のエクスプロイテーションの廃絶を条件とする点では、サン・シモニアンのそれと同一であろう。それでは、彼らが主張するアソシエーションはどのようにして実現されるのであろうか。

　普遍的アソシエーションは、未だ実現されていないものであるから、アリストテレス・ヘーゲル的なテレオロジーの立場を堅持するかぎり、それが「自然過程の必然性をもって」実現されるというふうには言うことはできない。テレオロジーに基づく分析は「『あとから』始まり、それゆえ発展過程の完成した諸結果から始まる」ところの結果論でしかないからである。であるとすれば、それはテレオロジーに内在する倫理的なものの要請に基づく政治的実践によって実現されるかもしれないものである、ということになる。すなわち、テレオロジーを万人に対して適用し、万人において人間的諸機能の完成を求めるとき、そこから要請されてくるのが人間による人間のエクスプロイテーションの廃絶であり、それを自然物にも適用し、人間以外の自然的存在者においてもテロスの実現を求めるとき、そこから要請されてくるのが人間による自然のエクスプロイテーションの廃絶である。この倫理的要請

が政治的実体を持ち、それによって社会制度の変革が実行されるならば、社会は普遍的アソシエーションへと向かって接近するであろう、ということである。

　サン・シモニアンの『サン・シモンの学説』においては、経済分析と歴史的社会的現実に対する批判とが融合している。一方、マルクスの『資本論』では、経済理論の展開と歴史的社会的現実の批判的記述とが原則的に区別されている。そこでは、貨幣の発展や相対的剰余価値の生産方法の発展についても「あとから」始まる科学的分析として論述されており、工場法についての例証的記述やイギリスについての社会経済史的記述から区別されている。しかしマルクスは、理論展開の部分でエクスプロイテーションという語を用いた。すなわち、剰余労働の必要労働に対する比を労働力のエクスプロイテーション度と呼んだ。このエクスプロイテーションという語が、理論的展開と現状批判および将来展望との媒介項になっている。「完成した諸結果」の理論的把握は、この語によって労働者階級の非人間的生活様式の批判的記述やアソシエーションとしての将来展望と結合される。テレオロジカルな理論展開と将来への期待とが、エクスプロイテーションという語によって結びつけられているのである。

注

1) ローレンツ・シュタイン『平等原理と社会主義──今日のフランスにおける社会主義と共産主義』石川三義・石塚正英・柴田隆行訳、法政大学出版局、1990 年、参照。L. Stein, *Der Socialismus und Communismus des heutigen Frankreichs. Ein Beitrag zur Zeitgeschichte*, Leipzig: Otto Wigand, 1842.
2) カール・R・ポパー『歴史主義の貧困──社会科学の方法と実践』久野収・市井三郎訳、中央公論社、1961 年。Karl R. Popper, *The Poverty of Historicism*, Routledge paperback (with some corrections), London: Routledge, 1961. なお、Historicism の訳語として歴史主義、歴史法則主義、歴史信仰等があるが、本書では、小河原誠『ポパー──批判的合理主義』(講談社、1997 年) にならって、ヒストリシズムとした。

同書 143-144 ページ参照。邦訳書から引用する際にもヒストリシズムと書き直した。

3) カール・R・ポパー『開かれた社会とその敵』小河原誠・内田詔夫訳、第一部プラトンの呪文、第二部予言の大潮――ヘーゲル、マルクスとその余波、未來社、1980 年。K. R. Popper, *The Open Society and Its Enemies, Volume I, The Spell of Plato, Volume II, The High Tide of Prophecy: Hegel, Marx, and The Aftermath*, Fourth edition, London: Routledge & Kegan Paul, 1962.

4) 前掲『歴史主義の貧困』52 ページ。Popper, *The Poverty of Historicism*, op. cit., p. 28.

5) 前掲のポパーの二つの書と、カール・R. ポパー『推測と反駁――科学的知識の発展』藤本隆志／石垣壽郎／森博訳、1980 年、第 3、15、16 章（Karl R. Popper, *Conjectures and Refutations: The Growth of Scientific Knowledge*, Fifth edition, New York: Routledge, 1989, cc., 3, 15, 16.）、および、カール・R・ポパー『客観的知識――進化論的アプローチ』森博訳、木鐸社、1974 年、第 5 章（Karl R. Popper, *Objective Knowlege: An Evolutionary Approach*, Revised edition, Oxford: Clarendon Press, 1979, c., 5.）から。

6) 前掲『開かれた社会とその敵』第二部、22 ページ。*The Open Society and Its Enemies, Volume II,* op. cit., pp. 13-14..

7) 同上。Ibid., p.14.

8) 同上。Ibid.

9) 同上。Ibid.

10) 同上、18 ページ。Ibid., p. 9.

11) 同上、22 ページ。Ibid., p. 14.

12) 同上。Ibid.

13) 同上。Ibid.

14) ポパーは以上のような本質主義批判を後に若干修正したとされる。橋本努『自由の論法――ポパー・ミーゼス・ハイエク』創文社、1994 年、249 ページ、参照。

15) マルクス『資本論』第 1 巻 a（全 5 冊）、資本論翻訳委員会訳、新日本出版社、357 ページ。*Marx-Engels Werke*, Bd. 23, Berlin: Dietz Verlag, 1962, S. 223.

16) バザールほか『サン・シモン主義宣言――「サン・シモンの学説・解義」第一年度、1828-1829』野地洋行訳、木鐸社、1982 年、83 ページ。*Doctrine de Saint-Simon. Exposition. Première année. 1828.-1829.*, Troisième édition, Paris: Au bureau de l'Organisateur, 1831, p. 162.

17) Ibid., p. 7.

18) Ibid.

19) 日本語には、レッテルというオランダ語由来の言葉がある。これは、ラベルと似てはいるが、しかし明らかにそれとは区別できる便利な言葉である。ラベルは通常、容器や商品などに貼られるものであり、ラベルを貼る行為に倫理的な価値判断は含まれていない。一方、レッテルは通常、人物や出来事に貼られるものであり、そこには倫理的、政治的な価値判断が強く含まれている。この日本語世界でのラベルとレッテルの区別をあえて用いるとするならば、「不変資本」という語はラベルであるが、「エクスプロイテーション」という語はレッテルに近い語であると言えるかもしれない。
20) 磯貝富士男『日本中世奴隷制論』校倉書房、2007年、62-75ページ、参照。
21) 例えば、吉原直毅『労働搾取の厚生理論序説』岩波書店、2008年、106-107ページ。
22) 例えば、『資本論』のドイツ語原文の Exploitationsgrad der Arbeitskraft（*Marx-Engels Werke*, Bd. 23, S. 232.）と Exploitation der Bodenart A（*Marx-Engels Werke*, Bd. 25, S. 759.）の下線部は、新日本出版社版をはじめとするほぼすべての日本語訳で、前者が「搾取」、後者が「利用」と訳し分けられているが、中国語訳でも前者が「剥削」、後者が「利用」と訳し分けられており、トルコ語訳でも前者が sömürü、後者が işlenmesindeki と別の言葉に訳し分けられている。トルコ語訳『資本論』は基本的に英訳からの重訳であるが、もちろん英訳では前者も後者も同じ exploitation という訳語が用いられている。なお、中国語訳は、『马克思恩格斯全集第四十四卷』中共中央马克思恩格斯列宁斯大林著作编译局编译，-2版，人民出版社，北京，2001年，第252页，『马克思恩格斯全集第四十六卷』中共中央马克思恩格斯列宁斯大林著作编译局编译，-2版，人民出版社，北京，2003年，第849页，トルコ語訳は、Karl Marx, *Kapital, Birinci Cilt*, Çeviren Alaattin Bilgi, Altıncı Baskı, Sol Yayınları, Ankara, 2000, p. 217, Karl Marx, *Kapital, Üçüncü Cilt*, Çeviren Alaattin Bilgi, Dördüncü Baskı, Sol Yayınları, Ankara, 2003, p. 660, を用いた。
23) 前掲『労働搾取の厚生理論序説』6ページ。
24) 森岡孝二『企業中心社会の時間構造――生活摩擦の経済学』青木書店、1995年、32ページ。
25) 同上、194-195ページ。なお、引用文中の……は引用者による省略部分を示す。
26) 橋本健二『階級社会――現代日本の格差を問う』講談社、2006年、108-109ページ。
27) カール・マルクス『賃銀・価格および利潤』長谷部文雄訳、岩波文庫、1981年、73ページ。*Marx-Engels Gesamtausgabe*（*MEGA*）, I. Abt., Bd. 20, Berlin: Dietz Verlag, 1992, S. 168.
28) 前掲『階級社会――現代日本の格差を問う』109ページ。

29) 前掲『サン・シモン主義宣言』106 ページ。*Doctrine de Saint-Simon,* op. cit., p. 188.

30) 本質主義の第二の要素に関しては、ポパーによるマルクスの「経済主義」(土台上部構造論)批判が興味深い論点を提出している。すなわち、「経済主義」は常識的範囲で使用されるかぎり有用な方法であるが、マルクスは本質主義によって毒されていたので、現象としての思想に対する本質としての経済の役割を過度に重要視してしまっており、しかもマルクスの「経済主義」はロシア革命によって反証された、というのである。この論点については、拙稿「ポパーの科学論とマルクスの歴史理論——ソ連崩壊によって反証されたものは何か」『経済貿易研究』神奈川大学経済貿易研究所、№23、1997 年 3 月、39-50 ページ、参照。

31) 前掲『歴史主義の貧困』59-60 ページ。*The Poverty of Historicism,* op. cit., p. 34.

32) 同上、55 ページ。Ibid., p.31.

33) 同上、58 ページ。Ibid., p.33.

34) 同上。Ibid.

35) 同上。Ibid.

36) 同上、59 ページ。Ibid.

37) 前掲『開かれた社会とその敵』第二部、15 ページ。*The Open Society and Its Enemies, Volume II,* op. cit., p. 6. なお引用文中の……は引用者による省略部分を示す。

38) 同上、16 ページ。Ibid., p. 7.

39) 同上、33 ページ。Ibid., p. 27.

40) 前掲『歴史主義の貧困』60 ページ。*The Poverty of Historicism,* op. cit., p.34.

41) 同上、18 ページ。Ibid., p. 3.

42) 同上。Ibid.

43) 前掲『開かれた社会とその敵』第一部、27 ページ。*The Open Society and Its Enemies, Volume I,* op. cit., p. 8.

44) 「ヘーゲルは預言者になろうとしたのではなく、過去を理解することで満足していたのである。」ウォールター・カウフマン「ヘーゲル神話とはなにか——ポッパー批判」丘澤静也訳『現代思想』臨時増刊号、第 6 巻第 16 号、1993 年 7 月、239 ページ。

45) ヘーゲル『歴史哲学講義』(上)、長谷川宏訳、岩波文庫、1994 年、41 ページ。*G. W. F. Hegel Werke in zwanzig Bänden,* Werke 12, Frankfurt am Main: Suhrkamp Verlag, 1970, S. 32.

46) ヘーゲル『歴史哲学講義』(下)、長谷川宏訳、岩波文庫、1994 年、352 ページ、Ebd., S. 524.

47) 前掲『開かれた社会とその敵』第二部、51-52 ページ。*The Open Society and Its Enemies, Volume II*, op. cit., p. 48-49.
48) 同上、193 ページ。Ibid., p. 211.
49) アリストテレス『形而上学』（下）、出隆訳、岩波文庫、1961 年、42 ページ（1050a）。なお、引用文中の括弧内のカタカナ表記の語は、出所ではルビとして記されているものである。
50) 同上、41 ページ（1050a）。
51) 前掲『資本論』第 1 巻 a、303 ページ。*Marx-Engels Werke*, Bd. 23, a. a. O., S. 192.
52) 同上、82 ページ。Ebd., S. 62.
53) 同上、128 ページ。Ebd., S.89.
54) 同上、241 ページ。Ebd., S.156.
55) 『資本論』でマルクスが用いている方法、およびそれとポパーの社会科学方法論批判との対応関係については、柴田信也「経済学体系の内と外——『貨幣の資本への転化』の今日的意味」研究年報『経済学』東北大学経済学会、第 55 巻第 4 号、1994 年 1 月、23-34 ページ、参照。
56) 「学問的思考の本質はつねに結果論的思考であり、その意味で『追思考（Nachdenken）』と呼ばれるものでなければならない。」許萬元『弁証法の理論』上巻、ヘーゲル弁証法の本質、創風社、1988 年、121-122 ページ。
57) *Doctrine de Saint-Simon.* op. cit., p. 31.
58) 岩田靖夫『倫理の復権——ロールズ・ソクラテス・レヴィナス』岩波書店、1994 年、108-109 ページ。
59) 例えば、ハンス・ヨナス『責任という原理——科学技術文明のための倫理学の試み』加藤尚武監訳、東信堂、2000 年。Hans Jonas, *Das Prinzip Verantwortung: Versuch einer Ethik für die technologische Zivilisation*, suhrkamp taschenbuch 1085, Frankfurt am Main: Suhrkamp, 1984.
60) 前掲『倫理の復権——ロールズ・ソクラテス・レヴィナス』5-6 ページ。
61) 同上、109 ページ。
62) Martha Nussbaum, "Aristotelian Social Democracy," in *Liberalism and the Good*, Edited by R. Bruce Douglass, Gerald M. Mara, and Henry S. Richardson, New York and London: Routledge, 1990, p. 214.
63) Ibid., p. 215.
64) Ibid., p. 213.
65) Ibid.
66) Ibid.

67) Ibid., p. 214.
68) Ibid., p. 215.
69) Ibid.
70) Ibid.
71) Ibid.
72) Ibid.
73) Ibid.
74) Ibid.

あとがき

　『資本論』の資本主義分析の方法で現代の環境問題を論じること。これが本書の研究の出発点である。研究を始めるにあたって私も、以前から注目されてきた二つの箇所に着目した。一つは地代論に現われる「地力の搾取」という概念であり、もう一つは幕末期日本の循環型農業への言及である。

　まず、「地力の搾取」からは「自然の搾取」という概念が導かれるから、この概念を用いて現代の環境問題を批判的に論じることができるのではないかと考えた。しかし、実際にその作業に従事してみると、日本語の「搾取」がこの種の題材に対しては極めて使用し難い語であることが判明した。これは英語の exploitation の使用においては生じない事態である。そこで、日本語の「搾取」とフランス語、ドイツ語および英語の EXPLOITATION との相違の概念史的研究を始めた。この用語は、社会主義思想史やマルクス経済学において重要な位置を占めるものであるから、これについての全面的な研究にはもちろん長大な時間が必要である。本書では「自然の搾取」を論じるのに必要な限りでこの研究を行った。これが本書の前半部分を構成している。

　「地力の搾取」という問題意識は、マルクスに日本農業への関心を生じさせた。地力を維持するために人間の排泄物を農地に戻すかつての日本農業は、19世紀の西欧人に強い印象を与えただけでなく、公害問題が深刻化した20世紀後半には多くの日本人論者によっても改めて注目されることとなった。「人間と自然との物質代謝」論に基づくマルクス経済学的なエコロジー経済論においては、この題材は必須項目の一つといってよいものである。しかし、従来の議論において見過ごされてきた重要な論点が一つ残されている。それは江戸期の日本農業における畜産部門の不在である。これが、かつての日本農業と西欧農業との大きな違いであり、19世紀の西欧人を驚かせた要素で

ある。日本では資本主義批判と家畜という題材は人気の高いものではない。とりわけマルクス関係の研究者には人間中心主義に徹している方々が多く、動物搾取に注目する人は少ないように思われる。であるがゆえに、動物の資本主義的エクスプロイテーションを論じたことが、本書の目立った特徴であるといえる。

　本書の準備を始めて間もなく、2011年3月11日の巨大地震と原発事故が発生した。私は岩手県で生まれ育ち、福島県福島市と宮城県仙台市で大学および大学院教育を受けた。震災直後、テレビから聞こえてきた被害者の言葉の訛りは、その場に行けば今でも自分自身の口から出てくる訛りでもある。原発問題は本書の幾つかの章とも関わってくるテーマであるが、被害の様子があまりにもリアルで生々しく、本書の中に取り込むことはできなかった。この問題については、もう少し時間を置いて、別の機会に取り組みたいと思う。他方、今回の震災は日本と西欧の風土の違いを改めてわれわれに痛感させるものであった。地震や台風に繰り返し襲われるわが国の文化は、『資本論』が準備され執筆された西欧のそれと著しく異なっている。このあたりまえの事実を、震災によって再確認させられた。この点で、本書の論述は若干地震の影響を受けているところがあるかもしれない。

　本書は、これまで幾つかの拙稿で取り上げてきた論点を再考し、展開し、再編成したものである。既発表の拙稿をいったんバラバラに解体した上で、新たな考察を付加しつつ新たに組み上げた。こうした作業の必要性を強く感じたことが、本書執筆の直接の動機である。過去の拙稿の論述がほぼそのまま再現している箇所もあり、それについては注の中に記しておいた。

　本書を出すに当たり、福島ではじめて『経済学・哲学草稿』を読んだ時のことが思い出される。中川弘先生にご指導頂いた。仙台では柴田信也先生と大村泉先生のご指導の下で『資本論』の修業をすることができた。地方銀行に4年間在職した後、仙台の緑豊かな美しい環境で修業に専念することができたことは何よりの幸運であった。横浜の職場では海道勝稔先生と沢田幸治先生にご指導頂いた。特に沢田幸治先生からは現在も様々な面でご助言を頂

く機会が多い。先生方に改めて感謝申し上げます。

　本書で取り上げた諸論点については、様々な研究会で多くの方々からコメントを賜った。柴田信也先生主宰の研究会では、木島宣行先生、守健二先生、大澤健先生、中川司先生、川村哲也先生および大学院生の皆様から多くの有益なご意見を頂いた。立正大学での研究会「環境フォーラム」と神奈川大学での「地域・日本・世界を考える研究会」でも多くの先生方から貴重なコメントを賜った。また、本書の論点の幾つかは2012年の経済学史学会と経済理論学会で発表された。その際、分科会で司会、討論者を務めて頂いた先生方、発表を聞いて頂いた先生方から大変貴重な質問・意見・感想を賜った。皆様に改めて感謝の意を表します。語学の面でご助言を頂いた野中恵子先生と志村公子先生、ジェイ・セーダーホルム先生、出版でお世話になった大矢栄一郎氏にも厚くお礼を申し上げます。

　本書は、神奈川大学経済貿易研究所の研究叢書の一冊として刊行されます。所長の的場昭弘先生をはじめ所員の皆様に心より感謝申し上げます。

2013年3月11日

山口拓美

人名索引

ア 行

青木孝平　200
青木靖三　7
青木人志　130,143
赤間道夫　32
アクィナス，トマス　161,163,179,180,196, 201,225
阿部弘　203
天野光則　115
アリー，W.C.　116
有井行夫　116
有江大介　93,200
アリストテレス　85-87,89,93,128,129,132, 143,153,156-159,161-164,166,167,169, 172,177-188,191,192,194,196,198-202, 205,208,209,216-228,233
アンティパドロス　185
安藤貞夫　189,202
池田昭　199
池本幸夫　93
石垣壽郎　230
石川三義　30,58,229
石塚正英　30,58,229
磯貝富士男　188,202,231
板橋作美　143
市井三郎　201,229
出隆　169,233
岩崎允胤　169
岩田靖夫　93,222-226,233
ヴェストファーレン男爵　21,31
ヴェーバー，マックス　172,173,199
ウェブスター，ジョン　124,142,158,169
内田詔夫　230
内田弘　93,178,200
梅垣邦胤　116
エルヴェシウス，C.-A.　13,14,25

エンゲルス，フリードリヒ　7,9,10,12-14, 17,53,59
オウエン，ロバート　16
大内兵衛　7,143
大澤健　94
太田秀道　189,202
大谷禎之介　114
大塚久雄　199
大村泉　57
丘澤静也　232
尾形勇　202
岡本新　115
オダム，E.P.　107,113,116,117

カ 行

カウツキー，カール　53,59
カウフマン，ウォールター　232
片岡啓治　58
加藤尚武　233
カベー　15
加茂儀一　136,137,144,169
カモシー，チャールズ・C.　163,170
河合榮治郎　202
川村哲也　200
川本隆史　201
カント，イマヌエル　90,131,132,143,152, 168,179,201
韓立新　50,51,53,58
國原吉之助　57
久野収　229
グリーン，トーマス・ヒル　179,187,202
グリュン，カール　12,15
幸徳秋水　53,58
コーエン，カール　169
小河原誠　229,230
古庄弘枝　144
後藤康夫　144

239

サ 行

斎藤晶　144
齊藤彰一　57,75
堺利彦　53,58
向坂逸郎　7
佐々木昭夫　202
佐々木義之　143
佐瀬昌盛　75,76
佐藤衆介　142,160,170
沢田幸治　93,203
サン・シモニアン　1-3,5,16,18-20,23,24,31,64,67-69,71,73,74,77,81,86,95,96,107,109,110,180,194,198,205,210-212,214,215,222,228,229
サン・シモン　7,14-23,25,29-31,67,75,77,114,180,205,222,229,230,232
椎名重明　114
塩野谷祐一　200
篠田英雄　143
柴田信也　58,116,233
柴田隆行　30,58,229
柴田裕之　142
島崎隆　58
シュタイン，ローレンツ　15,30,45,46,58,229
シュティルナー，マックス　12,13,45,46,58
聖武天皇　137
城塚登　93
シンガー，ピーター　122,142,147-151,155,162
新保博　202
頭川博　31,203
杉山忠平　143
鈴木洋一　143
スピノザ　179
スミス，アダム　121,130,131,143
芹川博通　199
セン，アマルティア　87

タ 行

ダーウィン，C.R.　161
高田三郎　93,200,201
高畠素之　53,54,59
高松修　142
田口さつき　93
竹内靖雄　203
田島佳也　125
田中吉六　93
田畑稔　114
玉岡敦　58
玉野井芳郎　105,115
塚崎智　168
槌田敦　115,116
坪井ひろみ　93
都留大治郎　3
天武天皇　136
戸田清　168
ドルバック　13,14,25

ナ 行

中川弘　93,114
中川洋一郎　202
長島誠一　76
長島信弘　143
中洞正　144
永松美希　144
中村宗之　77
ニーチェ，フリードリヒ　153,179
西田周作　141,142
ヌスバウム，マーサ・C.　5,84-94,155-157,162,169,180,201,226,227,233
野地洋行　7,30,114,230
野田又夫　143,168

ハ 行

バーケット，ポール　115
ハイエク，F.A.　21,31,222
バザール　7,30,114,230
橋本明子　7,142

人名索引

橋本健二　214,215,231
橋本努　200,230
バスティア，フレデリック　185
長谷川進　7,31
長谷川宏　232
長谷部文雄　9,10,29,200,231
波田野精一　143
原田信男　137,144
ハリス，マーヴィン　135,136,143
ハリソン，ルース　7,122,133,142
ハンケ，L.　202
ヒックス，J.R.　192,202
平林章仁　137,144
許萬元　233
藤本隆志　230
プラトン　179,201,230
ブラッドレー，F.H.　179
ブランベル，F.W.ロジャー　123
フーリエ　15
フルカ，トーマス　179,200
プルードン，P.-J.　1,7,21-24,31
ブロードハウス，ジョン　9,10
不破哲三　57
ベイクウェル，ロバート　121,122
ヘーゲル，G.W.F.　21,179,201,217,218,
　222,228,232
ベゴン，マイケル　116,117
ベラー，R.N.　199
ベルンシュタイン，エドゥアルト　65,66,
　67,72,75,76
ベンサム，ジェレミー　13,26,27,32,148
ベントン，テッド　154,155,169,197,203
堀道雄　116
ホワイト，リン　7
ボザンケ，バーナード　179
ポパー，カール・R.　207-210,216-218,225,
　229,230,232,233

マ　行

マカロック，J.R.　185
松井暁　32,57,76,200

松井匠作　143
松川七郎　143
マックス，ダニエル・T.　142
松木洋一　144,168
的場昭弘　3,7,31
マルクス，カール　序章-終章
マロン，ヘルマン　102,103,115
ミークル，スコット　93
三浦和彦　7,142
水田洋　143
宮川實　57,58
宮本和吉　143
ミル，ジェームズ　13,15
村上武子　201
室田武　115,116
メイソン，ジム　122,142
メファム，ベン　158,169
森岡孝二　203,213,214,231
守健二　58,116
森嶋道夫　6,172,173,175,183,190-197,199,
　202,203
森博　30,230

ヤ　行

柳下毅一郎　59
山内友三郎　168
山本貞夫　7,142
山本光雄　143,200
行安茂　202
ユーラコ，キンバリー・A.　94
吉田武彦　103,114
吉田文和　114
吉原直毅　47,58,77,231
ヨナス，ハンス　233

ラ　行

ラッセル，バートランド　201
ラドフォード，マイク　142
リービヒ，ユストゥス　98,99,100,101,103,
　109,112,114,115
リカードウ，ディヴィド　75,131

241

レオ十三世　201
レボー，ルイ　15
レーガン，トム　151-155, 162, 168, 169
ロールズ，ジョン　200, 227

ワ 行

渡辺文夫　202
和辻哲郎　190, 191, 202

■著者略歴

山口　拓美〔やまぐち　たくみ〕
　神奈川大学経済学部准教授。博士（経済学）。
　1963年岩手県生まれ。福島大学経済学部卒業。
　1987年から1991年まで㈱岩手銀行在職。
　1991年から1996年まで東北大学大学院経済学研究科博士課程在籍。
　1996年から神奈川大学経済学部教員。

■利用と搾取の経済倫理 　―エクスプロイテーション概念の研究―	神奈川大学経済貿易 研究叢書　第25号

■発行日──2013年3月26日　初版発行　　＜検印省略＞
■著　者──山口拓美
■発行者──大矢栄一郎
■発行所──株式会社　白桃書房
　　　　〒101-0021　東京都千代田区外神田5-1-15
　　　　☎03-3836-4781　📠03-3836-9370　振替00100-4-20192
　　　　http://www.hakutou.co.jp/

■印刷・製本──藤原印刷

Ⓒ Takumi Yamaguchi 2013 Printed in Japan
ISBN978-4-561-86047-1 C3333

本書のコピー、スキャン、デジタル化等の無断複製は著作権法上での例外を除き禁じられています。本書を代行業者等の第三者に依頼してスキャンやデジタル化することは、たとえ個人や家庭内の利用であっても著作権法上認められておりません。

JCOPY 〈㈳出版者著作権管理機構　委託出版物〉
本書の無断複写は著作権法上での例外を除き禁じられています。複写される場合は、そのつど事前に、㈳出版者著作権管理機構（電話 03-3513-6969, FAX 03-3513-6979, e-mail:info@jcopy.or.jp）の許諾を得てください。